地方政府债券信息披露制度研究

姚东旻　罗文淇　著

中国财经出版传媒集团
中国财政经济出版社
·北京·

图书在版编目（CIP）数据

地方政府债券信息披露制度研究 / 姚东旻，罗文淇著. --北京：中国财政经济出版社，2024.5
ISBN 978-7-5223-3094-5

Ⅰ.①地… Ⅱ.①姚… ②罗… Ⅲ.①地方政府-债券发行-信息管理-研究-中国 Ⅳ.①F812.7

中国国家版本馆 CIP 数据核字（2024）第 081864 号

责任编辑：胡　博　　　　责任印制：史大鹏
封面设计：陈宇琰　　　　责任校对：张　凡

地方政府债券信息披露制度研究
DIFANG ZHENGFU ZHAIQUAN XINXI PILU ZHIDU YANJIU

中国财政经济出版社 出版

URL：http：//www.cfeph.cn
E-mail：cfeph@cfeph.cn

社址：北京市海淀区阜成路甲 28 号　邮政编码：100142
营销中心电话：010-88191522
天猫网店：中国财政经济出版社旗舰店
网址：https：//zgczjjcbs.tmall.com
中煤（北京）印务有限公司印刷　各地新华书店经销
成品尺寸：170mm×240mm　16 开　14.75 印张　215 000 字
2024 年 5 月第 1 版　2024 年 5 月北京第 1 次印刷
定价：68.00 元
ISBN 978-7-5223-3094-5
（图书出现印装问题，本社负责调换）
本社质量投诉电话：010-88190744
打击盗版举报热线：010-88191661　QQ：2242791300

序　言

近年来，中国地方政府债券市场发展迅速，信息披露作为市场透明度和效率的重要保障，备受关注。2021 年，受中央结算公司的委托，我们开始共同研究中国地方政府债券信息披露制度。为了更深入地探讨这一领域的相关问题，本书应运而生。

本书从信息披露的基础出发，深入探讨了信息披露制度的起源、发展历程及理论依据，揭示了信息披露在金融市场中的重要意义，并进一步延伸至地方政府债券市场中的信息披露问题。

首先，本书聚焦于中国地方政府债券的信息披露，详细介绍了信息披露政策的演进过程及其特点，探讨了信息披露的流程和内容，并重点分析了当前地方政府债券信息披露制度的优缺点。接着，通过对各地区地方政府债券的信息披露实践进行详细对比，分析了不同地区以及境内与离岸地方政府债券的信息披露差异，并探讨了影响信息披露的关键因素。希望通过这些比较研究，为中国地方政府债券信息披露实践的优化与统一提供宝贵的参考。

此外，本书还对全球主要国家地方政府债券信息披露制度进行了深入研究，通过对美国、日本、英国和德国等国家的案例分析，总结了这些国家在信息披露方面的先进经验和优势，提供了国际视野下的信息披露制度比较研究。在具体的对比研究中，本书从多角度深入探讨了各国地方政府债券信息披露制度和实践中的差异，并分析其产生原因。特别是，本书将中美两国的信息披露指标进行拆解，并建立内容要素数据库，通过横向对比两国的披露文件及内容要素指标，以期为中国的实践提供借鉴。

最后，本书从投资者、纳税人和居民的角度出发，提出了提升信息披露透明度、规范化程序、定期更新信息、建立反馈机制等具体措施。这些措施旨在建立一个更加完善和透明的信息披露体系，满足各方需求。同时，本书提出了优化地方债信息披露制度的路径，包括改进披露主体、深化现有制度改革、推动政府财务制度改革、建立统一的信息披露平台等。这些建议旨在通过制度的完善和优化，提高信息披露的质量和效率，助力中国地方政府债券市场的健康发展。

在此，我们由衷地感谢中央结算公司各位领导和同仁的信任与支持。同时，感谢在本书撰写过程中提供宝贵意见的专家学者们。特别感谢中央财经大学中国财政发展协同创新中心团队的成员在本书撰写过程中所做出的重要贡献。衷心希望本书能为从事地方政府债券信息披露研究与实践的各界人士提供有益的参考和启示。

目　　录

第一章

信息披露溯源与实践

第一节 信息披露制度的起源及发展历程

（一）信息披露制度的起源

信息披露制度起源于1720年的南海泡沫事件。该事件中，南海公司通过贿赂政府、夸大业务前景和制造虚假信息等手段欺骗投资者购买其股票，导致股价飙升。当股票价格达到顶峰时，公司董事抛售股票，投资者遭受巨大损失。这一事件引发了投资者对政府的不信任，并对当时英国经济造成严重破坏。作为对此事件的回应，英国国会于1720年通过了《泡沫法案》（Bubble Act 1720），该法案规定在没有议会法案或国王特许状给予的法律权利场合，禁止以公司名义行事、发行可转让股票或转让任何种类的股份，严惩非法的证券交易。这一法案的出台奠定了会计信息披露制度的雏形，也是信息披露制度萌芽的标志（郭斐，2014）。1844年英国通过的《合股公司法》（Joint Stock Companies Act

1844）对股份公司的注册和设立提出了要求。股份有限公司募集股份必须向社会公开招股说明书，并且必须进行注册登记，这进一步促进了信息披露制度的完善。南海泡沫事件以及后续相关法案的出台对信息披露制度的形成和演变产生了重要影响，在保护投资者利益、提高市场透明度等方面发挥了积极作用。

随着时间的推移，证券市场的规模不断扩大，证券种类和数量也不断增加。为了保护投资者的权益，各国政府和金融监管机构开始制定相关法规，要求发行人进行充分的信息披露。这一趋势在 20 世纪上半叶得到了进一步的发展，1911 年美国堪萨斯州出台“蓝天法”（Blue Sky Law）[①]，强制要求证券发行人披露其财务报告。随后，美国各州也纷纷效仿堪萨斯州发布了本州的蓝天法。此后，美国于 1933 年通过了《证券法》（Securities Act of 1993），1934 年通过了《证券交易法》（Securities Exchange Act of 1934），前者要求证券发行人向投资者提供准确、完整的信息，为证券信息披露奠定了法律基础，后者进一步确定了美国证券交易委员会（Securities and Exchange Commission，SEC）在证券市场中的监管主体地位，该委员会直接对国会负责，要求股份公司不定期发布报告，使证券流通更具备安全性，进而令公众对证券市场更有信心。这两部法律使证券发行披露和持续性披露制度得以展现。随后美国联邦政府陆续又发布了多项相关法规[②]，将信息披露制度向前推进了一大步。

在第二次世界大战后的几十年里，证券市场的迅速发展，信息披露的要求也越来越严格。为了提高市场的透明度和投资者保护水平，国际组织和金融监管机构纷纷制定了证券市场的信息披露准则和标准。其中，国际证监会组织（International Organization of Securities Commissions，IOSCO）作为一个由世界各国证券监管机构组成的国际组织，它

① “蓝天法”是一个通俗叫法，指美国各州制定的以披露为导向保护公众投资利益不受欺诈的法律。

② 包括 1935 年公用事业控股公司法（Public Utility Holding Company Act of 1935）、1939 年信托契约法（Trust Indenture Act of 1939）、1940 年投资公司法（Investment Company Act of 1940）和 1970 年证券投资者保护法（Securities Investors Protection Act of 1970）。

发布了一系列的信息披露准则，例如《外国发行人跨国发行与首次上市的国际披露准则》（International Disclosure Standards for Cross - Border Offerings and Initial Listings by Foreign Issuers）等。这些准则为发行人提供了指导，要求他们披露充分的信息，以保证投资者能够做出明智的投资决策。此外，随着信息技术的进步和互联网的普及，信息披露的方式也发生了变革。越来越多的发行人开始利用互联网平台，通过网站、电子公告等方式向投资者披露信息。这大大提高了信息的传递效率和便捷性，使投资者能够更方便地获取到所需的信息。

（二）信息披露的发展历程

1. 国外信息披露制度的发展历程

国外信息披露制度的发展经历了早期信息披露、监管机构兴起与国际标准化、数字化时代和信息披露创新三个发展阶段，具体发展历程与关键节点如图 1. 1 所示。

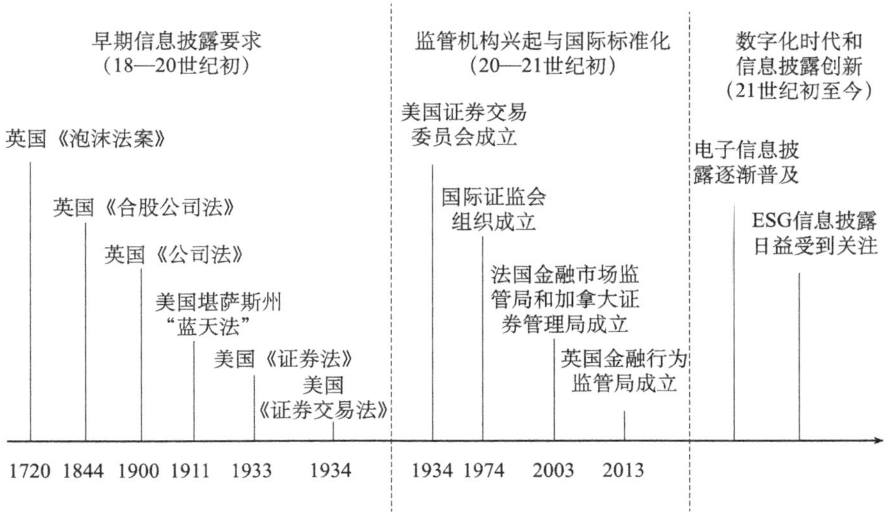

图 1. 1　国外信息披露制度的发展历程与关键节点

（1）早期的信息披露要求（18—20 世纪初）

在 18—20 世纪初期，信息披露的概念开始出现，并逐渐得到重视。这一时期，主要的发展集中在英国和美国。

英国是信息披露制度的先驱之一。信息披露制度起源于1720年英国发生的南海泡沫事件与其后通过的《泡沫法案》，在该次事件中直接暴露出筹资者既拥有信息又拥有资金控制权时投资者利益极易受到侵害。1844年英国通过的《合股公司法》（Joint stock companies Act 1844）首先对于现代意义的招股说明书做出披露要求，然而这一法案并未对招股说明书的内容做出任何规定，随后1856年的《合股公司法》（Joint Stock Companies Act 1856）和1862年的《公司法》（Companies Act 1862）也并未对这一问题做出更为明确的要求，直到1900年《公司法》（Companies Act 1900）才规定发布招股章程时，必须向公司注册处递交经董事会或拟设董事会签署的招股章程，并且招股章程必须记载13项基本信息，方便投资者正确判断有关股票的质量与价值，至此信息披露制度得到了进一步完善（冯雅琴，2006）。1948年的《公司法》（Companies Act 1948）更进一步规定所有公司每年应向其股东提供资产负债表、损益表及董事会报告和审计官报告，公司集团控股的公司或母公司应当对整个集团公司的利润、损失、资产和负债等情况制作集团账目（该账目类似现在的合并会计报表），并应每年向公司注册官递交集团账目和相关的报表（靳毅，2001）。

美国在信息披露方面的发展也较早。1911年，堪萨斯州制定了首部具有强制性质的证券法，引入了“蓝天法”这一概念并被各州效仿。“蓝天法”有别于联邦证券相关法律，仅适用于每个州内证券的发售和销售，旨在保护投资者免受欺诈性销售行为和活动的影响。然而，由于蓝天法仅限于各州范围，难以有效阻止和惩罚证券市场上的欺诈和操纵行为。随着证券市场不断扩大，出现了对州级证券活动进行规范的需求。同时，为了应对1929—1933年因发行与交易中充斥虚假信息而导致的市场崩溃，美国分别于1933年和1934年通过了《证券法》和《证券交易法》，这两项法律从静态和持续性信息披露两个角度确立了美国的信息披露制度。《证券法》和《证券交易法》规定了首次发行证券和持续性信息披露，构成了美国信息披露制度的主要框架，强调了证券发行人必须向联邦主管机构提交注册说明书，并公布有关财务状况和发行证券的重要信息，以及持续性信息披露。

（2）监管机构的兴起和国际标准化建立（20—21 世纪初）

自 20 世纪初期开始，监管机构的兴起和国际标准化成为信息披露制度发展的重要趋势。1934 年随着美国《证券交易法》的出台，当前美国最重要的证券监管机构之一 SEC 随之成立，进一步强化了对证券市场的监管。各国也陆续成立了类似的监管机构，包括英国金融行为监管局（Financial Conduct Authority，FCA）、法国金融市场局管理局（Autorité des Marchés Financiers，AMF）、加拿大证券管理委员会（Canadian Securities Administrators，CSA）等。随着跨国公司和跨境投资的增加，国际标准化在信息披露方面变得更为重要。国际组织和监管机构开始制定国际性的信息披露准则和标准，以提高全球金融市场的透明度和一致性。

国际监管组织中影响力最大的是国际证监会组织（IOSCO），该组织发布了一系列旨在提升全球证券市场的透明度、合规性和有效性的信息披露准则。IOSCO 的信息披露准则涵盖了广泛的领域，包括证券发行、公司治理、投资者保护以及市场基础设施等。其约束的具体内容主要包括以下几个方面：一是证券发行。这些准则强调了对发行人在发行新证券时进行充分和适时披露信息的重要性，包括披露财务状况、业务模式、风险因素、管理层讨论与分析等，以帮助投资者做出知情的投资决策。二是证券市场信息披露。IOSCO 关注证券市场信息披露的准则涉及债券发行者应当向投资者披露的重要信息，例如证券条款、偿付能力、风险披露等。这有助于确保证券市场的透明度和投资者的知情权。三是投资者保护。IOSCO 致力于保护投资者利益，鼓励监管机构制定并执行信息披露规定，以便投资者能够获得充分、准确、易于理解的信息，从而做出明智的投资决策。四是市场基础设施信息披露。涵盖了市场基础设施运营商，如交易所、结算机构等的信息披露，以确保市场基础设施的透明度和运作的稳健性。

（3）数字化时代和信息披露的创新（21 世纪初至今）

进入 21 世纪，数字化技术的快速发展和互联网的普及带来了信息披露方式的创新和变革。随着互联网的普及，越来越多的国家开始推行电子披露制度，将信息以电子形式发布在官方网站上。数字化技术的发展使公司能够通过互联网平台提供更丰富、交互式的信息。公司逐渐采用在线报告、数据可视化和多媒体形式来展示财务信息和关键指标，以更好地满足投资者的需求。近年来，环境、社会和治理（Environmental、Social and Governance，ESG）因素在投资决策中的重要性不断增加，引起了各方对 ESG 信息披露的关注。为了增加透明度和可比性，一些国家和国际组织制定了 ESG 信息披露指南和框架，鼓励公司披露与 ESG 相关的信息。ESG 信息披露成为了信息披露领域的热点问题，各国 ESG 信息披露建设也在蓬勃发展。

国外信息披露制度的发展经历了多个阶段。从早期的信息披露要求，到监管机构的兴起和国际标准化，再到数字化时代的创新，不断推动着信息披露制度的完善。随着技术的进步和投资者需求的变化，未来信息披露制度还将继续演进，以不断适应金融市场的需要。

2. 中国信息披露制度的发展历程

20 世纪 80 年代初，中国开始实施改革开放，逐步引入市场机制。在这一时期，信息披露制度是证券市场的基础性法律之一，伴着中国证券市场的发展不断完善。1984 年 7 月，上海市人民政府批准中国人民银行上海市分行发布的《关于发行股票的暂行管理办法》是新中国有关证券方面的第一个地方政府规章，标志着中国信息披露制度的起步。

20 世纪 90 年代，中国证券市场迎来了快速发展和改革的机遇，先后成立了上海证券交易所和深圳证券交易所。自此，中国证券监管机构进一步加强了对公司信息披露的监管，并制定了一系列法规和规定。中国于 1993 年通过实施了《股票发行与交易管理暂行条例》（1993 年 4 月 22 日中华人民共和国国务院令第 112 号）、《公开发行股票公司信息披露实施细则（试行）》（证监上字〔1993〕43 号）等规范性文件，将上市公司股票发行文件、定期报告、临时报告均纳入了强制性披露的范畴，为中国证券市场信息披露监管制度的发展和完善奠定了基础。中国信息披露制度逐步完善，监管力度不断加强。2006 年修订后的《证券法》施行，更新并扩展了信息披露监管制度。根据修改后的《证券法》，中国证券监督管理委员会（以下简称中国证监会）也制定并公布了一系列针对加强信息披露监管的政策规章。中国证监会在 2006 年发布了《证券发行与承销管理办法》，明确了证券发行和承销过程中的信息披露要求。2007 年发布的《上市公司信息披露管理办法》（中国证券监督委员会令第 40 号）[①] 详细规定了招股说明书、募集说明书、上市公告书、定期报告、临时报告、信息披露事务管理等方面应当规范的情形。2015 年发布的《公司债券发行与交易管理办法》（中国证券监督管理委员会令第 113 号）对债券发行和交易进行了进一步规范，强化了债券发行人的信息披露义务和监管要求，进一步提升了债券发行和交易的信息披露标准，强调了债券发行人在信息披露中的真实性、准确性和及时性要求。2020 年，中国人民银行联合中华人民共和国国家发展和改革委员会和中国证监会发布《公司信用类债券信息披露管理办法》（中国人民银行 中华人民共和国国家发展和改革委员会 中国证券监督管理委员会公告〔2020〕第 22 号），规范了公司信用类债券市场信息披露。同时，中国证监会也与国际组织和标准制定机构保持密切合作，不断推动中国信息披露制度与国际接轨。2021 年，中国证监会发布修订后的《上市公司信息披露管理办法》（中国证券监督管理委员会令第 182 号），再次规范信息披露制度。2023 年，中国证监会发布修订后的《公司债券发行与交易管理办法》（中国证券监督管理委员会令第 222 号）将企业债券纳入规制范围，完善债券信息披露等方面的监管要求（见图 1.2）。

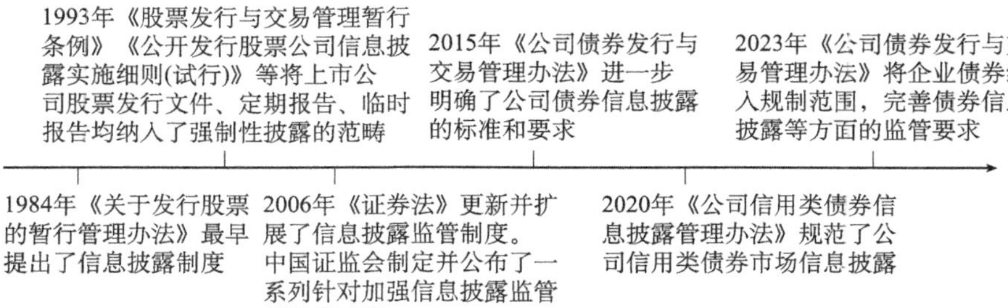

图 1.2　中国债券信息披露发展历程与关键文件

---

① 该文件曾于 2010 年、2012 年、2013 年、2014 年、2015 年、2017 年、2018 年进行了共计 7 次修订。

第二节　信息披露制度的理论依据

信息披露对于各个层面的经济主体，如，政府、企业、金融机构等，都有十分重大的意义。信息披露是建立透明度的重要途径，透过公开的信息，市场参与者能够更清晰地了解有关方的行为和财务状况，进而建立信任，提高对市场和机构的信心，为长期稳定的经济活动创造条件。在信息不对称的情况下，市场可能无法充分反映真实的供需状况，从而导致资源配置不足以及市场的失灵。信息披露有助于消除信息不对称，提高市场的有效性和资源配置的效率，促进良性的市场竞争。同时，信息披露也能够为投资者提供其在做出决策时所需的信息，使其更加准确地评估投资项目，降低投资风险。

（一）信息不对称理论

信息不对称是指在交易中，买方和卖方拥有不同的信息水平，其中一方具有比另一方更多的信息。阿克尔罗夫的“柠檬理论”（Akerlof，1970）系统解释了信息不对称市场的运行机制，即当市场中的一方参与者所掌握的信息多于另一方时，信息劣势者将无法在交易中得到公平待遇，优质产品将逐渐退出市场，在债券市场中，发行人通常拥有更多的内部信息，如财务状况、业务前景、风险因素等。投资者则相对缺乏这些信息，需要依靠发行人提供的披露信息来了解债券的基本情况和相关风险。信息不对称可能导致市场交易的不完全和不公平。因此，信息不对称问题是制约市场发展的重要因素（何志刚，2003）。解决此问题的重要途径是信息优势方向弱势方展示产品的各项信息，从而减少各方参与者的信息差距，即“信号传递”（Michael，1978）。债券发行人按照法律法规和市场规则的要求通过正式文件（如发行文件、担保文件、偿付计划等）或定期报告（如年度报告、季度报告）等形式向投资者披露债券相关信息能有效减少信息不对称情况的发生。信息披露一是能够体现公平原则，确保市场上的各方都有平等的信息获取机会。其通过强制发行人公开重要信息，使投资者和其他市场参与者可以在相同的信息基础上做出投资决策，避免信息优势者通过隐瞒信息或误导性披露来谋取不当利益。二是能够提高市场透明度，提升投资者信心。这有助于降低市场风险，增强市场的稳定性和可预测性，为投资者提供更好的决策依据，甚至吸引资本进入（肖鹏和樊蓉，2019）。三是能够保护投资者权益。在信息不对称的情况下，投资者很容易受到欺诈和误导，导致损失。通过信息披露，投资者能够更好地了解投资对象的风险和潜在回报，做出明智的投资决策。投资者对于债券投资收益具有不确定性，通常会体现为一部分风险溢价。及时有效的信息披露能够形成信号传递，发挥价格发现作用，确保债券价格能够真实反映其信用风险水平，降低融资成本（Fairchild et al.，1998）。具体至地方政府债券，由于其兼具金融属性和地方政府作为发行主体的独特属性，信息披露可以帮助地方政府通过融资更好履行经济职能，支持区域经济发展（邵帅，2023）。

（二）有效市场理论

有效市场理论是现代证券市场理论体系的支柱之一，最早起源于对证券价格决定机制的争论（柳思维和刘凤根，2003），尤金法玛（Eugene Fama，1970）最终提出有效市场理论，其基本理念来自竞争性市场。有效市场理论认为市场是高效的，即市场上的资产价格已经反映了全部可得的信息。在有效市场中，投资者可以获得公平的回报，并且无法通过分析市场已知的信息来获得超额利润。若证券市场为有效市场，则信息可以完全反映在价格中，信息披露则有助于发现证券的真实价值（Merkt，2006）。这也可也理解为，债券披露信息强化了有效市场假设，如果债券发行人提供充分的披露信息，投资者能够及时获取到所有的重要信息，并将其纳入对债券价格的评估中。这样，市场上的债券价格会更准确地反映债券的价值和风险，从而提高市场的效率和公平性。有效市场假设也暗示着投资者不应该期望通过分析公开披露信息来获得超额利润，因为这些信息已经被充分反映在市场价格中。债券市场的有效性依赖于充分的信息披露。只有当市场上的所有投资者都能获得同样的信息，且可以充分理解和利用这些信息时，市场才能更加公正和高效。在中国学界研究中，相较于股票市场有效性的文献，对于债券有效性展开的研究数量较少，这一方面是由于中国股票市场的发达程度要高于债券市场这一现实，另一方面也是由于中国债券市场的分割现状，交易所债券市场和银行间债券市场相互割裂，而两种市场均未达到有效市场理论中的弱式有效市场（林若勋，2013）。此外，中国债券价格尚不能反映所有历史信息，投资者存在获取超额利润的可能，因此若想提升中国债券市场的有效性，完善债券市场信息披露制度十分重要，需力争信息披露真实、完整、准确与及时。

（三）行为金融学理论

行为金融学研究投资者的心理和行为偏差，认为投资者在决策过程中受到情绪、认知偏差等因素的影响，导致他们做出非理性的投资决策。有限理性、有限套利以及认知偏差理论具有一定代表性，其中前两个理论是针对有效市场假说争议部分进行的修正（张诗逸，2021）。首先，有限理性针对经济学中理性人进行批判继承，认为投资者无法达到完全理性，极易因为主观判断、知识有限等原因，对于债券等资产价格产生误判（杨希，2013），从而造成投资失败。其次，有限套利理论是指行为金融学认为传统理论过于理想化，表面上看似完美的套利实际上受到约束和限制，使套利是有一定风险存在的，而且套利过程中存在噪声，投资者极有可能将噪声误认为成正确信息从而导致误判（何苏燕，2015）。此外，行为金融学认为认知偏差深深根植于每个人的大脑，投资者不可能是“理性人”，例如当投资者在面对大量信息时可能感到不知所措，出现“信息过载”的情况，难以筛选和理解相关信息（蔺丰奇和刘益，2007），此时信息披露制度便具有重大意义。发行人通过信息披露可以帮助投资者过滤和整理重要信息，减轻信息过载的影响。此时的信息披露制度的关键在于给予投资者确定性信息，最大限度地保证投资者免受过量信息的干扰。羊群效应则认为，投资者在面对不确定的情况时，可能倾向于跟随他人的行为，而不是独立思考和做出决策。信息披露可以提供全面的信息，使投资者更有能力做出独立的投资决策，减少羊群效应的影响（王琳和李亚伟，2022）。根据行为金融学的研究，投资者在面对不确定性时常常表现出过度自信、过度乐观或过度悲观的倾向，这会导致他们对金融工具的价值和风险进行错误的判断。此时更可以显示出信息披露制度的重要性所在，发行人披露的信息可以帮助投资者更全面地了解债券的风险和回报特征，从而减少投资者因为情绪和认知偏差而做出的不理性决策。同时，了解投资者的行为偏差也有助于债券发行人更好地设计披露信息，以便更好地引导投资者的决策。

第三节　信息披露制度原则及现状

随着金融市场的不断发展，各国都愈加重视信息披露在市场稳健运行中的重要作用，纷纷围绕信息披露要求出台了各类制度、指令等规范性文件，依照各国家证券市场的具体状态形成了各具特色的信息披露制度体系，对披露时间、内容、模板格式以及处罚等内容进行细致规范。尽管各国的制度要求不尽相同，但各有所长。当前，中国的信息披露框架已初步建立并逐步向数字化和标准化建设发展，却也仍需借鉴学习别国的制度优势，不断结合中国国情进行优化完善。

（一）国际信息披露制度及要求

目前，大部分国家均颁布了本国的法律、制度等规范性文件来对金融市场中的信息披露行为进行约束。美国以《证券法》和《证券交易法》为主要依据，两部法律规定的信息披露制度成为了投资者获取准确信息的法律基础。《金融商品交易法》[①]（Financial Instruments and Ex-

① 2006年日本将《证券交易法》改组为《金融商品交易法》，把证券、信托、金融期货、金融衍生品等大部分金融产品进行规范，构建了整体覆盖金融服务的法律体系。

change Act 2020）是目前日本关于证券管理最重要也最系统的法律，该法律对证券发行公司向社会公众定期报告和特别报告公司的财务及管理状况做出要求。对于欧洲国家而言，欧盟成员国不仅拥有本国的规章制度，同时也需要受到欧盟的指导。20 多年来，欧盟的信息披露制度发展变化显著，主要以指令为主，协定、条例等为辅。经过 20 世纪 90 年代的多次修改后，欧盟于 2001 年 5 月将原来存在的《招股说明书指令》[①] 和《上市公告书指令》[②] 结合成为《正式证券交易所上市证券准入及信息公布指令》（Admission of Securities to Official Stock Exchange Listing and on Information to be Published on Those Securities）[③]。2004 年欧盟颁布了《透明度指令》（Transparency Directive），提出了新的有关招股说明书的提交要求和规范，着重明确不同的证券类型和不同的披露者在进行信息披露时应区别对待，并对股东持有股份变化的公告义务、发行人的内幕信息持续披露义务以及违反披露义务的刑事、民事及行政责任进行了规定。从最初由几项颇为独立的指令来对信息披露进行独立规定，到现在形成以《正式证券交易所上市证券准入及信息公布指令》和《透明度指令》为主的制度体系标示了欧盟信息披露制度正在走上一条系统化、规范化的道路。2000 年，英国出台了《金融服务与市场法》（Financial Services and Markets Act 2000），该法涵盖了所有金融商品与金融服务，初步构建了英国金融监管体系。2012 年，英国议会在该法案基础上，出台了《金融服务法》（Financial Services Act 2012）进一步修改完善了英国金融市场监管体系。在具体的信息披露方面，《上市规则》（Listing Rules，LR）、《募集说明书规则》（Prospectus Regulation Rules sourcebook，PRR）和《披露和透明度规则》（Disclosure Guidance and Transparency Rules，DTR）等规则起到了更加明确的约束作用。

---

① Council Directive No. 89/298，O. J. L 124/8（1989）.

② Council Directive 80/390/EEC of 17 March 1980 Coordinating the Requirements for the Drawing Up，Scrutiny and Distribution of the Listing Particulars to be Published for the Admission of Securities to Official Stock Exchange Listing，1980 O. J.（L 100）1.

③ Directive 2001/34/EC of the European Parliament and of the Council of 28 May 2001 on the admission of securities to official stock exchange listing and on information to be published on those securities.

德国目前主要以《证券交易所法》（Securities Exchange Act）[①] 作为信息披露的主要依据，该法律对于信息披露文件的规定在欧洲大陆各国是最为严密的，要求上市证券必须公开公布招股说明书，并对其所应包含的内容进行了详细规定。除此之外，德国作为欧盟成员国之一，也会受到欧盟法律制度的监管（见表 1.1）。

表 1.1　　国际信息披露制度依据

国家/地区	法律依据
美国	《证券法》《证券交易法》
日本	《金融商品交易法》
欧盟	《正式证券交易所上市证券准入及信息公布指令》《透明度指令》
英国	《金融服务法》
德国	《证券交易法》

尽管法律制度不同，但上述国家证券市场信息披露的基本要求都具有以下五点特征：一是完整性。信息披露必须符合法律法规对于披露报告等信息的规定和要求，不能漏项、缺项，避免因缺少信息而导致投资者错误投资。二是准确性。信息披露的内容应在语言上合乎逻辑，对有关事实和情况的记载不得有误导性陈述。三是易得性。发行人所披露的信息应当能通过有效的途径被投资者在最短的时间内获得，有效保证该信息的价值。四是及时性。信息披露义务人应当以最快的速度披露其信息，即一旦其经营和财务状况发生变化，应当立即向社会公众披露其变化细节。同时还应当保持所披露信息的最新状态，不得向投资公众披露过时的和陈旧的信息。五是真实性。发行人对外公开的信息必须符合客观实际情况，严防披露作假。如果披露的信息不能真实反映或者推断出公司的真实财务状况和市场经营状况，投资者有权要求相关部门进行赔偿。

① 资料来源：https：//www.bafin.de/SharedDocs/Veroeffentlichungen/EN/Aufsichtsrecht/Gesetz/WpHG_en.html.

（二）中国信息披露制度及要求

中国债券种类繁多，债券市场中存在“市场分割、多头监管”的局面。财政部、中国人民银行、证监会和国家发展和改革委员会①等部门对不同品种债券进行分类监管，投资者可在证券交易所市场、银行间市场和商业银行柜台市场对债券进行交易。一方面，债券市场作为证券市场的重要组成部分，其产品的信息披露要求需要遵循《中华人民共和国证券法》（以下简称《证券法》）。另一方面，不同品种债券的发行和交易的市场主管部门以及行业自律组织也会对其信息披露问题制定更具有针对性的要求。从整体来看，各监管部门大多制定了相对规范的信息披露框架，本书在表 1.2 中举例列出了不同品种债券的信息披露要求。

表 1.2　中国信息披露制度依据

债券种类	细化分类	制度要求	发行部门
公司信用类债券	公司债	《公司债券与发行与交易管理办法》（证监会令第 222 号）。《上海证券交易所债券自律监管规则适用指引第 1 号——公司债券持续信息披露（2023 年 10 月修订）》（上证发〔2023〕175 号）	中国证券监督委员会、上海证券交易所
	企业债	《关于进一步改进和加强企业债券管理工作的通知》（发改财金〔2004〕1134 号）。《关于简化企业债券审报程序加强风险防范和改革监管方式的意见》（发改办财金〔2015〕3127 号）	国家发展改革委
	非金融企业债券	《银行间债券市场非金融企业债务融资工具管理办法》（中国人民银行令〔2008〕第 1 号）《银行间债券市场非金融企业债务融资工具信息披露规则》	中国人民银行、中国银行间市场交易商协会

① 根据 2023 年 3 月 7 日公布的《国务院关于提请审议国务院机构改革方案的议案》，原划入国家发展和改革委员会的企业债券发行审核职责，由证监会统一负责。

续表

债券种类	细化分类	制度要求	发行部门
利率债	地方政府债券	《国务院关于加强地方政府性债务管理的意见》（国发〔2014〕43号） 《地方政府债务信息公开办法（试行）》（财预〔2018〕209号） 《地方政府债券发行管理办法》（财库〔2020〕43号）	国务院、财政部
	政策性金融债	《中国人民银行关于完善开发性银行和政策性银行金融债券发行有关事宜的通知》（银发〔2016〕254号）	中国人民银行

从债券市场整体来看，目前中国的债券信息披露以《证券法》为主，截至目前《证券法》共有6个版本，其中前5个版本都对上市公司一致规定“信息披露要求真实、准确、完整，不得有虚假记载、误导性陈述或者重大遗漏”。最新出台的2019年《证券法》为信息披露制度设置专门章节，通过与其他章节以及其他部门法的协同运作，架构起信息披露制度的框架模式，并对信息披露提出简洁明晰性和通俗易懂性的新要求。一是扩大信息披露的义务主体。新法用“发行人、其他信息披露义务人”取代了旧法中的“发行人、上市公司”。控股股东、实际控制人等公司相关责任主体被纳入信息披露义务人的范围。二是增加境内外同步披露的要求。新《证券法》新增规定，证券同时在境内、境外公开发行、交易的公司，其信息披露义务人应当在境内外同时披露信息。三是扩充界定“重大事件”范围，规定上市交易公司应当对影响其债券交易价格的重大事项进行临时报告，并列举了公司股权结构或者生产经营状况发生重大变化、债券信用评级发生变化等十项具体表现。四是鼓励自愿披露，新《证券法》第八十四条规定了信息披露义务人可以自愿披露有关市场决策和价值判断的信息。

对于公司信用类债券，《公司信用类债券信息披露管理办法》有针对性的对其做出了相应规范与要求，主要涵盖以下六大内容：一是统一公司信用类债券信息披露的基本原则。强调信息披露应当遵循真实、准确、完整、及时、公平的原则，不得有虚假记载、误导性陈述或重大遗漏。二是统一公司信用类债券发行及存续期的信息披露要求。包括发行阶段披露的文件内容、募集资金、企业内控制度等要求，以及存续期间的披露要件、披露频率、披露时点等方面要求。三是细化存续期重大事项认定及披露要求。结合新《证券法》，明确了二十二项重大事项类型和具体界定标准，要求企业及时披露可能影响偿债能力或投资者权益的重大事项。四是明确信息披露参与各方的责任。强化企业及董事、监事和高级管理人员，控股股东和实际控制人的信息披露主体责任，同时明确承销机构、会计事务所、评级机构等中介机构相应的信息披露义务和职责。五是规范特殊状态下的信息披露。结合市场最新发展情况，统一企业被托管、接管或进入破产程序，转移债券清偿义务、债券违约等多种特殊情形下的信息披露责任，以及信息披露文件更正、变更、豁免的信息披露要求，弥补了此前这方面的信息披露短板。六是强化信息披露违法违规的法律责任。明确信息披露存在虚假记载、误导性陈述，给投资者造成损失的，发行人内部各主体的责任，同时明确债券市场统一执法适用。

2021 年 8 月，中国人民银行会同国家发展和改革委员会、财政部、银保监会、证监会和外汇局联合发布《关于推动公司信用类债券市场改革开放高质量发展的指导意见》（以下简称《意见》）。其中特别强调了要完善法制、提升信息披露有效性、推动发行交易管理、强化信用评级监管等多个方面的内容，对推动信用类债券市场改革开放和高质量发展提出了具体意见。其中，在信息披露方面，《意见》提出要统一公司信用类债券发行和存续期间的信息披露要求，落实发行人和各中介机构的披露主体责任。与前期的《公司信用类债券信息披露管理办法》政策一脉相承，又一次强调了信息披露在市场和监管等多个层面的重要意义。

此外，中国香港地区和澳门地区也有专门的信息披露制度。中国香港证券市场十分重视证券规范化的工作，于 1974 年颁布了《证券条例》和《保障投资者条例》，此后也始终保持对于信息披露工作的严格监督机制。香港证监会对内幕交易、操控价格、虚假交易、披露虚假或误导性资料等市场失当行为在研讯后，可作出制裁决定。构成刑事罪行的，香港证监会可直接提出刑事检控。此外，中国香港的政府部门于2019年发布《绿色债券框架》，对政府绿色债券的资金用途、信息披露等作出了较为详细的规定，要求在政府绿色债券计划下发行绿色债券，并披露所募集资金的分配情况、投资项目的环境效应，引导香港绿色债券市场进一步加强和规范信息披露。同年，香港交易所修订《环境、社会及管治报告指引》，开展强制性环境信息披露，增加了ESG关键指标的内容，并要求必须向投资者等其他市场主体解释无法披露的原因（周袁民，2023）。

澳门债券市场起步于2018年12月，后续澳门金融管理局相继出台了《公司债券发行及交易转让管理指引》《公司债券承销及托管业务指引》及《债务证券登记结算管理指引》，就发行公司债的条件及信息披露要求等方面作出了规范。2023年11月，澳门特别行政区政府通过重新修订《金融体系法律制度》，优化在澳门的发债制度，落实以信息披露为核心的注册制取代审批制。同时，澳门金融管理局对债券业务相关监管指引也作出了全面的修订，一方面加强发行公司在发行阶段和债券存续期内的信息披露要求，另一方面也强调信息披露必须遵循真实、准确、完整、及时、公平的原则，并须确保募集说明书内容的适足性，以向投资者披露充足的信息，协助其了解相关风险以作投资决定。

（三）国际信息披露制度现状

发达国家资本市场建立较早，长期以来形成了较为完善的市场监管机制和规范的制度体系，其信息披露制度对于完善中国证券市场制度构建具有一定借鉴意义。

1. 重视违反信息披露制度的处罚

违反信息披露制度的发行人，其应承担的法律责任有三种：行政责任、刑事责任和民事责任。在财务信息披露方面，美国的证券立法要求对披露的不合规范、虚假不实的财务信息负有责任的相关人，例如发行人及其董事、监事、经理、会计师事务所及其注册会计师以及证券公司等，应当承担相应的民事、行政和刑事责任三个方面法律责任。欧盟的《透明度指令》中对半年以及年度财务报告的提交时间作出了明确规定，同时也对违反披露义务的刑事、民事及行政责任进行了规定。

2. 初次信息披露内容存在差异

招股说明书供投资者了解发行公司的基本情况，说明公司股份发行的有关事宜是信息披露的主要方式。尽管各国证券交易所均要求公开招股说明书，但各国证券市场在初次信息披露的内容上存在一定差异。例如，巴黎证券交易所要求上市前发布公司上市公告书；纽约证券交易所还要求发行人在上市前要发布初步招股说明书；伦敦证券交易所要求发行人在发行前要发布市场通知。此外，在预测性信息方面，美国证券法将预测性信息分为强制披露的前景性信息和自愿披露的预测性信息两部分（张保华，2003）。在传统证券法上，信息披露监管的对象限于历史信息，证券监管部门并不要求发行人披露预测性信息。目前在发达国家和地区的证券市场上，仅美国对预测性信息披露采取了鼓励自愿披露的措施，其他国家或地区的证券市场则对此尚无要求。

（四）中国信息披露制度现状

新《证券法》的实施对信息披露内在逻辑和运行机制提出更高要求和更新的挑战，信息披露理念亟需完成由“监管者导向”向“投资者导向”的逻辑转变（赵展慧，2022）。当前中国金融市场信息披露仍然存在诸如信息披露水平较低以及监管惩处力度不足等问题。

1. 信息披露制度框架初步构建

信息披露制度以新《证券法》为主干，《上市公司信息披露管理办法》等部门规章制度为指引进行构建，明确和规范了各个阶段信息披露的基本要求和标准，为全面实施多层次资本市场建设奠定制度基础。财政部、中国人民银行、证监会以及证券交易所是中国债券市场信息披露规则主要的制定主体。但政策制定部门既希望吸引更多的企业到其管辖的市场发行和交易债券，同时又想尽量避免出现大范围的债券违约，因此产生了监管竞争，导致制定的信息披露标准各有不同，缺少系统完整性与统一性（叶子瑞，2023）。

2. 信息披露内容不够充分

在信息披露的时效性方面，信息披露往往存在滞后性，导致信息的有效性和时间价值大打折扣。部分发行人为了更顺利地融到资金，总是倾向于隐瞒一些负面信息，加剧信息不对称情况。在信息披露的内容方面，一是企业的披露信息往往篇幅过长，且含有许多专业术语，报表和表述通常晦涩难懂，造成投资者无法有效接受其所披露的信息。二是就利率债而言，其发行主体以政府为主，受中国特殊财政体制的影响，部分信息无法完全公开。

3. 奖惩机制仍有待健全

尽管证券市场中信息披露违规现象频发，但证监会对涉及信息披露违规的企业只采取过三种处罚措施：出具警示函、监管谈话、责令改正。银行间市场交易商协会对企业的处分措施以通报批评为主，监管部门对信息披露违规的企业并未采取强有力的惩戒措施，已有的这些处罚方式明显不具有震慑力，企业违规成本较低。新《证券法》对信息披露的违法违规成本大幅提高，从原《证券法》最高可处以 60 万元罚款提高至 1000 万元罚款；《刑法》修正案将相关责任人员的刑期上限由 3 年提高至 10 年，显著提高信息披露违法成本。但在投资者权益保护方面存在不足，缺乏由于信息披露原因导致的投资者损失的索赔机制，关于信息披露人的赔付责任界定尚不清晰。此外，中国证券市场整体缺乏有效的激励和引导机制，发行人进行自愿性信息披露的动力不足。虽然监管部门对证券发行信息披露的重视程度在不断提高，但由于缺乏具有足够威慑的惩戒机制和奖励自愿性披露的机制，导致信息披露义务人缺乏主动披露重大事件的动力。

第四节 中国地方政府债券概述

（一）地方政府债券定义及分类

地方政府债券是筹措财政收入的重要形式之一，也是国家宏观调控的重要手段。地方政府债券是指地方政府根据信用原则、以承担还本付息责任为前提而筹集资金的债务凭证。地方政府债券一般用于交通、通信、住宅、教育、医院和污水处理系统等地方性公共设施的建设。中国的地方政府债券可按照偿债资金来源的不同分为一般债券与专项债券，二者皆纳入政府预算管理。具体来说，一般债券是指省、自治区、直辖市政府（含经省级政府批准自办债券发行的计划单列市政府）为没有收益的公益性项目发行的、约定一定期限内主要以一般公共预算收入还本付息的政府债券。专项债券是指省、自治区、直辖市政府（含经省级政府批准自办债券发行的计划单列市政府）为有一定收益的公益性项目发行的、约定一定期限内以公益性项目对应的政府性基金或专项收入还本付息的政府债券。专项债券由各地按照市场化原则自发自还，遵循公开、公平、公正的原则，发行和偿还主体为地方政府。

（二）中国地方政府债券诞生背景

改革开放后，中央政府对地方政府的兑付能力存疑，禁止地方政府发行债券进行融资，并且在1995年施行的《预算法》第二十八条中明确规定：除法律和国务院另有规定外，地方政府不得发行地方政府债券。但2008年之后，全球金融危机进一步蔓延，美国等发达国家消费能力的萎缩使中国的出口大幅下降。为了应对中国经济下滑的风险，中国政府果断地采用了积极的财政政策。2008年11月，中央政府出台4万亿元规模经济刺激计划，随后在中央财政投资计划的带动下，各地政府为了配套中央的积极财政措施，纷纷制订和提出了各地区相应的财政激励方案。据统计，24个省市的投资计划加总资金规模高达18万亿元，相当于2008年全国财政收入的3倍。数据显示，2009年1月，全国财政收入6131.61亿元，同比减少1265.03亿元，降幅达17.1%。在中央财政收入锐减的前提下，地方政府要想配合中央在2008年11月拟定的4万亿元经济刺激计划，急需资金的哺育，发放地方政府债券就成为解决资金难题的有效渠道。

中国的地方政府债券在2009年开始试点，仅经历了11年的发展就成为仅次于同业存单的第二大债券种类，也成为地方政府筹集基础设施建设资金的重要工具。中国地方政府债券经历了“代发代还”（省政府为债券发行主体，但由中央财政代发代还）、“自发代还”（试点省政府自主发行债券，由中央财政偿还债券本息）、“自发自还”（地方政府自主发行债券并偿还债券本息）三个阶段。2009 年由财政部统一发行地方债，实行“代发代还”，一级市场发行热度很高，但由于当时地方债还是一种新的债券投资品种，因此在二级市场上表现比较冷淡。2011 年开启“自发代还”模式，经国务院批准，上海、浙江、广东、深圳试点在国务院批准的额度内自行发行债券，但仍由财政部代办还本付息。一直到 2014 年都是地方政府债券的试点发行时期，债券交易量较低，尚未形成规模性的流通市场。2014 年财政部发布《2014 年地方政府债券自发自还试点办法》，标志着地方政府债券试点由此前的“自发代还”开始转向“自发自还”。2015 年伴随着新《预算法》的出台，规定“经国务院批准的省、自治区、直辖市的预算中必需的建设投资的部分资金，可以在国务院确定的限额内，通过发行地方政府债券举借债务的方式筹借”，地方债“自还自发”阶段正式开启。此后中国地方政府债券快速发展，2021 年地方政府债券二级市场现券交易额达到 80693.59 亿元，债券市场成交规模有了进一步的突破。

（三）中国地方政府债券信息披露重要性

尽管在“自发自还”模式下，地方政府承担着地方政府债券还款责任，但中央政府始终负有承担最终还款责任的隐性风险。此外，由于存在着地方政府财权与事权失衡、经济增长过分依赖“负债＋投资”模式以及政绩考核唯经济发展衡量论等情况，地方政府倾向于不断扩大债务规模，掌握更多行政资源，拉动经济增长，提升政绩表现，这也可能会导致地方政府过度举债，诱发地方政府的债务负担和道德风险。因此强化地方政府债券信息披露机制，确保公众的知情权和监督权显得尤为重要。

1. 有利于实现投资者保护机制，避免信息不对称

信息披露本身就是最基础的投资者保护手段，理想化的有效市场是不受信息影响、不产生信息不对称的，任何投资者都无法通过获得独家信息来获取超额投资回报。投资人保护机制是为了解决市场信息不对称情况下，发行人作为信息优势方对作为信息劣势方投资人的侵害，其有效性是建立在信息披露原则之上的（许鹏，2021）。通过信息披露，投资者可以更好了解地方政府的财政状况、债务状况和偿债能力等情况，以便做出更明智的投资决策，避免因信息不对称而导致的投资风险。

2. 增强政府防范风险意识，降低和化解财政风险

信息披露制度健全的地方政府债券是中央进行宏观调控，实现财政政策目标的重要抓手。首先，通过公开地方政府的债务水平、债务结构以及债务服务能力等关键信息，有助于政府自身更清晰地认识到当前的财政状况和潜在的风险点，促使政府及时采取预防措施，避免过度借债和不合理的财政支出。其次，地方政府债券全流程信息披露能在一定程度上明确政府的举债责任，有效防止政府代际债务转嫁（李宝兰，2009），及时发现财政赤字扩大、债务负担加重等问题，促进地方财政管理的规范化和科学化。最后，完善的信息披露制度也有助于中央对各地方债务总体运作情况和信用风险的描述和判断，可作为中央政府对地方债务管理监管和考核的依据，有利于统一监管口径，降低监管成本，提升监管效率。

3. 有助于政府合理筹集资金，降低筹资成本

政府通过信息披露制度向投资人和社会公众披露风险信息，接受市场和舆论对地方债务的监督，能够保证发债筹资金全过程的透明合理，避免出现政府信誉下降，融资成本攀升的行为。同时，公众监督也能促使地方财政量力而行，着眼于提升资金使用效率和债务风险防控水平，进而降低债券风险水平。此外，披露地方政府债券信息，有利于提高债券市场化水平，引导政府管理者将宏观管理理念和微观市场运作进行有机结合，进行科学的筹资决策，降低筹资成本（刘慧娟，2014）。

4. 提高政府活动透明度，维护政府形象

地方政府债券信息披露在提高政府活动透明度和维护政府形象方面扮演着极为重要的角色。随着地方政府债务规模的不断扩大，公众对于债务的来源、用途、还款能力以及可能带来的风险的关注也日益增加。透明的债券信息披露机制能够确保所有利益相关者，包括投资者、评级机构以及普通公民，都能够准确地获取到地方政府债务的详细信息。这种信息的公开不仅有助于建立投资者信心，降低融资成本，还能通过提高政府活动的可见度，增强公众对政府财政管理能力的信任。更重要的是，当公众能够充分理解政府如何、为何以及在何处使用其借来的资金时，将促进政府提升其财政责任感和问责机制，从而在维护政府形象的同时，推动更为负责任和高效的公共财政管理。因此，地方政府债券信息的透明披露不仅是提高政府透明度的关键步骤，也是塑造负责任、可信赖政府形象的重要手段。

第五节　地方政府债券信息披露的动因分析

信息披露制度作为资本市场交易“公开”原则的制度基础，能够减少市场交易双方信息不对称性、降低交易中的资金错配，与资本市场效率密切相关。从世界各国的现实来看，出于资本市场有效性、政府公共责任两个维度考虑，部分地方政府在法定强制披露的信息之外也自愿披露了大量其他信息。

（一）提高市场定价效率

增量信息的披露能削弱债券发行主体和公众投资者之间的信息不对称程度，提升市场定价效率。现有研究和实践经验表明，政府债券财务信息披露水平与债券买卖价差之间存在着负相关关系，因此透明度水平越高的地方政府债券在市场上的买卖价差越小。这主要是因为新增信息可以降低市场信息不对称程度，减少投资者信息搜寻成本，辅助投资者理性决策，因此削弱了债券收益率波动（刘自敏等，2023）。地方政府债券披露的各种数据和资料信息含量越高，市场价格能够反映公开信息和内部信息的程度越高。因此未预期信息（即未反映在债券价格中）较少，债券价格所受的冲击和调整幅度较小，有利于市场的平稳、高效运行。

信息披露降低了债券投资的异质信念，增强了市场定价效率。新增披露的信息作为投资者可获取的基本面分析决策的依据，可以更加全面地评估地方政府的财务状况和可持续发展能力。De Long 等（1990）构建的 DSSW 模型中将市场中的投资者分为理性交易者与噪声交易者。噪声交易行为会使证券价格偏离企业内在价值，且市场中存在一部分噪声交易者的噪声交易行为并非其主观产生，而是其掌握的信息集本身存在一定噪声，使其对风险资产基本面认知存在一定偏差，进而使得投资标的产生定价偏差。在此基础上从信息效率观出发，新增高质量信息可以通过降低投资者异质信念，继而减少与债券发行主体自身及收益项目等基本面价值无关的“噪声”融入债券价格，促进市场对投资标的的高效定价。

（二）降低政府融资成本

地方政府债券信息披露的完善能够降低投资者要求的违约利差，进而降低政府融资成本。现有理论和经验研究都已表明信息披露有助于降低上市公司的股权融资成本，企业信息披露质量越高，投资者预期企业未来收益偏离程度越低，从而所要求的股票回报率越低，企业的上市融资成本也就越低（Botosan，2002）。进而延伸地方政府债务方面，信息披露使债权人可以通过良好的信息披露获得更准确、可靠的信息，这有助于他们更好地了解发债主体的运营情况和财务状况。根据信息不对称理论，作为外部利益相关者的债权人难以获取发债主体的准确、相关、及时的信息，从而难以实施正确的投资决策（方红星和张志平，2013）。债券定价最终可以通过投资者要求的风险收益率（即信用利差）加以体现。而信息不对称程度越高，投资者越难准确地估计未来现金流，增加投资决策的信息风险，因此投资者要求的信用利差越高。以专项政府债券为例，信息透明度较低，如对于项目收益债的具体投向披露较为笼统，会使投资者未来收益的不确定性增加，从而要求更高的风险补偿。所以，高透明度低信息风险的地方政府债券比低透明度高信息风险的地方政府债券更可能获得较低的资本成本。

此外，财务信息是也是债权人用来评价发债主体质量的重要标准。当依据财务信息判断发债主体质量较差时，债券投资者就会要求更高的风险溢价。因此，信用较差的发债主体在法律规定范围内有动机隐瞒部分非强制披露的信息，而这些信息往往是负面的（方红星和张志平，2013）。财务信用或者项目收益较好的地方政府发行主体倾向于披露私有信息，展示良好的信用状况。这在一级发行市场起到“信号”作用，将违约风险不同的发行主体通过信息披露区分开，降低投资者的甄别成本。投资者会倾向于选择信息披露完善的发行主体，进而降低地方政府债券筹资价格。

（三）提高市场流动性

地方政府债券信息披露能够提高债券市场流动性，降低系统性风险出现的可能。其主要作用路径是通过披露更多信息，广泛吸引不同风险承受能力的投资主体投资，增加交易参与主体的数量。市场流动性反映市场水平上快速、低成本、不改变价格进行交易的能力。提高信息披露水平可以降低投资者对公司特有信息估计的偏差，进而增加股票流动性。从股票市场延伸整个资本市场，信息披露的完善能够减少信息不对称的风险，降低未来收益的不确定的风险，从而使风险厌恶程度高的投资者也能参与其中。因此，及时准确的信息披露可以带动公众投资人的参与度，通过公众投资人深度参与带动市场流动性的提升，减少市场风险水平（赵倩雨，2022）。

相反，信息披露质量差的债券主体会进一步加重流动性风险，甚至引发系统性危机。当市场流动性下降时，市场波动加剧，整体不确定程度加深，投资者会提高风险厌恶水平，典型的交易行为就是抛售高风险资产（Brunnermeier & Pedersen，2009）。由于信息披露质量差的债券无法被持有者准确估值，因而遭遇抛售的可能性远大于信息披露质量高的债券，同时由于潜在购买者无法准确预期其未来收益，也会报出更低的成交价格，导致这类债券的收益显著下降。如美国次贷危机时，市场发现标普、穆迪等评级机构对于市政债券违约风险及资本金安全审查非常宽松，信用等级无法衡量其信用风险水平。大量如投资银行、商业银行、对冲基金等投资主体大量减持或者清算美国市政债券，导致市场参与主体锐减、市场流动性降低，由最初的次级贷款违约波及整个资本市场、引发系统性危机。

（四）履行政府所负有的公共责任

地方政府债券绩效管理的最终目标是提升公共绩效，因此地方政府作为公众的代理人行使公共权力时，充分披露举债行为和项目执行信息是对公共责任尽责履行的充分体现，以便公众评估其决策并进行监督。地方债券的投资者有小部分由个人投资者组成，他们的风险承受能力较低，投资决策源于对社会“公信力”的高度信任，因此详尽披露信息、充分揭示风险是地方政府履行公共责任并维护公信力的应有之义。同时应该明确的是，地方政府债券信息披露不仅事关地方债投资者利益，而且与每个公民利益密切相关。根据李嘉图等价学说，政府的公共债务最终由纳税人或未来的代际承担，且地方政府债务的增长可能导致财政风险和偿债压力。通过披露地方债务情况，可以更好地识别、评估和管理风险，采取必要措施确保债务可持续性，避免因债务违约等问题给公共利益带来损害。因此，政府有责任确保债务合理、可持续，并用于公共利益最大化的项目和服务上，并维护社会整体利益。

第六节　地方政府债券信息披露与金融工具信息披露异同分析

（一）与公司信用类债券信息披露异同分析

公司类信用债券[①]与地方政府债券均为债务工具，用于为发行主体筹集必要的资金来满足自身的融资需求，并且都有规定的利息支付和本金偿还计划。二者的最主要区别在于发行主体不同，公司信用类债券的

① 根据《公司信用类债券信息披露管理办法》第二条规定，公司信用类债券指的是企业债券、公司债券和非金融企业债务融资工具。

发行主体为企业，其目的主要是扩大经营规模、投资新项目等，而地方政府债券发行主体为地方政府，主要用于公共利益项目。一方面，二者同属于债券，均需要满足证券市场中对于信息披露的要求。另一方面，相较于有政府信用支持的地方政府债券而言，公司信用类债券的偿还能力直接受到公司经营状况和市场环境的影响，风险相对较高，因此披露要求也更为严格。

1. 相同点分析

地方政府债券和公司信用类债券都遵循相同原则：真实、准确、完整、及时、“三公”原则、重点披露等。主要原因表现在两个方面：一方面是从公司信用类债券约束动机出发，信息披露机制是捍卫投资者利益的“重要防线”，投资者在获取信息层面处于天然的弱势地位，重要原则缺失加剧的信息不对称风险会损害投资者的合法权益，从而阻碍企业债券融资路径的推进。另一方面是从地方政府债约束动机出发，政府会计提供债务信息的及时性、全面性、完整性影响着地方债务管理的绩效以及地方政府债务风险管理水平，进而影响着地区财政的短期稳定性、长期可持续性。

（1）真实性、完整性和准确性要求

真实、完整和准确的要求下，市场信息不对称降低能够提高投资者对购买债券热情，提升交易的活跃程度。一方面从总体原则上看，《公司信用类债券信息披露管理办法》规定“企业应当及时、公平地履行信息披露义务。企业及其董事、监事、高级管理人员应当忠实、勤勉地履行信息披露职责，保证信息披露内容真实、准确、完整，不存在虚假记载、误导性陈述或重大遗漏。”另一方面从具体披露细节上看，《公司信用类债券信息披露管理办法》规定“募集说明书中应披露包括风险提示及说明、募集资金运用以及企业主要财务情况等信息的十四项内容”。对于地方政府债券而言，财政部出台的多个文件中均对其信息披露问题进行约束。例如，在《财政部关于印发地方政府债务信息公开办法（试行）通知》中，第三条的公开原则中提出，地方政府债务信息公开应当遵循“坚持突出重点，真实、准确、完整、及时公开”的原则。此外，公司信用类债券和地方政府债券在违背“真实、完整和准确”原则上也需根据新《证券法》适用共同的究责赔偿制度。

(2) 时效性要求

在时效性原则规范下，投资者能够及时地了解公司经营情况的变化和相关风险，便于迅速作出反应以进行有效投资决策。《公司信用类债券信息披露管理办法》要求企业信息披露事务负责人发生变更的，应当及时披露。债券存续期内，企业信息披露的时间应当不晚于企业按照监管机构、市场自律组织、证券交易场所的要求或者将有关信息刊登在其他指定信息披露渠道上的时间。同时，信息披露的时效性要求也能够有效地控制地方政府债务风险发生的可能。《财政部关于印发地方政府债务信息公开办法（试行）通知》不仅要求对信息进行及时公开，同时也鼓励第三方机构对地方政府债券市场进行监督，及时向社会各界公布地方政府债券的发行使用情况。

2. 不同点分析

公司信用类债券与地方政府债券在信息披露要求上的差异主要源于其发行主体及风险特点的不同。公司信用类债券的发行主体为企业，其风险相对较高，因此风险溢价也相应较高。这类债券的风险主要关联于企业的经营风险、市场竞争、行业变化等因素，其偿付能力主要取决于发行公司的盈利能力、管理能力和市场地位。相比之下，地方政府债券与政府财政状况、经济发展、政策变化等因素紧密相关，有政府的公共财力作为偿付保障，风险主要涉及政府的偿债能力、地方经济发展状况以及政策变化对债务偿还的影响。

出于对上述风险类型及偿付能力差异的考量，公司信用类债券与地方政府债券在存续期间的信息披露频率要求有所不同。总体而言，公司信用类债券的信息披露要求更为频繁、及时性更强。根据《公司信用类债券信息披露管理办法》，企业需要在每个会计年度结束后的 4 个月内披露上一年度报告，并在每个会计年度的上半年结束后的 2 个月内披露半年度报告。这意味着公司信用类债券在存续期间每年至少需要定期报告 2 次，且报告时间限定在 2 个月内。而根据《财政部关于印发地方政府债务信息公开办法（试行）通知》，地方财政部门仅需在每年 6 月底前公开一次相关信息。

在具体的披露内容方面，地方政府债券的信息披露往往需要更多关于财政健康状况、预算和资金使用的细节。这是因为地方政府债券的偿付与政府的财政状况紧密相关，投资者需要了解政府的财政收入、支出以及债务结构等信息来评估投资风险。相比之下，公司债券等其他金融工具的信息披露可能更侧重于财务报表和业务风险，以便投资者了解公司的盈利能力、资产状况和运营风险。此外，公司信用类债券的信息披露还具有强制连续性原则要求。除了确保信息的真实、准确、完整外，自愿性信息披露还需遵守公平原则，保持信息披露的持续性和一致性，不得进行选择性披露。这一原则确保了市场对公司信用状况的全面了解，从而有助于维护市场的公平和透明。然而，对于地方政府债券，目前暂无类似的强制连续性要求。

（二）与其他利率债券信息披露差异分析

由政府发行或者政府提供偿债支持的债券被统称为“利率债”[①]，这类债券相比于信用债而言风险更低。其中，国债由中央政府发行，背靠国家信用。从现有资料来看，投资者可以从公开渠道内获取的资料主要是国债的发行文件、发行结果、发行计划以及付息兑付与行权公告，并无债券存续期披露。这一情况出现的原因可能是国家会定期公布财政、经济等指标，因此无须单独再次进行公开。而地方政府债券背靠地方政府信用，地方政府的财政透明度和披露机制可能不如中央政府那样成熟和规范，因此需要通过制度规定发行人进行持续的信息公开。

中央银行票据则是中央银发行的一种短期债务工具，主要用于调控货币市场，具有短期性的特点。同时，其发行对象是公开市场业务以及交易商，其他投资者只能在二级市场进行投资。与地方政府债券为了筹集资金不同，中央银行票据发行目的是减少商业银行可贷资金量，因此其披露信息的目的主要是传达货币政策信号，进而影响市场预期和行为。基于此，中央银行票据所披露的内容更加侧重于债券本身的特点。

---

① 利率债主要指国债、地方政府债券、中央银行票据和政策性金融债。

政策性金融债是中国政策性银行为筹集信贷资金向金融机构所发行的金融债券，其与地方政府债券在存量规模、成交规模、发行机制以及二级价格等方面均存在差异（丁新，2021）。相比于地方政府债券，政策性金融债存量规模较小、交易更活跃、发债计划更加灵活等特点也使得二者在披露要求上有所不同。政策性金融债券可以根据市场对短端与长端的不同需求来调整发行期限及发行规模，而地方政府债的规模较大、频率较高，需要吸纳的资金数额和面向的投资者数量更多，因此应在发行前更早的时间提前披露发债信息，以适应其规模较大的特点。例如，《财政部关于印发地方政府债务信息公开办法（试行）通知》第七条要求省级财政部门在新增一般债券发行前，提前5个工作日公开多项重要信息，包括经济社会发展指标、一般公共预算情况、一般债务情况、拟发行一般债券信息、第三方评估材料以及其他按规定需要公开的信息。而《中国人民银行关于完善开发性银行和政策性银行金融债券发行有关事宜的通知》仅要求政策性银行应在金融债券发行前至少2个工作日，向中国人民银行报备当期债券发行办法等材料，其中公开发行金融债券时，应提前至少1个工作日向市场披露。

第二章

中国地方政府债券信息披露现状

第一节　地方政府债券信息披露政策演进

（一）财政体制背景

在新中国成立初期，百废待兴，财政体制实行“高度集中、统收统支”的管理模式，为国家迅速恢复经济、发展生产提供了重要的财力保障。随着经济发展，集中统一的财政体制无法继续满足日益复杂的财政活动需求。为鼓励地方财政的积极性，中央政府开始采取分级管理办法，中国财税体制分级管理由此开启。自 1994 年分税制改革以来，中央宏观调控能力得到加强，但也造成了地方政府财权和事权的不匹配（杨得前和汪鼎，2021），地方政府财政压力较大。同时，地方政府政绩考核机制从单一 GDP 考核转变为多元目标考核，地方政府财政支出的“刚性责任”进一步强化。2008 年国际金融危机全面爆发后，为维持经济平稳增长，中国实施“四万亿”计划，通过积极的财政政策化解危机，导致地方政府债务规模急剧扩张（梁若冰和王群群，2021），融资市场中的政企竞争进一步恶化。党的十八届三中全会通过《中共中央关于全面深化改革若干重大问题的决定》，提出“财政是国家治理的基础和重要支柱”的全新论断，以建立现代财政制度为目标，新一轮财税体制改革由此展开（高培勇，2018），财政体制改革纵深推进。2014 年 9 月，国务院印发《关于加强地方政府性债务管理的意见》（国发〔2014〕43 号），赋予地方政府合法的直接举债权力，着重鼓励社会投资特别是民间投资，力图以透明的地方政府债替代城投平台类债务，并将其纳入预算管理，突破了先前的政策局限。“十三五”规划提出确立合理有序的财力格局、建立全面规范公开透明的预算制度、改革和完善税费制度、完善财政可持续发展机制四项财税体制改革总体要求。“十三五”规划实施后，中国财政体制进一步优化，地方政府投融资体制机制改革也取得一定成效，地方政府债券信息公开政策不断充实，中央对地方债实行限额控制，并坚决遏制隐性债务增量。近年来，中央对地方政府的债务管理政策从指导性条款、体系性法规逐渐发展到规范性制度建设，风险管理配套机制也不断完善（袁金凌和李琪琦，2023），按照“开好前门、严堵后门”的思路，一方面，优化新增债券分配机制，严控高风险地区新增债券规模，避免风险持续累积；另一方面，坚决遏制隐性债务增量，严守不发生系统性风险的底线。2023 年 12 月，中央经济工作会议指出，“持续有效防范化解重点领域风险。要统筹化解房地产、地方债务、中小金融机构等风险，严厉打击非法金融活动”。可以看出，中国对于地方政府债务风险的关注度不断提高。

（二）政策演进过程

回顾中国财政体制历史，不同时期地方政府债务管理制度均与财政体制改革紧密相关。2014 年新《中华人民共和国预算法》颁布以来，中国地方政府债券信息披露制度发展环环相扣并渐成体系，地方政府债务管理逐渐规范化、公开化，地方政府债务治理能力与水平逐步提高。本书系统梳理了 2014 年以来地方政府债务信息披露相关政策，具体发展历程如图 2. 1 所示。

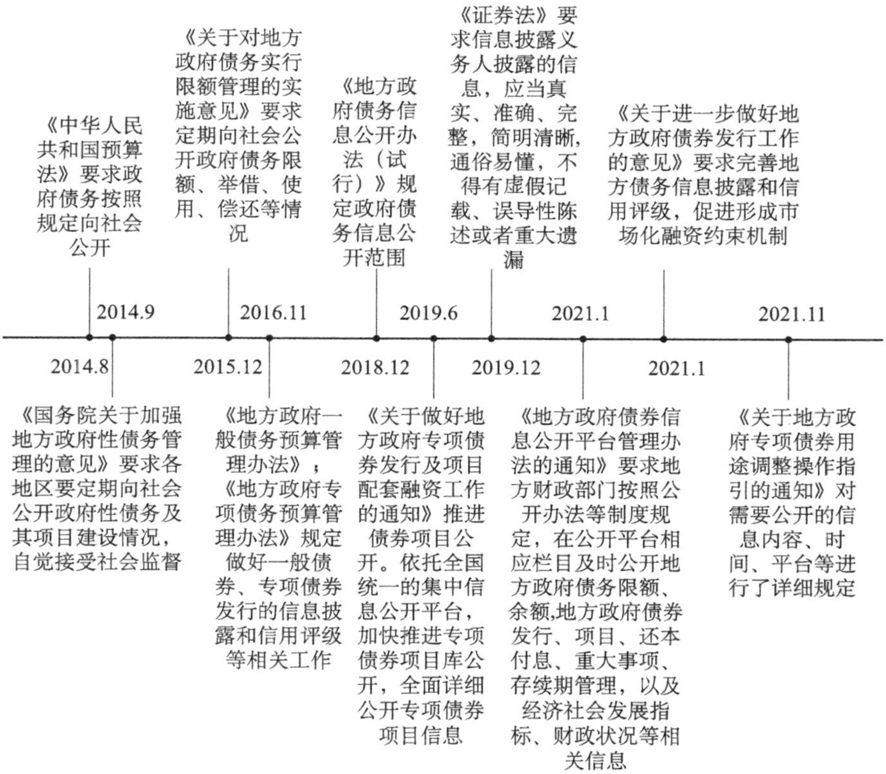

图 2.1　地方政府债券披露制度发展时间轴

2014 年 8 月，中国颁布了新《中华人民共和国预算法》，该法律对原有关于地方政府举债融资的条款进行了修订，其中明确规定地方政府可以在国务院确定的限额内发行地方政府债券。同年 10 月，国务院发布了《关于加强地方政府性债务管理的意见》（国发〔2014〕43 号）要求“全面反映政府的负债情况”，承接新《中华人民共和国预算法》对地方政府债务进行了进一步约束，是对现阶段中国地方政府债券披露制度起到提纲挈领作用的文件。

2015 年，中央全面取消了地方政府发债的限制，使地方政府债券蓬勃发展，同时地方政府债券存在的信息披露的缺失问题也逐渐显现。自 2016 年起，财政部先后发布《地方政府一般债务预算管理办法》（财预〔2016〕154 号）和《地方政府专项债务预算管理办法》（财预

〔2016〕155 号），分别对一般债券、专项债券进行规定，并针对政府债券发行计划、支出方案、偿还计划和资金来源的信息披露提出新的要求，进一步完善“借、用、还”统一的地方政府性债券信息披露要求。2018 年财政部先后发布文件，对政府债券发行、存续期、重大事项等相关信息提出债券信息披露的要求①，提到要“完善地方政府债券信息披露机制”②，要求将地方政府债券信息披露体系化、制度化，这也同时反映出中国地方政府债券信息披露制度尚未形成完整体系。

随后国家对政府债券的信息披露要求更为细化，2019 年将政府债券从政府债务中分离，制定了专门针对政府债券披露的政策文件，要求地方政府向金融机构全面真实及时披露审批融资所需信息③，准确反映偿还本息后的专项收入。对地方政府的披露周期、债券信息和管理细则等都提出了更为细致的要求，并提出要建立“地方政府债券统计数据库”，并结合债券评级、风险评估等机制形成市场化的风险利差，进行定期公示，体现出政府对地方政府债券信息数据化、披露平台化、评级市场化的初步构想。

2020 年针对地方政府债券发行的有关事宜，政策提出了要同步完善地方政府债券的信息披露与信用评级事项④，同时规定了财政部门对债券发行计划、专项债的项目情况、债券资金用途调整的信息披露的具体时间安排。

中央政府于 2021 年建立起地方政府债券信息公开平台⑤，并规定平台的指导机构、运营机构、维护机构三位一体，开展地方政府债务信息公开及评估工作。其中明确要求，政府需于每月 20 日按月度提前披露地方债次月发行计划，按季度披露地方债次季发行计划。该文件还对地方债项目细则、融资平衡方案、第三方评估结果和已发行债券的信息要求进行充分披露，进一步全面、严密对地方政府债券发行制度加以规范。

---

① 《地方政府债务信息公开办法（试行）》（财预〔2018〕209 号）。
② 《关于做好 2018 年地方政府债务管理工作的通知》（财预〔2018〕34 号）。
③ 《关于启用地方政府新增专项债券项目信息披露模板的通知》（财办库〔2019〕364 号）。
④ 《关于加快地方政府专项债券发行使用有关工作的通知》（财预〔2020〕94 号）。
⑤ 《地方政府债券信息公开平台管理办法》（财预〔2021〕5 号）。

同年，财政部推出新的对于专项债用途调整的信息公开的政策要求①，细化了有关专项债用途调整方面的信息披露内容和时间（见表2.1）。

表2.1　　地方政府债券披露的主要政策文本

时间	文件名称及文号	内容表述（原文）
一、法律层次		
2014.8	《中华人民共和国预算法实施条例》	政府债务、机关运行经费、政府采购、财政专户资金等情况，按照有关规定向社会公开。
2019.12	《中华人民共和国证券法（2019修订）》中华人民共和国主席令第37号	信息披露义务人披露的信息，应当真实、准确、完整，简明清晰，通俗易懂，不得有虚假记载、误导性陈述或者重大遗漏。
二、部门规章层次		
2014.6	《关于2014年地方政府债券自发自还试点信息披露工作的指导意见》（财库〔2014〕69号）	一、地方债信息披露涉及地方政府的相关业务由试点地区财政部门负责办理。地方债信息披露应符合政府信息公开和债券市场监管有关规定。 二、试点地区财政部门应保证所披露的信息真实、准确、及时。参与地方债发行的承销机构、信用评级机构、登记托管和代理还本付息机构等机构（以下简称中介机构），应对其所出具的信息负责。 三、债券发行前信息披露。试点地区财政部门应不迟于地方债发行日前5个工作日，通过本单位门户网站、中国债券信息网等网站（以下简称指定网站）披露以下信息：债券基本信息、本地区经济运行、信用评级情况。
2014.9	《国务院关于加强地方政府性债务管理的意见》（国发〔2014〕43号）	完善地方政府性债务统计报告制度，加快建立权责发生制的政府综合财务报告制度，全面反映政府的资产负债情况。对于中央出台的重大政策措施如棚户区改造等形成的政府性债务，应当单独统计、单独核算、单独检查、单独考核。建立地方政府性债务公开制度，加强政府信用体系建设。各地区要定期向社会公开政府性债务及其项目建设情况，自觉接受社会监督。
2015.12	《关于对地方政府债务实行限额管理的实施意见》（财预〔2015〕225号）	地方各级政府要主动接受本级人大和社会监督，定期向社会公开政府债务限额、举借、使用、偿还等情况。
2016.11	《地方政府一般债务预算管理办法》（财预〔2016〕154号）	第二十一条 省级财政部门应当按照规定做好一般债券发行的信息披露和信用评级等相关工作。披露的信息应当包括一般公共预算财力情况、发行一般债券计划和安排支出项目方案、偿债计划和资金来源，以及其他按照规定应当公开的信息。

①《关于地方政府专项债券用途调整操作指引的通知》（财预〔2021〕110号）。

续表

时间	文件名称及文号	内容表述（原文）
二、部门规章层次		
2016.11	《地方政府专项债务预算管理办法》（财预〔2016〕155号）	县级以上地方各级财政部门应当按照法律、法规和财政部规定，向社会公开专项债务限额、余额、期限结构、使用、项目收支、偿还等情况，主动接受监督。
2017.2	《关于做好2017年地方政府债券发行工作的通知》（财库〔2017〕59号）	（二）地方财政部门应当进一步做好信息披露工作，积极扩大信息披露范围，不断提升信息披露质量，更好满足投资者需求。 1. 地方财政部门应当不迟于每次发行前5个工作日通过本单位门户网站、中国债券信息网等网站（以下简称指定网站）披露当期债券基本信息、债券信用评级报告和跟踪评级安排；不迟于全年首次发行前5个工作日，通过指定网站披露债券发行兑付相关制度办法、本地区中长期经济规划、地方政府债务管理情况等信息，并按照附件4格式披露本地区经济、财政和债务有关数据。 2. 地方财政部门应当不迟于每次发行日终，通过指定网站按照附件5格式披露当次发行结果。 3. 地方财政部门应当进一步做好债券存续期信息披露工作，按规定披露财政预决算和收支执行情况、地方政府债务管理情况、跟踪评级报告等信息，并通过指定网站按照附件6格式披露季度经济、财政有关数据。 4. 地方财政部门要进一步加强重大事项披露工作，对地方政府发生的可能影响其偿债能力的重大事项应当及时进行披露。 5. 地方财政部门应当不迟于地方债还本付息前5个工作日，通过指定网站按照附件7格式披露还本付息相关信息。
2018.2	《关于做好2018年地方政府债务管理工作的通知》（财预〔2018〕34号）	推进地方政府债务领域信息公开。及时公开本地区地方政府债务限额、余额、期限、用途等信息。完善地方政府债券信息披露机制，发行一般债券应当重点披露本地区生产总值、财政收支、债务风险等财政经济信息，以及债券规模、利率、期限、具体使用项目、偿债计划等债券信息；发行专项债券应当重点披露本地区及使用债券资金相关地区的政府性基金预算收入、专项债务风险等财政经济信息，以及债券规模、利率、期限、具体使用项目、偿债计划等债券信息，发行项目收益专项债券还应当披露债券投向的公益性项目概况、投资规模及分年投资计划、建设资金来源、项目融资平衡方案、潜在风险评估等信息，以及由第三方专业机构出具的财务审计报告、信用评级报告、法律意见书等。

续表

时间	文件名称及文号	内容表述（原文）
二、部门规章层次		
2018.12	《地方政府债务信息公开办法（试行）》财预〔2018〕209号、《地方政府债务信息公开办法（试行）》（财预〔2018〕209号）	地方政府债务包括地方政府一般债务和地方政府专项债务；地方政府债务信息包括预决算公开范围的地方政府债务限额、余额等信息以及预决算公开范围之外的地方政府债券发行、存续期、重大事项等相关信息；重大事项是指可能引起地方政府一般债券、专项债券投资价值发生增减变化，影响投资者合法权益的相关事项。
2019.6	《关于做好地方政府专项债券发行及项目配套融资工作的通知》	强化信用评级和差别定价。推进全国统一的地方政府债务信息公开平台建设，由地方政府定期公开债务限额、余额、债务率、偿债率以及经济财政状况、债券发行、存续期管理等信息，形成地方政府债券统计数据库，支持市场机构独立评级，根据政府债务实际风险水平，合理形成市场化的信用利差。加快建立地方政府信用评级体系，加强地方政府债务风险评估和预警结果在金融监管等方面的应用。 推进债券项目公开。地方各级政府按照有关规定，加大地方政府债券信息公开力度，依托全国统一的集中信息公开平台，加快推进专项债券项目库公开，全面详细公开专项债券项目信息。
2019.12	《关于启用地方政府新增专项债券项目信息披露模板的通知》（财办库〔2019〕364号）	一、2020年4月1日起，各地发行地方政府新增专项债券时，须增加披露地方政府新增专项债券项目信息披露模板，以表格形式展现项目核心信息（具体见附件）。 二、2020年4月1日起发行的新增专项债券存续期内，各地应当按照模板格式，每年披露项目实际收益、项目最新预期收益等信息。如新披露的信息与上一次披露的信息差异较大，应当进行必要说明。
2020.7	《关于加快地方政府专项债券发行使用有关工作的通知》（财预〔2020〕94号）	依法加大专项债券信息公开力度。发挥按中央要求建立的全国统一的地方政府债务信息公开平台（WWW. CELMA. ORG. CN）作用，全面详细公开发行专项债券对应项目信息，加快推进专项债券项目库公开，对组合使用专项债券和市场化融资的项目以及将专项债券作为资本金的项目要单独公开，发挥市场自律约束作用，以公开促规范、以公开防风险。

续表

时间	文件名称及文号	内容表述（原文）
二、部门规章层次		
2020. 12	关于印发《地方政府债券发行管理办法》的通知（财库〔2020〕43号）	第十条 地方财政部门应当按照公开、公平、公正原则，从具备中国境内债券市场评级资质的信用评级机构中依法竞争择优选择信用评级机构，并按规定及时披露所选定的信用评级机构。地方财政部门应当与信用评级机构签署信用评级协议，明确双方的权利和义务。 第十一条 信用评级机构应当按照独立、客观、公正和审慎性原则开展信用评级工作，严格遵守信用评级业管理有关办法、地方政府债券信用评级有关规定和行业自律规范，及时发布信用评级报告。 首次评级后，信用评级机构应当在评级结果有效期内每年开展一次跟踪评级，在债券存续期内发生可能影响偿债能力和偿债意愿的重大事项时，及时进行不定期跟踪评级，并公布跟踪评级结果。 第十二条 地方财政部门应当按照地方政府债券信息披露有关规定，及时公开地方政府债券发行安排、债券基本信息、本地区财政经济运行及债务情况、债券信用评级报告等。专项债券还应当全面详细公开项目信息、项目收益与融资平衡方案、债券对应的政府性基金或专项收入情况、由第三方专业机构出具的评估意见以及对投资者做出购买决策有重大影响的其他信息。 第十三条 地方财政部门应当在地方政府债券发行定价结束后，及时披露债券发行结果。 第十四条 地方政府债券到期前，地方财政部门应当按有关规定持续披露经济运行、财政收支、政府债务管理情况、跟踪评级报告以及可能影响债券偿还能力的重大事项等。专项债券还应当披露项目收益、对应的政府性基金或专项收入情况等。债券发行后确需调整债券资金用途的，地方财政部门应当按程序报批，经省级人民政府或省级人大常委会批准后及时披露相关信息。 第十五条 地方财政部门应当及时披露地方政府债券发行相关信息，对披露文件的合规性、完整性负责。 第十六条 信息披露遵循诚实信用原则，不得有虚假记载、误导性陈述或重大遗漏。 第十七条 地方财政部门披露债券发行时间后，因债券市场波动、市场资金面、承销团成员承销意愿、不可抗力等特殊因素需要推迟或取消地方政府债券发行时，应当按规定提前向财政部报告，并向市场披露推迟或取消发行信息。

续表

时间	文件名称及文号	内容表述（原文）
二、部门规章层次		
2021.1	《关于进一步做好地方政府债券发行工作的意见》（财库〔2020〕36号）	完善地方债信息披露和信用评级，促进形成市场化融资约束机制。 （一）地方财政部门应当在每月20日前披露本地区下月地方债发行计划，在3月、6月、9月和12月20日前披露本地区下季度地方债发行计划。 （二）地方财政部门应当进一步加大专项债券信息披露力度，充分披露对应项目详细情况、项目收益和融资平衡方案、第三方评估意见等。地方债存续期内，应当于每年6月30日前披露对应项目上一年度全年实际收益、项目最新预期收益等信息。如新披露的信息与上一次披露的信息差异较大，应当进行必要的说明。 （三）地方债发行后，确需调整债券资金用途的，地方财政部门应当按程序报批，不迟于省级人民政府或省级人大常委会批准后第10个工作日进行信息披露，包括债券名称、调整金额、调整前后项目名称、调整后项目收益与融资平衡方案、跟踪评级报告、第三方评估意见等。 （四）信用评级机构应当规范开展地方债信用评级，不断完善信用评级指标体系，并对外披露。开展专项债券信用评级时，应当充分评估项目质量、收益与融资平衡等情况，促进评级结果合理反映项目差异，提高评级结果有效性。
2021.1	《地方政府债券信息公开平台管理办法》（财预〔2021〕5号）	财政部预算司、国库司具体负责地方政府债务信息公开政策指导工作。财政部政府债务研究和评估中心（以下简称政府债务中心）负责公开平台日常运行管理工作，组织开展地方政府债务信息公开评估。财政部信息网络中心负责公开平台运行维护技术支持，确保平台安全运行。
2021.4	《国务院关于进一步深化预算管理制度改革的意见》（国发〔2021〕5号）	健全地方政府债务信息公开及债券信息披露机制，发挥全国统一的地方政府债务信息公开平台作用，全面覆盖债券参与主体和机构，打通地方政府债务管理全链条，促进形成市场化融资自律约束机制。
2021.6	《关于印发〈地方政府专项债券项目资金绩效管理办法〉的通知》（财预〔2021〕61号）	（三）公开透明。绩效信息是专项债券项目信息的重要组成部分，应当依法依规公开，自觉接受社会监督，通过公开推动提高专项债券资金使用绩效。

续表

时间	文件名称及文号	内容表述（原文）
二、部门规章层次		
2021.7	《关于加强地方人大对政府债务审查监督的意见》	要高度重视政府债务风险防范化解工作，依法推动政府严格规范债务管理，建立健全向人大报告政府债务机制，明确人大审查监督的程序和方法，深入开展全过程监管，强化违法违规举债责任追究。
2021.11	《地方政府债券信息公开平台管理办法》（财预〔2021〕5号）	地方政府债务相关信息包括地方政府债务数据和相关文本信息。地方财政部门应当按照公开办法等制度规定，在公开平台相应栏目及时公开地方政府债务限额、余额，地方政府债券发行、项目、还本付息、重大事项、存续期管理，以及经济社会发展指标、财政状况等相关信息。
2021.11	《关于地方政府专项债券用途调整操作指引》的通知（财预〔2021〕110号）	（一）专项债券用途调整，不改变原专项债券注册信息，包括债券发行量、期限、代码、名称、利率、兑付安排等。 （二）专项债券用途调整，要发布调整公告，重点说明调整事项已经省级政府批准，一并公开本地区经济社会发展指标、地方政府性基金预算情况、专项债务情况等。 （三）专项债券用途调整，要公布项目调整信息，包括调整前原已安排的项目名称、调整金额，以及调整后项目概况、分年度投资计划、项目资金来源、预期收益和融资平衡方案、潜在风险评估、主管部门责任、第三方评估信息。 （四）其他按规定需要公开的信息。 第十四条 省级财政部门应当于省级政府批准后的10个工作日内，在全国统一的地方政府债务信息公开平台，以及省级政府或财政部门门户网站、发行登记托管机构门户网站等公开相关预算调整和项目调整信息。市县级财政部门应当在省级政府、市县人大或其常委会批准后的10个工作日内，在本级政府或财政部门门户网站公开本地区专项债券用途调整相关信息。

（三）政策演进特点及趋势

中国关于地方政府债券信息公开政策在演进中呈现以下趋势和特点：一是规范性和细化程度得到加强。政府发布了相关法律法规和规章制度，明确了地方政府债券信息公开的要求和流程，包括发布《地方政府债券发行管理办法》等，为地方政府债券信息公开提供了明确的法律依据。二是强调市场透明度和投资者保护。政府鼓励发行主体充分披露地方政府债券的相关信息，包括发行信息、项目信息、还款信息等，以便投资者了解债券的基本情况和风险，促进市场的健康运行。三是完善信息披露制度，确保地方政府债券发行主体按照规定披露相关信息，包括要求发行主体在发行前、发行后定期和事件发生时及时披露债券的相关信息，以保障投资者获取准确和及时的信息。四是强化信用评级机制。为提高债券市场的透明度和投资者的参与度，中国政府鼓励并规定地方政府债券经过独立的信用评级机构评级。五是建立信息公开平台。中国政府建立了地方政府债券信息公开平台，投资者可以通过该平台查询各地方政府债券的相关信息和披露文件。六是加强监管和处罚力度。中国政府加大了对地方政府债券市场的监管力度，对信息披露不充分或虚假的行为进行处罚，并维护市场的稳定和投资者的合法权益，2021 年颁布的《关于加强地方人大对政府债务审查监督的意见》，明确深入开展全过程监管，强化违法违规举债责任追究。

第二节 地方政府债券披露制度

（一）地方政府债券披露制度原则

从法律层面来看，中国当前施行的《证券法》中，第一章总则的第三、第四条首先对证券发行和市场参与者要遵守的规则进行了陈述，这两条规则是中国证券参与者均需遵守的基本原则。第三条要求“证券的发行、交易活动，必须遵循公开、公平、公正的原则”。第四条要求“证券发行、交易活动的当事人具有平等的法律地位，应当遵守自愿、有偿、诚实信用的原则”。因此，在证券的发行过程中，应当始终坚持三公原则，强调市场参与者的平等性，并将诚信摆在重要的位置。

从与地方政府债券有关的政策层面来看，2015 年财政部关于印发《地方政府一般债券发行管理暂行办法》的通知（财库〔2015〕64 号）以及 2020 年财政部关于印发《地方政府债券发行管理办法》（财库〔2020〕43 号）文件中，明确规定了中国的地方债信息披露应“遵循诚实信用原则，不得有虚假记载、误导性陈述或重大遗漏。”管理办法中明确了有关地方债信息披露的基本原则为诚信，在披露过程中地方政府应秉持该原则，诚信、真实、及时地向社会公开地方债的相关信息。该原则对公开信息有着内容上的严格约束。

2018 年，财政部针对信息公开的有关事宜提出了更为详细的规则要求，进一步明确了信息公开的基本原则。财政部在关于印发《地方政府债务信息公开办法（试行）》的通知（财预〔2018〕209 号）第三条的公开原则中提出，地方政府债务信息公开应当遵循以下原则：（一）坚持以公开为常态、不公开为例外；（二）坚持谁制作、谁负责、谁公开；（三）坚持突出重点，真实、准确、完整、及时公开；（四）坚持以公开促改革、以公开促规范，推进国家治理体系和治理能力现代化。文件对政府债务的信息公开做出了详细的规定，除了基本的原则外，该文件的原则还着重强调了“公开”，将常态化的信息公开作为重点，并且这里的公开，也并非泛泛的公开，而是“有重点”的公开。

在建设信息公开平台时，财政部再次明确了信息披露原则，随后所有规则的设定和平台的建设均遵循此类原则。财政部《关于印发地方政府债券信息公开平台管理办法》的通知（财预〔2021〕5 号）第四条中明确提出政府债券信息公开的原则，即：“公开平台管理遵循依法合规、公开透明、简便高效、积极稳妥的原则。”文件第六条则提出，在信息平台公开过程中地方各级财政部门和兵团财政部门（以下统称地方财政部门）及相关单位也要按照：“谁制作、谁公开、谁负责的原则，对地方政府债务相关信息公开的真实性、准确性、完整性、规范性、及时性负责。”该原则进一步突出了平台的建设需要保持合规性的特点，并秉持着公开透明的原则，提高信息获取效率。文件的第六条也突出强调了信息披露义务人的主体责任，相关责任人需直接对披露信息的内容、格式、公开时间负责。

（二）地方政府债券信息披露流程

从信息披露流程来看，中国与主要发达国家均基本能够实现地方政府债券发行前和发行后的信息披露与公示。中国的地方政府债券信息披露具体可分为事前披露和事后披露两大环节。事前披露是指在地方政府债券发行前，地方政府公开其地方政府债券发行的计划安排；事后披露则是在地方债发行、定价结束后，将发行、招标结果及时公开披露，并在债券存续期内定期进行持续性披露（见图 2.2）。

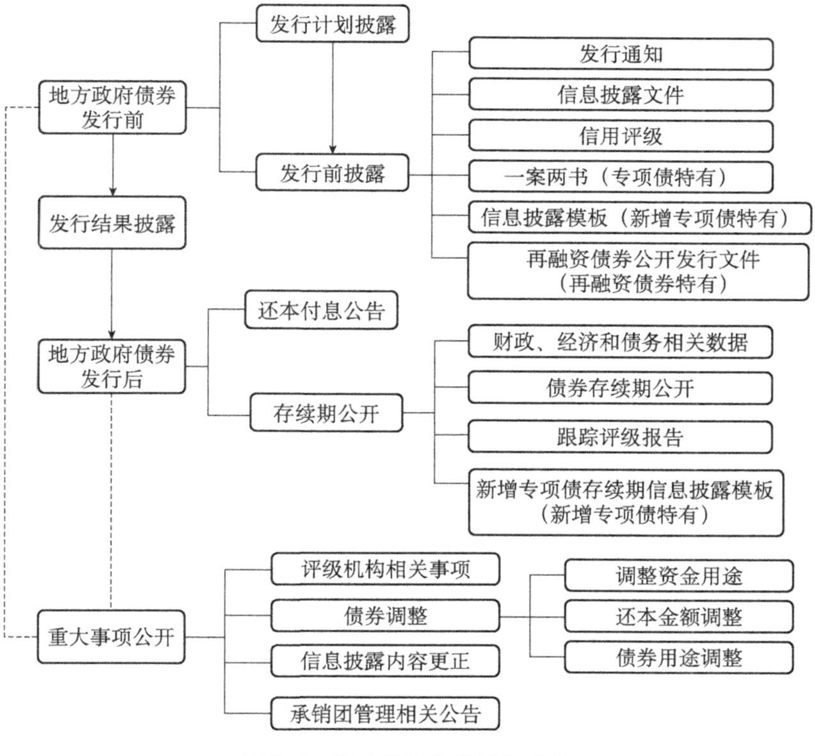

图 2.2　地方政府债券披露内容

在地方政府债券发行前，地方政府首先需要按照相关规定，在发行前公开其地方政府债券发行的计划安排，明确计划时间内的债券的发行场所、品种、数量和时间安排，并对其上市和兑付做出安排，明确招投标的细节等。同时，地方政府会选择第三方机构对债券进行信用评级，并公开披露信用评级报告，其中包含债券的信用等级、发行主体的经济情况、地方政府的治理能力、宏观经济环境等。

在地方债发行、定价结束后，发行人会将发行、招标结果及时公开披露。地方政府在债券发行结果公告中会更加详细地披露出债券信息，具体包括计划和实际的发行规模、发行期限、票面利率、发行价格、付息频率、付息日和到期日等内容。若存在地方财政部门披露债券发行时间后，因债券市场波动、市场资金面、承销团成员承销意愿、不可抗力等特殊因素需要推迟或取消地方政府债券发行的情况时，地方政府应按照有关规定提前向财政部报告，并向市场披露推迟或取消发行的信息。

在地方政府债券的存续期内，地方财政部门应当按照规定进行持续披露。地方政府债券存续期披露的信息应于每年6月底前公开，其主要披露点在于债券投资的进展情况，一些地方政府还会披露该期间内政府的经济财政情况。除了债券存续期的相关情况外，第三方的信用评级机构每年会开展一次跟踪评级。

1. 事前披露具体要求

财政部国家税务总局《地方政府债券发行管理办法》（财库〔2020〕43号）就地方政府债券的事前披露文件做出了要求。在事前披露环节，最核心的文件是债券信息披露文件，该文件涵盖并披露了大多的重点信息，例如：债券基本概况、信用评级结果、发行人的中长期经济规划以及当前财政和债务情况。债券的基本信息又包括金额、期限、还本付息方式等，债券的发行方式和募集资金投向说明等内容。

相比于一般债券，中国的专项债券所需要公开披露信息的内容涵盖了大部分一般债券所需披露的内容。此外，专项债券的披露中还涵盖了项目概况、分年度投资计划、项目资金来源、预期收益和融资平衡方案、潜在风险评估、主管部门责任等要素。同时，针对专项债券地方政府还需要披露“一案两书”，即专项债券项目实施方案、项目财务评价报告书和项目法律意见书，这类文件在不同地区发行人间可能在文件名称上会有细微的差别，但是整体上的评估内容相似。其中，财务评估报告主要是为了评估项目的收益，具体内容主要有项目概况、评估依据、评估要素（资金来源、资金充足性、稳定性）、总体评估、评估结论等。法律意见书主要包括项目建设单位、对应项目情况、中介服务机构、结论性意见等。实施方案以债券基本信息、项目基本情况、项目投资估算及融资方案、债券使用额度、偿债资金来源、债券存续期内募投项目收益和融资平衡方案及敏感性分析、项目风险评估、投资者保障措施、信息披露计划及主管部门责任、编制文件依据、总体评价等为主。由于“一案两书”出自不同的第三方机构，且没有统一的模板，所以不同地区和债券类型的“一案两书”内容存在一定差异，但“一案两书”的披露要点均保持一致。

如若是新增的专项债券，其项目信息应按照专项债的披露模板进行规范披露。2020 年 1 月 15 日财政部发布的《关于启用地方政府新增专项债券项目信息披露模板的通知》（财办库〔2019〕364 号）中对新增专项债券的披露做出了统一标准的规定：自 2020 年 4 月 1 日起，各地发行地方政府新增专项债券时，须增加披露地方政府新增专项债券项目信息披露模板，以标准的模版的形式披露出项目核心信息。”具体包括债券名称、类型、计划发行额、期限、信用评级结果和还本方式等内容。其次，需要披露出项目总体信息，包括对应项目数量、所有项目总投资、所有项目收益等信息。再者，需要披露出项目详细信息，包括项目名称、简要描述建设期、运营期、总投资、总收益、收益预测依据等内容。

2. 发行结果及存续期信息披露具体要求

在地方政府债券的存续期内，地方财政部门应当按照规定进行持续披露。地方政府债券存续期披露的信息应于每年 6 月底前公开，其主要披露点在于债券投资的进展情况，一些地方政府还会披露该期间内政府的经济财政情况。除了债券存续期的相关情况外，第三方的信用评级机构每年会开展一次跟踪评级。在存续期内，地方财政部门还应当于每年 6 月 30 日前披露对应项目上一年度全年实际收益、项目最新预期收益等信息。存续期债券情况除了展示债券的一些基本信息外，还展示了各债券项目总投资和债券项目已实现投资并公布了其中的债券资金安排。一些地方政府还会公开其经济财政数据和财政收支情况。

3. 重大事项披露具体要求

重大事项披露是一个贯穿债券发行全过程的内容。当前中国并没有对重大事项的分类进行详细的划分，各地区发行人在这一板块的披露信息差距也较大，总的来看，地方政府主要在该板块披露的事项包括：债券评级机构相关公告、债券用途调整以及承销团变动。这其中债券评级机构以及承销团调整的信息披露都是有关地方债第三方机构以及义务人的调整变动公开。针对债券调整主要涉及：债券用途调整、还本资金调整等，如若债券发行后出现类似调整的有关事项，地方财政部门应经上级部门批准后及时披露相关信息。

对于可能影响使用一般债券资金地区的一般公共预算收入的重大事项，或专项债券对应项目发生可能影响其收益与融资平衡能力的重大事项，财政部门应当按照《国务院办公厅关于印发地方政府性债务风险应急处置预案的通知》（国办函〔2016〕88 号）等有关规定提出具体补救措施，经本级政府批准后向省级财政部门报告，并由省级财政部门公告或以适当方式告知一般债券持有人。但是当前该文件只对债务风险类重大事件的处理方式进行了明确，主要集中在影响债务风险的事件，而并未对地方政府债券重大事项进行具体定义。

（三）地方政府债券披露内容

根据财政部及相关部门出台的制度文件，地方政府需要在债券发行前、发行后、存续期内和出现重大事项时分别进行公开信息披露，但国家并未针对地方政府债券全流程的信息披露文件内容颁布详细的要求文件。从中国地方政府债券发行的总体情况来看，各地区发行人间的信息披露存在着一定的差异，这种信息披露内容的不统一也会影响到信息的整合，以及统一的披露平台的搭建。

1. 发行前披露内容

在事前披露的相关文件中，包括了发行通知、信息披露文件、信用评级、一案两书（专项债特有）、信息披露模板（新增专项债特有）、再融资债券公开发行文件（再融资债券特有）。其中，由于中国并未就债券发行前评级报告的具体内容作出明确要求，并且该文件属于第三方出具文件，各地所选评级机构不同，从而导致了内容上的差异。例如，A 省会披露本地区的地理情况及区位优势；B 省会披露中国的宏观经济情况与政策环境。此外，不同地区所选经济指标及财政指标也会存在不同。

信息披露文件往往是反映一只债券信息最全面的文件。在信息披露文件中，大多数地区发行人都披露了该年度的债务余额、限额，并按照债务类型进行了分类。部分地区发行人会按不同层级的发债主体进行披露。此外，一些省份还披露了债务到期情况、资金投向。也有些地区发行人会在债务情况的披露中加入一些比较特殊的指标，例如，A 省披露了全省债务率与警戒线的距离；B 省披露了其地方债发行的平均年限。除此之外，还存在部分省份直接对其债务情况做出判断性措述的情况。

2. 发行结果及存续期信息披露内容

在地方政府债券的存续期内，各发行人主要披露还本付息公告、财政经济债务相关数据、存续期公开、机构跟踪评级报告以及新增专项债券存续期信息披露模版这几类文件。除还本付息公告外，其余文件并非所有地区发行人都会进行公开披露。

对于债券在存续期的情况，一些地区会通过“债券存续期公开”这一文件进行披露，这类文件往往以表格的形式呈现，除了一些债券的基本信息外，还要披露债券项目总投资及其中债券资金安排的数额、债券项目已实现投资及其债券资金安排和债券资金收支数据。专项债还会额外披露债券项目资产类型和已取得的项目收益。

为了让债券持有人持续地了解发行人的经济、财政状况，确保债券偿本付息保持稳定，部分发行人会选择对地区的经济及财政相关数据进行披露。例如部分地区发行人会在存续期内披露该省的预算执行情况。同时也存在部分地区选择不对此类信息进行披露。

部分地区还披露出了与新增专项债信息披露模板内容相似的新增专项债券存续期信息披露模板，来对专项债在其存续期内的情况进行更新。以 2023 年宁波市政府专项债券（第十一期）存续期信息披露内容为例，其模板中除了包含债券类型、计划发行额、还本方式等债券基本信息以及债券对应的项目数量、专项债券融资额等项目总体信息外，还披露了项目名称、类型、概述以及存续期内项目债务融资本金、利息等项目详细信息，其中还就项目存续期收益的具体测算方式进行披露。

3. 重大事项信息披露内容

在重大事项的有关披露中，各地区发行人主要披露四类文件，各类文件在命名上可能会有些许的差别，但是主要内容保持一致，其中包括：债券评级机构相关事项、债券调整相关事项、信息披露内容更正、承销团管理相关公告。由于当前中国并未对重大事项做出明确的事件界定，所以在重大事项的披露上，各地区发行人的披露差异较大。

债券相关调整涉及的种类相对较多，但大部分省份都涉及某一类债券资金用途调整的披露。在债券资金调整用途后要披露债券基本信息、区划信息以及调整前后的项目信息，并附上专项债调整项目的一案两书。但是也存在部分地区只披露资金用途调整公告而没有项目一案两书的情况。此外，部分地区披露了还本金额的调整，如 A 市基于自身的考虑以及为了促进债券市场健康发展，于 2019 年 9 月至 2021 年 11 月陆续对 2019 年和 2020 年发行的专项债券的分期还本金额进行了调整，分别叙述了每一只债券存续期区间内的具体偿还金额。

第三节　中国离岸地方政府债券信息披露

（一）离岸地方政府债券现状

离岸地方政府债券是在中国大陆境外，由地方政府或地方政府机构发行的，以人民币计价，定期获得利息、到期归还本金及利息皆以人民币支付的债券。离岸地方政府债券作为中国金融市场建设和对外开放的重要组成部分，在加快构建以国内大循环为主体、国内国际双循环相互促进的新发展格局中发挥着愈加重要的作用。具体来看，中国离岸地方债发行特征表现在以下两个方面。

1. 离岸地方政府债券市场稳步发展

目前地方债主要有四个发行市场：银行间市场（含商业银行柜台市场）、上海证券交易所、深圳证券交易所、北京证券交易所。但前述市场均为在岸市场，地方政府到境外发行离岸人民币债券是一个新的突破，主要表现在以下几个方面：一是多元化融资渠道。境外发行离岸人民币地方政府债券可以吸引来自全球的投资者参与，从而扩大地方政府债券市场的投资者基础，减少地方政府对于国内融资市场的依赖，有助于地方政府分散融资风险，获取更为灵活和多样化的融资方案（袁海霞和鲁璐，2022）。二是多样化债券品种。发行离岸人民币地方政府债券推动了债券品种的多样化，在传统的一般债和专项债的基础上，还涌现出绿色债券、蓝色债券、可持续发展债券等多个创新品种，进一步提高了中国债券市场的多样性。三是促进人民币国际化，境外发行离岸人民币地方政府债券有助于推动人民币的国际化进程（阮立遥，2023）。在离岸市场发行人民币债券，可以扩大人民币在国际金融市场的使用，增加外国投资者对人民币资产的持有，从而提高了人民币的国际地位和影响力。综上所述，境外发行离岸人民币地方政府债券的突破对于中国债券市场的发展和人民币的国际化进程具有重要意义，也为全球投资者提供了更多的投资选择。但目前离岸地方政府债券市场仍处于发展初期，面临一些挑战，如流动性相对较低、市场认知度有限等。然而，随着中国资本市场的不断开放和改革，离岸地方政府债券的发展前景仍然十分积极，这一趋势也将进一步推动中国债券市场的开放和发展。

2. 离岸地方债发行案例较少

近年来，离岸人民币地方政府债券发行不断提速，截至2022年末，发行规模达192亿元，但相对境内市场的地方政府债券而言，发行案例仍旧较少。一是因为离岸地方政府债券市场相对较新，发展时间相对较短，相比于国内市场，发行案例自然较少。此类债券的发行需要吸引境外投资者的兴趣和信任，因此需要时间来积累市场参与者和推动市场发展。二是境外地方政府债券的发行受到更严格的监管限制和审批程序。发行主体需要符合多方监管要求，并获得政府批准，从而导致发行案例相对较少。随着中国资本市场的不断开放和改革，离岸地方政府债券市场有望进一步发展。政府和相关部门也在努力加强监管和提升发行主体的信用质量，以提高离岸地方政府债券市场的声誉和吸引力。未来随着市场的成熟和发展，发行规模将逐渐扩大。

（二）离岸地方政府债券信息披露制度基础

中国香港和中国澳门具有相对较高的经济自由度和市场开放程度，两个地区在离岸市场方面具有较为自由的政策和法规。以香港为例，离岸政策体现在市场环境、金融监管和税制三个方面。在市场环境方面，香港是典型的混合型离岸金融中心，在岸市场与离岸市场合一，居民与非居民账户相同，可直接向境内外支付或接受各种来源的资金，实现了全球最高水平的可自由兑换。在金融监管方面，香港金融监管部门对金融业监管以原则为本，即只设最基本的指导意见，通过行业自律机制厘定同业共同遵循的营运手册，由银行自行研究制定具体实施细则及操作办法，使银行在提供离岸金融服务时有较大的伸缩性（中欧陆家嘴国际金融研究院，2023）。在税制方面，香港税负低廉、税制简单，2021年深圳市赴香港发行离岸人民币地方政府债券时，香港特区政府推出配套措施，包括对深圳市政府债务票据所支付的利息和获得的利润豁免征收利得税，并将税收优惠范围扩大至其他内地省市在香港发行的债务票据，极大地便利内地地方政府赴香港发债（林静等，2023）。

从具体披露制度来看，一方面，中国香港和中国澳门证券市场制度力求符合国际标准。一是中国香港和中国澳门注重建立透明度和规范化的市场环境，制定了信息披露标准，以确保市场的透明度和投资者的知情权。这些标准通常与国际认可的会计准则和披露要求保持一致，使投资者能够获得准确、全面的信息。二是香港和澳门的监管机构要求发行主体披露相关信息，并确保披露的信息及时、准确、公平，有助于提高市场的透明度和投资者的信心，吸引国际资本和投资者的参与。三是香港和澳门的市场监管机构对发行主体的信息披露要求严格，要求其定期披露必要的财务和业务信息，有助于确保投资者可以及时获得重要信息，进行充分的风险评估和决策。同时，针对离岸地方政府债券，香港交易所、中华（澳门）金融资产交易股份有限公司（简称“MOX”）

等基础设施机构也出台相关规范文件，但约束力度较境内偏弱（杜通和李东升，2023）。另一方面，深圳证券交易所在中国证监会的统一领导下，启动了大湾区债券平台跨境债券产品挂牌服务试点工作。深圳证券交易所发布《深圳证券交易所大湾区债券平台跨境债券挂牌业务试点指引》（深证上〔2022〕1170号）对于跨境债券的披露文件进行了要求，同时也设立了大湾区债券平台用于提供跨境债券的信息披露及相关服务。

（三）离岸地方政府债券信息披露现状

鉴于中国离岸地方政府债券发展较晚，国内尚未出台专门法规就离岸债券信息披露作出要求，本节根据已上市离岸债券信息披露情况进行总结归纳。

1. 发行披露

离岸地方政府债券当前以专项债为主，同境内的地方政府债券一样，发行前地方政府应刊发发行离岸人民币地方政府债券有关安排的公告，包括发行日期、发行场所、债券期限、发行金额、资金投向等。此外，还需要刊发发行离岸人民币地方政府债券承销团成员名单的公告和发售通函。发售通函中详细包含债券基本信息、发行地区基本信息、所得款项用途、税项等信息。其中，债券基本信息包括发行价格、发行人、违约事件、最终赎回、销售限制等发行概览、风险因素以及书面决议、对违反财务代理协议的豁免或授权、有关以总额形式发行的债券等条文概要。发行地区基本信息包括对地理位置、人口、经济、交通运输、对外贸易、金融系统、政府职权等情况的详细介绍。

2. 持续披露

离岸地方债券发行后管理遵循境内地方债资金管理、穿透监测和境外债券市场的两方要求。在财务信息披露方面，政府每年至少准备一次后期资金使用报告，直至募集资金接近全部使用完毕。特别地，绿色债券在募集资金全部使用完毕后，在债券存续期内至少准备一次环境影响报告。以深圳市财政局为例，其建立了有效的资金管理机制，以确保绿色和蓝色融资交易资金用于合格项目，并为绿色和蓝色融资交易设立投资登记册，包含每一笔绿色和蓝色融资交易细节、项目进展、预计环境效益等。根据深圳市离岸人民币地方债相关披露文件，深圳市人民政府将每年至少披露一次分配给各合格项目的募集资金金额、主要合格项目的描述等资金使用信息，直至募集资金接近全部使用完毕。重大事项披露方面，发行人必须在合理切实可行的情况下尽快公布可能对其履行上市债务证券责任的能力有重大影响的任何资料。

3. 案例介绍

2023 年，海南省和深圳市于香港分别发行三期离岸地方债，其中海南省发行规模为 50 亿元，包括 10 亿元 5 年期、30 亿元 2 年期和 10 亿元 3 年期，深圳市发行的离岸地方债规模为 50 亿元，包括 9 亿元 2 年期、21 亿元 3 年期和 20 亿元 5 年期。同年 9 月，广东省 20 亿元离岸人民币地方债在 MOX 完成上市。这是广东省继 2021 年及 2022 年后，连续第三年在澳门发行人民币地方政府债券，也是首次在澳门发行绿色地方政府债券。本节以深圳市发行的离岸地方债为例，就债券发行前后的信息披露情况进行梳理总结。

从债券的发行披露内容来看，离岸人民币地方政府债券发行前，深圳市政府于同年 8 月刊发发行离岸人民币地方政府债券有关安排的公告，明确指出“深圳市计划于近期赴香港簿记建档发行不超过 50 亿元离岸人民币地方政府债券，并将在香港联合交易所挂牌上市，发行期限为 2/3/5 年期。本次发行的地方政府债券中，3 年期为绿色债券，募集资金将投向轨道交通、水治理等项目，5 年期为社会责任债券，募集资金将投向医疗卫生、教育、老旧小区改造等项目”①，向公众公开披露债券发行时间、发行场所、债券期限、发行金额、资金投向等相关信息。同时，深圳市还依据《深圳市财政局关于 2021 年境外地方政府债券承销商等机构采购事宜的公告》（深财库〔2021〕49 号）的相关要求，确定并公布了此次离岸地方债的承销商、财务代理机构和发行人境外律师名单②。

---

① 资料来源：http：//szfb. sz. gov. cn/gkmlpt/content/10/10793/post_10793061. html#4457

② 资料来源：http：//szfb. sz. gov. cn/zwgk/zjxx/dfzfzw/content/post_10777649. html

从债券的持续披露内容来看，深圳市政府于2023年8月公布了2022年深圳市离岸人民币地方政府绿色和蓝色债券募集资金使用情况报告①。由于此次发行的离岸人民币地方债为绿色和蓝色专项债，因此政府在报告书中还详细披露了26亿元资金的投资项目名称、项目金额、项目类别以及市区划分，以确保绿色融资交易资金投向绿色金融框架内合格绿色项目。

第四节　中国地方政府债券信息披露制度特点与优势

本节基于上文对于地方政府债券以及离岸地方政府债券信息披露制度及现状的梳理，对二者所具备的特点进行总结，并分析这些特点背后所体现的制度优势。

（一）中国地方政府债券信息披露制度特点

1. 严格要求信息披露时间点

中国地方政府债券信息披露强调“及时性”要求，对事前与事后信息披露均规定了严格的时间节点。例如在地方债发行前阶段，要求每月20日披露本地区下月地方债发行计划，同时在3月、6月和9月要披露下季度的发债计划②。省级财政部门应不迟于地方债发行日前5个工作日，通过本单位门户网站、中国债券信息网等网站披露债券的相关信息，包括经济社会发展指标、预算和债务情况、债券基本信息和第三方评估材料等。在债券存续期阶段，省级财政部门应当在新增一般和专项债券发行后2个工作日内，公布发行债券编码、利率等信息③。地方政

① 资料来源：http：//szfb. sz. gov. cn/zwgk/zjxx/dfzfzw/content/post_10799175. html

② 《关于进一步做好地方政府债券发行工作的意见》（财库〔2020〕36号）。

③ 财政部关于印发《地方政府债务信息公开办法（试行）》的通知（财预〔2018〕209号）。

府债券发行场所在地方政府债券发行结束后，不迟于 3 个工作日将发行结果传至财政部公开平台，进行数据核对①。每年 6 月 30 日前，应披露对应项目上一年度全年实际收益、项目最新预期收益等信息②。同时，对于第三方机构的持续监督和披露义务也制定了规范，要求首次评级后，信用评级机构应当在评级结果有效期内每年开展一次跟踪评级，在债券存续期内发生可能影响偿债能力和偿债意愿的重大事项时，及时进行不定期跟踪评级，并公布跟踪评级结果③。明确的时间节点可以有效督促发债主体遵循“公开为常态、不公开为例外”的信息披露原则，对照既定信息披露目标任务，细化公开内容，加快信息披露进度，切实提高地方政府债券信息披露质量，坚持以公开促改革、以公开促规范，推进国家治理体系和治理能力现代化（见图 2. 3）。

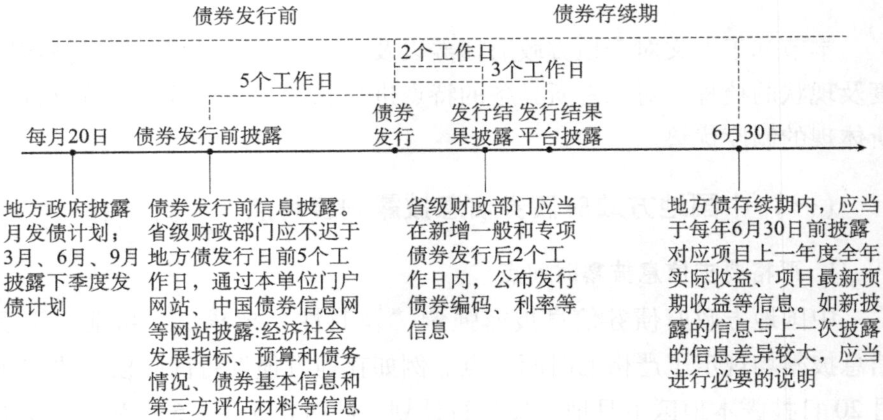

图 2. 3　地方债信息披露时间要求

2. 对于资金使用情况进行充分监督

中国地方政府债券信息披露不仅披露债券基本信息，还对债券资金投向进行详细说明。一般债券信息披露方面，《国务院关于加强地方政府性债务管理的意见》规定，地方政府要将一般债务收支纳入一般公

① 财政部发布《地方政府债券信息公开平台管理办法》（财库〔2020〕43 号）。
② 关于进一步做好地方政府债券发行工作的意见（财库〔2020〕36 号）。
③ 财政部关于印发《地方政府债券发行管理办法》的通知（财库〔2020〕43 号）。

共预算管理，定期向社会公开政府性债务及其项目建设情况①。专项债券信息披露方面，《地方政府债券发行管理办法》规定，专项债券发行前应当全面详细公开项目信息、项目收益与融资平衡方案，发行后还应当披露项目实际收益、对应的政府性基金或专项收入情况等②。由于中国发行的专项债明确需要披露出“一案两书”，因此无论在信息披露文件中是否明确披露出募投项目，投资者都可以清楚地了解到每一只债券所募集资金的实际用途。在地方政府债券的存续期间，债券项目已实现投资、债券资金安排、债券资金收支数据、专项债债券项目资产类型和已取得的项目收益也会得到公开。

地方政府债券资金使用情况的公开有助于投资者能够在投资前后清楚债券资金的流向和投资收益，了解项目的运作现状，并对资金使用进度进行监管。信息公开可以帮助实现对资金使用情况的充分监督，有助于兼顾经济激励与风险控制，一方面可以引导债务资金跟着项目走，保障项目收益与融资的平衡，另一方面严禁地方政府通过违法违规渠道衍生泛化表外债务，冲击财政金融运行安全。此外，确保债务资金能够切实用到项目上，加快和提升了政府投资对社会资本投资示范引导作用和杠杆效应的显现，在防止债券资金滥用的同时积极推进地方政府基础建设工作。

（二）中国地方政府债券信息披露制度优势

1. 发挥地方债资金引领作用

目前披露的地方政府债券的资金投向表明，中国的地方政府发行专项债主要用于保障重点领域的建设。2022 年，专项债领域在原有的交通基础设施、能源、农林水利、生态环保、社会事业、城乡冷链等物流基础设施、市政和产业园区基础设施、国家重大战略项目、保障性安居工程这 9 大领域基础上，增加了新型基础设施、新能源项目。2023 年在重点支持现有 11 个领域项目建设基础上，适量扩大资金投向领域和

① 国务院关于加强地方政府性债务管理的意见（国发〔2014〕43 号）。

② 财政部关于印发《地方政府债券发行管理办法》的通知（财库〔2020〕43 号）。

用作项目资本金范围，持续加力重点项目建设，形成实物工作量和投资拉动力。专项债中所披露出的项目信息能够使民众了解政府对各领域的保障力度，从而发挥稳定预期、增强信心的作用，有效支持高质量发展①。此外，对地方债资金投向的信息披露还可以发挥财政资金的引领作用，帮助社会资金聚焦重点投向领域，带动扩大有效投资，有利于更好撬动社会资本，发挥专项债券稳投资、扩内需、补短板的积极作用，推动完成全年经济社会发展目标任务。同时，地方债的信息披露有力加强了地方债资金的管理，为地方债资金的穿透式监测提供制度保障，确保专项债券实际使用形成的投资规模大幅增加，及早发挥作用，避免资金的闲置和挪用，促进专项债券资金安全、规范、高效使用，提振民间资本信心，激发经济内生增长动力。

2. 帮助提升政府公信力

地方政府债券信息披露可以帮助投资者清楚发行债券的地方政府经济、财政等方面的情况，有利于提高政府公信力。中国信息披露制度对地方政府债券的信息披露内容、时间、平台等做出明确规定，保证地方政府在发布地方债的相关信息时不会以偏盖全，不会时有时无，不会面向少数，展现了公开透明的政府形象。同时地方政府债券的信息披露采取发行前后的常规披露和重大事项的专门披露相结合，还需经由地方政府、第三方评级机构审核后才能发出，能够为机构投资者和社会公众投资地方政府债券提供信用背书。地方政府、第三方评级机构、披露平台的整体制度框架为信息的准确性和全面性提供了三个保障，即有一个规范的地方政府债券信息披露制度做保障，一个常规的地方政府债券信息披露平台做保障，一支具有专业水平的地方债监督者队伍做保障。中国的地方政府债券信息披露制度建立了形式多样的发行前后的信息披露机制，提高了地方债信息的公开透明程度，建设了保持畅通的地方债信息发布渠道，能够赢得公众更广泛的信任，为地方政府债券顺利发行提供支持。

---

① 资料来源：http：//www. mof. gov. cn/zhengwuxinxi/caizhengxinwen/202304/t20230410_3877981. htm？eqid = 9ec65142000207a6000000066479df44

3. 保护中小投资者合法权益

对于信息披露时间、资金使用情况、信息披露平台的严格要求有助于保护中小投资者的合法权益。2019 年通过启动地方债柜台发行渠道，将地方债的投资主体从原来的机构投资者扩大至个人和中小机构，为个人和中小机构提供了更为丰富的理财产品和渠道①。中小机构和个人投资者是地方政府债券市场的重要参与方，也是地方政府债券市场活力的重要来源。中国将投资者视为债券信息披露的核心服务对象，并通过各项地方政府债券信息披露制度将投资者保护，特别是中小投资者保护放在更重要的位置。在地方政府债券的发行中，发行人和项目实施方掌握大量有关债券以及债券对应项目的信息，而债券项目信息对于投资者具有隐蔽性和扭曲性的特点。参与到地方政府债券市场中的中小机构投资者和个人投资者，其投资能力有限，地方政府债券的信息披露有助于中小投资者加深对地方政府债券的了解程度，使投资者获得较为真实可靠的信息，在信息资源相对平等的基础上，能够利用自身能力识别风险，合理投资。中国的信息披露制度切实保障了中小投资者的利益，牢牢站稳资本市场人民性的立场，切实提升中小投资者保护工作质效，有利于将地方政府债券市场高质量发展的成果惠及广大投资者，助力实现共同富裕新格局。

4. 规范信息公开平台

目前，进行地方债信息披露的平台主要有中国地方政府债券信息公开平台和中国债券信息网。1998 年，中央结算公司建立了中债信息网，最早为银行间债券市场创建了信息网站，既是市场信息披露的重要平台，也是中国最权威、影响力最大的债券类综合门户网站②。2021 年，按照财政部统一部署，中央结算公司上线了地方政府债券信息披露门户，重新设计了信息披露文件子标签，做到科学分类，清晰可循，完整展示各地区信息披露文件、已发行债券信息等③。而中国地方政府债务

① 资料来源：https：//www. gov. cn/xinwen/2020 -01/06/content_5466716. htm

② 资料来源：https：//mp. weixin. qq. com/s/8Dur3pBBiNvXBmgVCtEEDQ

③ 资料来源：https：//mp. weixin. qq. com/s/8 -Ima89MHSyJGHhpGKl_UQ

信息公开平台则由财政部组织并统一建设，地方政府债务数据和相关文本信息通过该平台向社会公众公开，有力保障了地方政府债务相关信息公开的真实性、准确性、完整性、规范性、及时性。公众可在平台上自主查询到债务限额、余额，地方政府债券发行、项目、还本付息、重大事项、存续期管理，以及经济社会发展指标、财政状况等相关信息。规范统一的信息公开平台聚焦社会公众高度关注的重点地方政府债券信息，聚焦法定主动公开内容，以专门性内容的发布和管理，展现地方政府债券信息公开平台的独特价值，使其成为社会公众便捷、全面获取重点地方政府债券信息的权威渠道（时心怡和陈素云，2022）。两个平台网站均注重衔接，可以跳转财政部、审计署、各地财政局或财政厅以及科研院所和交易所等机构，不仅能够最大限度为社会公众提供信息搜寻便利，还有助于各级地方政府的大数据监测平台推进地方政府债务风险的分级联动管理和科研院所、评级机构、高校智库展开独立测评，有序提升了地方政府债务管理的透明度，进一步拓展社会监督视野，助推绩效问责机制落地。

（三）离岸地方政府债券信息披露制度特点

1. 信息披露要求以偿债能力为重点

离岸地方政府债券的投资者以专业投资者为主，因此信息披露以偿债能力为重点，按照实质重于形式的原则，以简明易懂的语言披露可能影响发行人偿债能力的重要信息，主要满足专业投资者的决策需要。从发行前所披露的地区信息来看，离岸地方政府债券的信息披露更为细致，会充分向专业投资者展示地区的地理位置、人口结构、经济地位、交通运输、对外贸易、金融系统、政府职权等基本信息，还增加了部分政策的描述，如生态环境治理和对外交流的相关描述（杜通和李东升，2023）。在披露指标方面，离岸地方债披露指标的数量会高于境内地方债，如选取三次产业构成情况、地方一般公共预算收支、债务余额和历史还本付息记录等指标展现地区的经济、财政实力与信用情况。在债券的条款与条件方面，会对违约事件、管辖法律及司法管辖权等条款进行详细解释，保障投资者的司法权益。

2. 通过债券框架展示合格项目

离岸地方政府债券主要通过债券框架的形式展示募集资金用途、项目评估及筛选、募集资金管理和报告事项，披露方式较为简洁。在募集资金用途方面会展示合格项目的分类和对应的具体描述，项目评估及筛选方面会写明合格债券项目的审查标准，募集资金管理方面会列明未拨付款项的托管地点和款项拨付后需列示的清单内容。在债券发行后，根据框架要求，地方政府还需每年至少准备一次后期资金使用报告，并在债券存续期内至少准备一次环境影响报告。通过框架的方式展示合格项目，不要求地方政府在债券发行前确定投资项目的具体内容，只需在债券发行后选择符合框架类型要求的投资项目，缩短了项目的审核周期，提高了资金的利用效率，确保债券资金及时跟进项目。

（四）离岸地方政府债券信息披露制度优势

1. 符合专业机构投资者要求

离岸地方政府债券市场化程度较高，信息披露指标也较为细致。离岸债券市场以专业机构投资者为主，而机构投资者注重资产安全，希望能获得稳健的投资回报（白雄等，2022），同时机构投资者的数据解读和分析能力更强（刘伟东和佘溪水，2023），在市场中存在信息不对称时，更愿意将资金投向信息披露指标更细致、积极向外界发送具备良好还本付息能力的债券发行主体。当前离岸地方债的信息披露的披露范围更广，披露指标比较细致，对信息披露不规范行为有明确的惩罚措施，债券信息透明度较高，能够真实反映地方政府偿债能力，有利于机构投资者增强识别和评估风险的能力，满足了机构投资者的决策参考要求。

2. 强调金融创新

离岸地方政府债券信息披露形式丰富多样，创新活跃度较高。由于离岸地方政府债券市场化程度较高，相关项目将接受全球投资者的监督，发行主体须在信息披露形式方面积极创新。深圳市、广东省、海南省在香港、澳门陆续发行离岸人民币地方债，在发售通函中采取了多种图表展示地区的经济实力和发展潜力，以及运用框架的形式列示合格的债券投资项目，力求清晰简练、通俗易懂。同时，在发售通函中采取绿色、社会责任、蓝色和可持续发展债券框架的形式，展现了离岸地方债品种设计的创新性，如海南省政府发行的离岸地方债是中国地方政府的首单蓝色债券和首单可持续发展债券，框架内容呈现了募集资金用途、项目评估及筛选信息，彰显了海南特色和可持续发展理念①。信息披露形式的创新反映离岸债券市场的包容性和接纳性，有助于拓展港澳离岸债券市场的深度和广度，使得离岸债券市场对投资者保持较强的吸引力，吸引更多国际机构投资者认识和参与港澳金融市场。这一行为也有利于深化粤港澳大湾区金融合作，促进海南自贸港与境外资本市场良性互动，在提升地方政府国际知名度的同时，践行金融创新和高水平开放。

3. 降低地方政府融资成本

详尽的信息披露有助于拓宽离岸人民币债券市场，吸收海外储蓄，降低资本成本。以 2021 年深圳市离岸人民币地方债为例，2 年期、3 年期、5 年期的离岸人民币地方债最终发行定价分别为 2.60%、2.70% 和 2.90%，较发行当日（2021 年 10 月 12 日）境内同期限地方债收益率分别低 4BP、13BP 和 15BP②，在一定程度上降低了地方政府的举债成本。与国际接轨的离岸地方债信息披露文件展示了中国扩大金融开放、畅通国内国际循环的决心，当境内利率水平提升或市场情绪导致融资渠道收窄时，离岸人民币债券市场可以起到一定的替代作用（钟红和邓晴元，2022），拓宽地方政府融资渠道。

4. 助推人民币国际化

离岸信息披露制度与国际接轨，信息披露文件主要通过债券发行前的发售通函和债券发行后的资金使用报告向公众披露，信息较为集中，

---

① 资料来源：https://www.hainan.gov.cn/hainan/zcfwp/202210/137606020802480d8efbaf 8bc54e9b36.shtml

② 资料来源：http://www.sz.gov.cn/cn/xxgk/zfxxgj/zwdt/content/post_10188794.html

便于国际投资者查阅，吸引更多海外投资者选择离岸地方政府债券产品，提高境外机构持有人民币资产的意愿，扩大人民币的使用范围，有助于推进人民币国际化的进程，帮助完善离岸人民币金融中心的建设，增强境外非居民持有人民币和人民币资产的信心。随着离岸地方政府债券信息披露制度的完善，离岸人民币地方债对投资者的吸引力将持续攀升，这也将会进一步巩固和提升香港作为全球最大规模离岸人民币业务枢纽和国际金融中心的地位，并帮助完善澳门金融基础设施建设，推动澳门债券市场发展成为联通内地和全球的重要离岸资本市场，带动境外人民币资金池进一步扩充，推进人民币国际化进程。

第五节　中国地方政府债券信息披露存在的不足

综合上述，尽管中国地方债在信息披露制度上不断完善，但仍存在一些不足之处，包括披露内容自主空间大、披露信息缺乏全面性、披露主体未充分下沉、信用评级结果同质等问题。

（一）信息披露的内容自主空间较大

中国地方债信息披露的文件内容缺乏绝对统一的要求，各地的信息披露文件内容往往是根据发行人的情况有侧重性地进行披露（杜通和李东升，2023）。目前国家已经出台相关政策，明确了各地区需要进行信息披露的大类。但对于具体细节则缺少统一的标准，各地区对部分信息披露的范围、详细程度等内容存在着较大的自主权，在实际发布时自主决定信息披露的具体内容与披露程度。从披露的内容来看，存在大量文字性描述，缺少标准化指标（陈森和杜通，2023），这导致了各地信息披露的差异性较大，投资者很难进行有效的比较和选择。例如多数地区对地方债项目信息的披露不够重视，对于项目进展建设情况等信息披露的具体内容比较宽泛，仅有少数经济水平高的地方去会持续关注项目的建设与运营情况，披露债券存续期的项目建设进展以及建后运营的信息，这种差异化的信息披露可能增加了投资者的信息获取成本，也不利于市场的公平竞争和资源配置效率。

（二）信息披露的内容缺乏全面性与完整性

中国地方债信息披露的内容缺乏全面性与完整性。对于多数地区而言，地方债信息披露以宏观数据为重点，发布的内容大多为公共财政月份收支情况等各省的宏观经济数据，部分地区会披露募集资金总额和已使用金额等已发行债券的情况，较少会披露资金投向和效益（孙征和胡志浩，2022）。一些地方仅按照规定提供简单的汇总情况，对于未具体要求的内容，往往会侧重披露自身有优势的信息，对其他信息一带而过，例如地方政府往往会披露存量债务，但对于投资者更加关注的单支债券资金使用情况缺少详细内容（邵帅，2023）。部分地区对地方政府债券信息披露的不完善与不全面将直接导致投资者获取信息不完整，债券双方信息不对称，影响投资者的决策，使投资者无法对投资做出合理的投资判断。同时，监督部门对地方政府债券风险无法进行准确、有效的评估，加大了地方债务的风险。

（三）信息披露主体未充分下沉

目前，财政部和有发行资格的省级政府主要负责地方债的披露工作，而对真正使用债券资金的市县级政府要求不高，导致市县级政府信息披露简单，连续性披露差，仅以符合政策规定为目的（韩星佳，2022）。信息披露主体和用债主体的错位与信息披露的实质目标脱节，也削弱了信息披露的真实性，难以全面反映市县一级政府的债务风险。此外，债券信息披露所需材料需先由项目单位报送至市县级政府，再层层上报至省级政府，经省级政府审核完毕后对外公开，信息传递链条过长，信息披露的及时性难以保证（熊伟和许恋天，2022）。除了关于地方政府债务额度等数据性资料外，社会公众更需要看到的是发债资金用到哪里、支持了多少项目、建设进度如何、是否还需要后续融资等实质性的信息（杨皖宁和张嘉芮，2022），这些信息由省级政府统一汇总报送难度较大，仍需进一步落实债券资金使用单位和市县级政府点信息披露责任。

（四）信用评级同质程度高

信用评级机构往往根据全省经济发展情况、省政府性基金收入情况以及项目所处领域全省层面发展情况等，评估债券信用风险。虽然各省经济发展情况和债务存量情况均有差别，但各省地方债信用评级结果高度相似，大多是最高 AAA 级。信用评级结果的同质化表明，中国地方债发行仍主要依靠政府信用，特别是省级政府信用，地方债发行的市场化水平有待提高（张欣怡，2022）。但从现实来看，债券资金的使用主体可能是市县级政府，同质化的评级结果难以发挥揭示市场风险功能，不能体现项目本身和用债主体的真实信用和风险水平。此外，最高级别的信用评级结果也传递出省级政府会提供隐形担保的信号，导致市县政府的债务风险意识弱化，省级政府与市县政府之间存在潜在的预算软约束[①]。外部公开评级的同质不利于债券市场投资者按照风险偏好选择投资标的，降低了市场运行效率。

① 资料来源：https：//mp. weixin. qq. com/s/PBjoarI8Pc5TK9c0N1h5aQ

第三章

中国地方政府债券信息披露实践比较

第一节 各地区地方政府债券信息披露实践对比

中国各省市及自治区都已发行了地方政府债券，目前国家已针对地方政府债券信息披露做了一定要求，但尚未完全统一详细披露内容，因此在各地实践中，信息披露文件往往能够在大体框架上遵循国家要求，但在具体细节方面仍存在一定差异，发行人常常为了吸引投资者会根据实际情况有侧重性地进行披露。

（一）信息披露实践整体对比

1. 地方政府债券发行前披露

地方政府债券发行前披露的实践差异主要来源于披露资料差异和披露内容差异。尽管中央政府出台了地方政府债券发行前披露的要求，但各地方政府仍有自主选择额外披露文件的权力，这就使地方政府债券发行前所提供的资料有所不同，同时所包含的具体指标也存在差异。

对于披露资料差异，在债券发行前，各地区披露文件中差异最大的是评级报告。由于中国对于该文件的具体内容并没有出台明确要求，并且该文件属于第三方出具文件，各地所选评级机构不同，第三方机构在没有绝对标准的情况下，往往会选择突出发行人优势的指标和项目。从整体来看，由第三方出具的评价报告往往会给予其正面的肯定和结果，并给予最高的 AAA 级信用评级。

对于具体的信息披露内容，一方面是评级报告中存在差异，另一方面是各省市的信息披露文件内容之间也存在差异。在评级报告中，各个评级机构往往倾向于展示优势情况，例如，2023 年辽宁省披露了本地区的国土面积、大陆海岸线长度、近海水域面积及区位优势①；2023 年北京市披露了中国的宏观经济情况与政策环境，包括 2014 年以来“三驾马车”对经济增长的拉动、2013 年以来全国 GDP、一般公共预算收入和政府性基金收入增速、2022 年以来地方政府债券重大政策或会议等②；2023 年天津市披露了经济发展在产业结构转型、民营经济发展和营商环境完善方面面临的挑战③。不同地区所选经济指标及财政指标也会存在不同，例如 2022 年山西省披露了不良贷款率和获得上级补助收入情况④；2022 年内蒙古自治区披露了海关进出口总额同比增速和内蒙古自治区政府债务占综合财力的比重等⑤。

信息披露文件会对债券基本信息、债券信用评级、地方中长期经济规划情况、地方经济状况、财政状况和债务状况进行披露。在地方中长期经济规划情况方面，一些地区会对当地的《国民经济和社会发展五年规划》和《二〇三五年远景目标纲要》作简要概况，如 2022 年安徽

---

① 2023 年辽宁省政府一般债券（四期）信用评级报告。
② 2023 年北京市地方政府再融资一般债券（九期）信用评级。
③ 2023 年天津市政府一般债券（十期）信用评级报告。
④ 2023 年山西省政府再融资一般债券（九期）信用评级报告。
⑤ 2022 年内蒙古自治区政府再融资一般债券（一期）信用评级报告。

省和福建省对当地“十四五”时期的总体目标进行概括①；一些地区直接将这两份文件作为附件列示，如2022年北京市、河北省运用附件的形式详细展示地方未来发展方向②。

除了各地区的发展规划外，与债券相关且最重要的信息来自信息披露文件中的发行人的经济、财政和债务状况披露。以2022年信息披露情况为例，各地区具体披露指标如表3.1所示。

表3.1　不同地区发行人信息披露文件披露指标对比

<table>
<tr><th>地方发行人</th><th>经济/财政状况披露基本指标</th><th>经济/财政状况披露特别指标</th><th>债务披露指标</th></tr>
<tr><td>北京</td><td rowspan="6">近三年GDP及增速、产业结构、固定资产投资额、进出口总额、进口额与出口额、社会消费品零售总额、城镇（常住）居民人均可支配收入、农村（常住）居民人均可支配收入、居民消费价格指数、工业生产者出厂价格指数、工业生产者购进价格指数、金融机构各项存款与贷款余额</td><td>经济：将披露固定资产投资总额指标改为固定资产投资增长速度。</td><td>全市债务余额按类型、层级、地区划分；北京市政府债务期限结构表；政府债务限额情况：按类型、层级、地区划分。</td></tr>
<tr><td>天津</td><td>经济：固定资产投资未列示。</td><td>全市债务情况：年末债务限额、债务余额、本级和区级债务占比、金额；年末债务余额支出投向类别及金额。</td></tr>
<tr><td>辽宁</td><td>经济：固定资产投资列出项目但数据没有披露、社会消费品零售总额只披露一年的数据。</td><td>全省（不含大连）债务余额按层级、债权类型、资金投向、年度应偿还情况划分。</td></tr>
<tr><td>大连</td><td>\</td><td>全市政府债务余额：按债券类型、债务级次、债权类型、资金投向、年度应偿还情况划分；全市债务限额：按债券类型划分。</td></tr>
<tr><td rowspan="2">吉林</td><td>经济：固定资产投资列出项目但数据没有披露。</td><td rowspan="2">地方政府债务限额、余额情况按层级、债权类型、资金投向、年度偿还情况划分。</td></tr>
<tr><td>财政：额外披露全省国有土地使用权出让收入、全省国有土地收益基金收入。</td></tr>
</table>

① 2022年安徽省政府一般债券（三期）信息披露文件和2022年福建省政府一般债券（一期）信息披露文件。

② 2022年北京市202206公开发行一般债券新增一般债券发行公开和2022年河北省2022年第十三批新增专项债券发行公开。

续表

<table>
<tr><th>地方发行人</th><th>经济/财政状况披露基本指标</th><th>经济/财政状况披露特别指标</th><th>债务披露指标</th></tr>
<tr><td rowspan="2">黑龙江</td><td rowspan="7">近三年 GDP 及增速、产业结构、固定资产投资额、进出口总额、进口额与出口额、社会消费品零售总额、城镇（常住）居民人均可支配收入、农村（常住）居民人均可支配收入、居民消费价格指数、工业生产者出厂价格指数、工业生产者购进价格指数、金融机构各项存款与贷款余额</td><td>经济：将披露固定资产投资总额指标改为固定资产投资增长速度。</td><td rowspan="2">全省政府债务情况：债务余额按层级、资金用途划分披露数额和占比；自发行地方债券以来，未发生债券违约事件。</td></tr>
<tr><td>财政：额外披露国有土地使用权出让收入、国有土地使用权出让收入及对应专项债务收入安排的支出、车辆通行费、政府收费公路专项债券收入安排的支出。</td></tr>
<tr><td>上海</td><td>经济：将披露固定资产投资总额指标改为固定资产投资增长速度。</td><td>全市负有偿还义务责任的债务余额按资金来源、资金投向划分、未来偿债情况划分。市本级负有偿还义务责任的债务余额按资金来源、未来偿债情况划分；政府债务限额情况：市级、市本级按债券类型划分。</td></tr>
<tr><td rowspan="2">江苏</td><td>经济：同时披露固定资产投资总额和增长速度、社会消费品零售总额和增长速度。</td><td rowspan="2">全省债务余额按债务类型、层级、债务资金投向划分；未来偿还年度。</td></tr>
<tr><td>财政：额外披露国有土地使用权出让收入、国有土地使用权出让收入及对应专项债务收入安排的支出。</td></tr>
<tr><td rowspan="2">浙江</td><td>经济：将披露固定资产投资总额指标改为固定资产投资增长速度。</td><td rowspan="2">全省债务余额按层级、借款来源、债务用途划分；债务期限；或有债务余额；新增债务限额按债券性质划分；地方债券使用情况。</td></tr>
<tr><td>财政：额外披露国有土地使用权出让收入、国有土地使用权出让收入及对应专项债务收入安排的支出、污水处理费安排的支出、棚户区改造专项债券收入安排的支出、车辆通行费安排的支出、政府收费公路专项债券收入安排的支出、其他政府性基金及对应专项债务收入安排的支出。</td></tr>
</table>

续表

地方发行人	经济/财政状况披露基本指标	经济/财政状况披露特别指标	债务披露指标
宁波	近三年GDP及增速、产业结构、固定资产投资额、进出口总额、进口额与出口额、社会消费品零售总额、城镇（常住）居民人均可支配收入、农村（常住）居民人均可支配收入、居民消费价格指数、工业生产者出厂价格指数、工业生产者购进价格指数、金融机构各项存款与贷款余额	经济：固定资产投资未列示。	全市债务余额：按层级、借款来源、债务用途划分；债务期限；或有债务余额按债务责任划分；中央下达债务限额；债务限额情况：按债券性质划分；总体风险可控。
安徽		财政：额外披露国有土地使用权出让收入、国有土地使用权出让收入及对应专项债务收入安排的支出。	全省债务余额、限额按类型、层级、资金投向划分。债务风险总体可控。
福建		财政：额外披露国有土地使用权出让收入、国有土地使用权出让收入及对应专项债务收入安排的支出。	全省债务余额、限额：按种类、层级、期限结构、投向划分；全省政府债务地区分布和期限结构。
江西		经济：固定资产投资列出项目但数据没有披露。	近三年全省债务限额；近三年全省债务余额。
山东		财政：工业生产者出厂价格指数、工业生产者购进价格指数未列示，改为披露固定资产投资价格指数；金融机构各项存款与贷款余额未列示，改为披露本外币存款余额、各项贷款余额。	全省债务余额、限额按债券类型划分；省本级债务各年偿债比例分布。
青岛		经济：固定资产投资列出项目但数据没有披露。	全市债务限额、新增债券限额；新增债券数额、债券构成；债务余额按类型、层级划分；债券平均年限；政府债务限额情况：按类型、层级划分。
河南		经济：固定资产投资未列示。 财政：额外披露国有土地使用权出让收入及对应专项债务收入安排的支出。	全省债务限额按种类划分；债务余额按债券类型、层级划分；资金投向。

续表

地方发行人	经济/财政状况披露基本指标	经济/财政状况披露特别指标	债务披露指标
湖北	近三年GDP及增速、产业结构、固定资产投资额、进出口总额、进口额与出口额、社会消费品零售总额、城镇（常住）居民人均可支配收入、农村（常住）居民人均可支配收入、居民消费价格指数、工业生产者出厂价格指数、工业生产者购进价格指数、金融机构各项存款与贷款余额	经济：将披露固定资产投资总额指标改为固定资产投资增长速度。	地方政府债务限额按层级、类型、资金投向、债务年度应偿还情况划分；债务规模适度、总体风险可控。
		财政：额外披露国际组织贷款收入、国际组织贷款转贷支出、国有土地使用权出让收入及对应专项债务收入安排的支出。	
湖南		经济：将披露固定资产投资总额指标改为固定资产投资增长速度。	地方政府债务余额、限额。
		财政：额外披露动用与补充预算稳定调节基金、国有土地使用权出让收入及对应专项债务收入安排的支出。	
广东		经济：将披露固定资产投资总额指标改为固定资产投资增长速度、未列示金融机构各项存款与贷款余额，改为中外资银行业机构本外币存款与贷款余额。	地方政府债务余额及限额。
		财政：额外披露国有土地使用权出让收入及对应专项债务收入安排的支出。	

续表

地方发行人	经济/财政状况披露基本指标	经济/财政状况披露特别指标	债务披露指标
深圳	近三年全市与市本级一般公共预算收支、政府性基金预算收支、国有资本经营预算收支、转移性收支、地方政府债券收入与还本支出	经济：固定资产投资列出项目但数据没有披露。 财政：额外披露国有土地使用权出让收入及对应专项债务收入安排的支出。	近三年全市政府债务余额、限额按类型、地区、期限结构划分数据。
广西		经济：固定资产投资列出项目但数据没有披露。 财政：额外披露车辆通行费收入。	全市债务余额按层级、资金投向类别划分；债务限额按债券种类、层级划分；债务风险总体可控，债务率低于全国平均水平也低于国际通行警戒线。
海南		经济：将披露固定资产投资总额指标改为固定资产投资增长速度。 财政：额外披露国有土地使用权出让收入及对应专项债务收入安排的支出。	债务余额、限额；省本级和市县本级债务占比；分年到期债务规模。
重庆		财政：未列示转移性收支、额外披露国有土地使用权出让收入及对应专项债务收入安排的支出。	全市债务情况：近三年债务余额、限额；资金投向、偿还情况。
四川		经济：将披露固定资产投资总额指标改为固定资产投资增长速度。	全省债务情况：债务余额、债务限额。省级、市级和县区级债务情况；不同期限结构债务情况。
贵州		经济：固定资产投资列出项目但数据没有披露。	近三年债务余额、限额数据。
云南		经济：固定资产投资列出项目但数据没有披露。	全省债务余额按类型、层级划分；债务限额情况：按类型划分。
西藏		经济：未列示固定资产投资额、居民消费价格指数、工业生产者出厂价格指数、工业生产者购进价格指数、金融机构各项存款与贷款余额，新增全部工业增加值指标。 财政：未列示转移性收支、地方政府债券收入与还本支出。	债务余额按债券类型划分；资金投向；未来时期偿还债务金额。债务规模缓慢增长，债务率低。

续表

地方发行人	经济/财政状况披露基本指标	经济/财政状况披露特别指标	债务披露指标
陕西	近三年全市与市本级一般公共预算收支、政府性基金预算收支、国有资本经营预算收支、转移性收支、地方政府债券收入与还本支出	经济：将披露固定资产投资总额指标改为固定资产投资增长速度、未列示工业生产者购进价格指数。 财政：额外披露国有土地使用权出让收入及对应专项债务收入安排的支出、车辆通行费收入、车辆通行费及对应专项债务收入安排的支出。	全省债务余额按类型、层级、资金来源、资金投向和偿债年度划分；省本级债务余额按类型、资金使用方向划分。
甘肃		经济：将披露固定资产投资总额指标改为固定资产投资增长速度（仅披露一年）。	债务余额按类型、地区级次、债务资金投向；按照财政部最新法定债务计算口径法定债务率。
青海		经济：未列示固定资产投资额。	全省债务余额、限额按照债务类型、资金投向划分。
宁夏		财政：额外披露国有土地使用权出让收入及对应专项债务收入安排的支出。	全区政府性债务余额按债务级次、债务结构、债务用途、未来偿债年度划分。
新疆		经济：固定资产投资列出项目但数据没有披露、未列示进口额与出口额指标。	从债务投向和债务期限结构进行披露。
兵团		经济：固定资产投资、进口额与出口额列出项目但数据没有披露、农村（常住）居民人均可支配收入指标改为连队（常住）居民人均可支配收入。 财政：未列示地方政府债券收入与还本支出指标。	2018 年至今，兵团累计发行地方债数量、一般债券及专项债券情况。
河北		\	债务余额按债券类型、层级、资金投向划分、债权类型、债务到期情况进行公开。

续表

<table>
<tr><th>地方发行人</th><th>经济/财政状况披露基本指标</th><th>经济/财政状况披露特别指标</th><th>债务披露指标</th></tr>
<tr><td>山西</td><td rowspan="3">近三年全市与市本级一般公共预算收支、政府性基金预算收支、国有资本经营预算收支、转移性收支、地方政府债券收入与还本支出</td><td>\</td><td>债务限额、当年新增债务限额、债务余额、全省债务率及与警戒线的距离；全省债务按层级、资金投向、到期时间划分。</td></tr>
<tr><td>内蒙古</td><td>\</td><td>年末全区债券限额、余额；债务余额按层级、举借主体、资金来源、未偿还情况、资金投向划分；政府本级债务情况：按债务数额、资金使用方向、资金来源划分。</td></tr>
<tr><td>厦门</td><td>\</td><td>全市债务按偿还责任、层级、资金投向划分；未来偿债年度需偿还的债务占比；地方政府债务限额情况。</td></tr>
</table>

资料来源：作者自行整理。

通过对表 3.1 的分析可以发现，地方经济状况方面，基本的披露指标有近三年的地区生产总值及增速、产业结构占比、固定资产投资、进出口总额、进口额与出口额、社会消费品零售总额、城镇（常住）居民人均可支配收入、农村（常住）居民人均可支配收入、居民消费价格指数、工业生产者出厂价格指数、工业生产者购进价格指数、金融机构各项存款与贷款余额。对于固定资产投资，部分地区披露了固定资产投资额，如山西省、重庆市；部分地区将这一指标改为固定资产投资增长速度，如上海市、黑龙江省；部分地区列出固定资产投资这一项指标，但没有披露数据，如天津市、辽宁省；部分地区省略了固定资产投资指标，如河南省、青海省；江苏省则同时披露固定资产投资总额和增长速度。对于进口额和出口额，只有新疆维吾尔自治区未列示这一指标。对于社会消费品零售总额，大部分地区都披露了近三年的数据，但辽宁省该指标只披露了近一年的数据，江苏省则同时披露了社会消费品零售总额和增长速度。对于居民消费价格指数，只有西藏自治区未列示这一指标。对于工业生产者出厂价格指数和工业生产者购进价格指数，山东省改为披露固定资产投资价格指数；陕西省未列示工业生产者购进价格指数；西藏自治区两项指标均未列示。对于金融机构各项存款与贷款余额，山东省改为披露本外币存款余额、各项贷款余额；广东省改为披露中外资银行业机构本外币存款与贷款余额；西藏自治区并未披露该指标。此外，西藏自治区额外披露了全部工业增加值指标，该指标其他地方并未列示。

地方财政状况方面，基本的披露指标有近三年全市与市本级一般公共预算收支、政府性基金预算收支、国有资本经营预算收支、转移性收支、地方政府债券收入与还本支出。部分地区未列示转移性收支，如重庆市和西藏自治区。对于地方政府债券收入与还本支出，西藏自治区和新疆维吾尔自治区略去了该项指标。部分省份额外披露了全省国有土地使用权出让收入、全省国有土地收益基金收入，如吉林省和深圳市；部分省份披露了车辆通行费收入及对应专项债务收入安排的支出，如陕西省和黑龙江省。还有省份对专项债券收入进行了更为详细的披露，如黑龙江省列示了政府收费公路专项债券收入安排的支出；浙江省列示了污水处理费安排的支出、棚户区改造专项债券收入安排支出、政府收费公路专项债券收入安排的支出、其他政府性基金及对应专项债务收入安排的支出。此外，湖北省额外披露了国际组织贷款收入、国际组织贷款转贷支出；湖南省额外披露了动用与补充预算稳定调节基金。

地区债务状况方面，大多数地区发行人都披露了该年度的债务余额、限额，并按照债务类型进行了分类。部分地区发行人如：北京市、河北省、辽宁省、吉林省、宁波市等都按不同层级的发债主体进行了披露。此外，一些省份还披露了债务到期情况、资金投向。其中，一些地区发行人如江西省、深圳市、重庆市等不局限于当年的债务数据，而是披露了近三年的债务限额、余额等信息，新疆维吾尔自治区更是公开了其 2018 年至今累积发布的地方债数额。也有些地区发行人会在债务情况的披露中加入一些比较特殊的指标，例如山西省披露了全省债务率与警戒线的距离；青岛市披露了其地方债发行的平均年限；甘肃省披露了按照财政部最新法定债务计算口径法定债务率；上海市、宁波市公开了政府负有担保责任的债务情况；大连市、辽宁省和吉林省根据债权分类进行了有关指标的披露。除此之外，还存在部分省市在描述债务情况时，直接对其债务情况做出判断性描述：黑龙江省在信息披露文件中自述债券发行以来没有发生过违约情况；宁波市陈述其债券风险总体可控；湖北省披露其债务规模适当，风险可控；西藏自治区则将其债务情况描述为规模增长缓慢债务率低。大多数地区发行人对其债务情况都进行了详细的陈述以及多维度的数据披露，但是也存在像新疆维吾尔自治区、贵州省、湖南省对债务状况的情况和数据披露较为简单的情况。综上所述，不同的地方发行人间有关政府债务状况的披露差距较大，大部分地方政府都是从债务余额、限额、资金投向、偿还等维度进行情况和数据的公开，但是也有部分地区公开的指标较为简单有限。

2. 地方政府债券存续期披露

在地方政府债券的存续期，各发行人主要披露还本付息公告、财政经济债务相关数据、存续期公开、机构跟踪评级报告以及新增专项债券存续期信息披露模版这几类文件。除还本付息公告外，其余文件并非所有地区发行人都会公开披露。

对于债券在存续期的情况，一些地区会通过“债券存续期公开”这一文件进行披露，这类文件往往以表格的形式呈现，除了一些债券的基本信息外，主要披露债券项目总投资及其中债券资金安排的数额；债券项目已实现投资及其债券资金安排和债券资金收支数据。

为了让债券持有人持续地了解发行人的经济、财政状况，确保债券偿本付息保持稳定，部分发行人会选择对地区的经济及财政相关数据进行披露。例如在2022年，山东省、浙江省、宁波市、内蒙古自治区、吉林省等地区发行人均会在存续期内披露该省的预算执行情况。其中浙江省和宁波市每个月都会披露该地区一般公共预算和政府性基金预算收支情况。内蒙古自治区和山东省则是只披露其一般公共预算的收支情况。同时也存在像天津市、辽宁省等地区选择不对此类信息进行存续期间的披露，但这类信息主要是政府的一些宏观的经济指标，因此债券持有人也可以从发行人对应的财政官网上进行定期获取。

债券的跟踪评级报告中会披露出将影响债券评级的信息，例如宏观经济与政策环境、地区经济和财政实力、债券偿还能力。在这一内容上由于各地方政府所选择的第三方机构的不同，机构所出示的报告内容有一定差距，不过评估大方向上是保持相对一致的。目前负责省份评级报告的机构主要有中债资信评估有限公司、联合资信评估股份有限公司、上海新世纪资信评估投资服务有限公司、中证鹏元资信评估股份有限公司等，最为常用的是中债资信评估有限责任公司，江苏省、重庆市、河南省等均采用该家公司的评级报告。具体来看报告内容及评级方法差异，以2022年跟踪评级报告为例，中债资信评估主要突出跟踪期内宏观经济环境变化、地方政府财政预算情况等，并且大多围绕相关经济指标进行分析；联合资信评估主要突出债券概况及募集资金使用情况，结合经济环境变化阐述存续期内债券情况，并提及了政府治理水平、区域信用条件等方面；上海新世纪资信评估主要针对专项债券进行跟踪评估，详细阐述了债券信息及用途，对政府财政状况、经济状况、债务及相关风险进行了动态信息收集和分析，并考虑募投项目情况等要素，得出跟踪评级结论；中证鹏元资信评估则主要应用其官方披露的中国地方政府评级方法和模型进行评估，通过经济实力、财政实力、债务负担、流动性、地区行政层级、调整因素等多个评分要素的评分，结合评分指标情况得出地方政府债券个体信用情况及信用等级。

3. 地方政府债券重大事项披露

在重大事项的有关披露中，各地区发行人主要披露四类文件，各类文件在命名上可能会有些许的差别，但是主要内容保持一致，其中包括：债券评级机构相关事项、债券调整相关事项、信息披露内容更正、承销团管理相关公告，具体各地区发行人间的2022年披露情况如图3.1所示。

评级机构相关事项主要涉及的是债券评级相关机构的选取。由于各地方机构选取方式有所差异，因此披露差异主要体现在机构的选择方式上，例如上海市、云南省采用招标的方式进行；浙江省、北京市采取竞争性磋商；深圳采用采购的方式；内蒙古自治区和江西省采取公开选聘的方式；黑龙江省通过政府采购程序进行选取；广西壮族自治区采取了机构资源申请，财政厅综合评选确定。

债券相关调整又可分为调整债券资金用途、还本金额调整、债券用途变更等项目。由于中国目前尚未对地方债券的重大事项做出十分明确

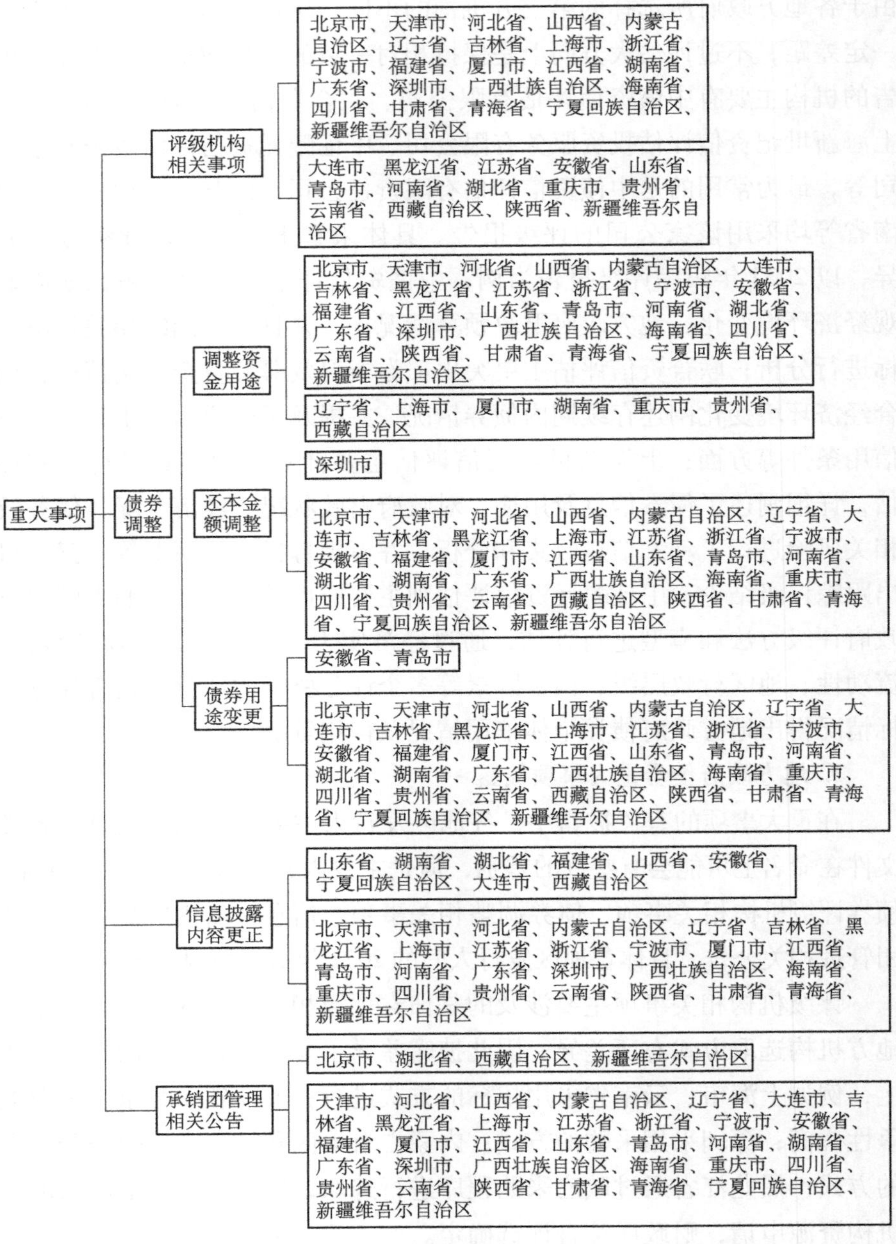

图 3.1　地方债重大事项地区发行人间披露文件的差异

的事件界定，所以在重大事项的披露上，各地区发行人的披露差异较大。但是值得额外注意的是，这里被划分到未披露该类文件的债券发行人，可能并非不披露此类文件，而是此类重大事项尚未发生，所以未曾产生过披露文件记录。债券相关调整涉及的种类相对较多，例如，截至2023年末，有关还本金额的调整，只有深圳市基于自身的考虑以及为了促进债券市场健康发展，对2019年和2020年发行的六只专项债券的分期还本金额进行了调整，分别叙述了每一只债券存续期区间内的具体偿还金额。在债券用途调整方面，青岛市和安徽省有关债券用途的变更情况披露均由于财政政策的调整，还本付息的资金来源由政府性基金预算转为一般公共预算，为了保持还本付息资金来源的一致性，所以将专项债券变更为一般债券。

为了避免出现错漏、解读偏差，针对内容更正的这类情况，发行人会及时披露更正声明及相关说明。目前有山东省、湖南省、湖北省、福建省、山西省、安徽省、宁夏回族自治区、大连市、西藏自治区对有关披露信息进行更正并披露相关更正信息。

承销团的变动信息在财政部地方政府债券信息公开平台被纳入至重大事项披露中。有关承销团的增补、公开主承销商、确定承销团成员、成员资格变更、承销团组建、承办业务名单等都据此公开。

此外，基于不同地区的不同需求，重大事项的披露还可能出现其他的披露内容，如在2022年的重大事项披露中，四川省发布了经济、财政有关数据；云南省发布了2022年跟踪评级报告以及政府债券柜台发行计划、2022—2024年云南省政府债券柜台业务承办机构的通知等。

由于中国发行地方债的省市及自治区数量较多，且各地区的实际发展情况和地方政策存在不同，并且对于一些信息披露文件国家并未出台明确的信息披露模板，因此不同地区所发行的债券、甚至同一地区不同时期发行的债券在披露内容上都会存在披露差异的情况。但总体来看，各地区所披露出的关键信息虽然在披露方式上可能会存在差别，不过在内容上始终保持一致，同时所存在的差异并不会影响公众对于地方政府债券信息的了解。

（二）一般债券信息披露实践对比

在债券的信息披露文件中对于募集资金投向的说明也十分值得关注。由于中国发行的专项债明确需要披露出“一案两书”，因此无论在信息披露文件中是否明确披露出募投项目，投资者都可以清楚地了解到每一只债券所募集资金的实际用途。而再融资债券所募集资金往往是用于偿还地方过往所发行债券本金或用于偿还地方政府债务，因此存在并无明确资金用途的情况。基于此，本书对于各地区一般债券信息披露文件中有关募集资金投向的披露进行研究，发现不同地区对于这一问题的披露情况存在差异。具体如图 3.2 所示：

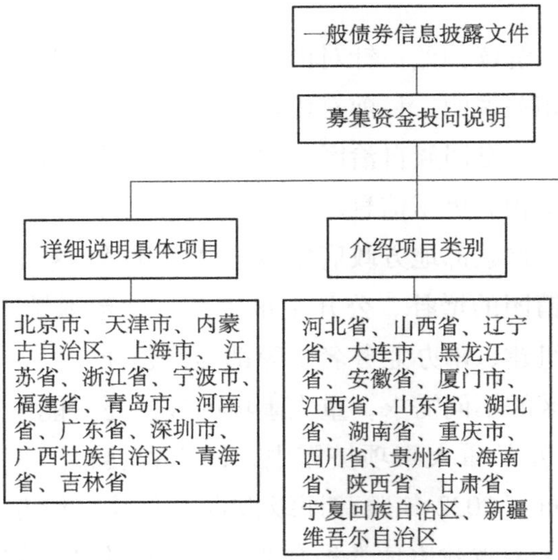

图 3.2　一般债券信息披露文件中募集资金投向说明的差异

通过对各地所披露出的一般债券信息披露文件进行整理可以发现，不同地区的不同时期也存在着对于募集资金投向说明详细程度不同的情况，因此本书选取 2022 年各地所披露出的一般债券信息披露文件进行梳理。如图 3.2 所示，北京市、天津市等地区在该文件中会明确说明新发行的一般债券资金的具体用途，详细到每一个项目名称上。河北省、山西省等地区对于募集资金投向的说明较为粗糙，只说明了资金所投资的项目类型，例如：公路、教育、医疗卫生等大类别。吉林省和江苏省2022年相比起2021年披露的详细程度有所提升，在债券项目情况表中按类别、行政区域划分，包括具体项目及项目对应金额。而新疆维吾尔自治区对于这一内容并没有一个统一的标准来进行披露。

（三）专项债券信息披露实践对比

专项债券信息披露能够有效推动地方政府债券扩大有效投资、稳定宏观经济的重要作用。在实践中，虽然政府对新增专项债券项目的信息披露模板进行了统一要求，但由于各个项目及发行主体间存在固有差别，所以在具体披露内容上各省之间仍然存在一定区别。

1. 发行前披露

各地区专项债券发行前披露差异主要体现在资金投向披露和具体项目信息披露上。

在资金投向方面，各个省份专项债券的资金投向披露详细程度不一致，部分省份资金投向仅会披露用途和金额，2023年河南省政府专项债券（五十八期至五十九期）信息披露文件中，仅披露了用途是用于支持中小银行发展，并简要在项目明细表中披露了省辖市县、机构名称、拟发行金额等基本信息。部分省份资金投向披露会比较详细，涉及资金管理、重点投向领域及本金和利息偿付来源等，更为详细的会具体到项目，相对具体的如福建省2023年专项债券（一期至五期）信息披露文件中指出，其一期至五期资金纳入政府性基金预算管理，重点将用于交通基础设施、能源、农林水利、生态环保等领域。进一步，披露资金投向具体到项目主要是通过“地方政府新增专项债券项目信息披露模板”进行披露，如福建省、湖北省、青海市等，基本所有省份都会统一按照模板方式进行披露；同时也有省份会在此基础上再在信息披露文件内容内附一份项目表，如2022年内蒙古自治区政府专项债券（十七期至二十期）通过项目表披露了专项债券的名称、领域、总投资及发行金额等内容。

在项目信息具体披露上，各个省份披露的内容和方式有一定差异。

在披露内容上，项目简要描述存在较大差异，部分省份披露较为详细，会对项目整体面积、具体建设内容等进行明确描述，部分省份则相对省略。以2023年重庆市政府专项债券（三十九期）中“遂潼涪江创新食品产业园项目”和2023年黑龙江省政府专项债券（二十三期至二十六期）中“宾西开发区标准化厂房建设项目”信息披露情况为例，前者通过详实的数据和文字对项目所需的整体面积、配套面积、整体工程建设和各项配套设施等都进行了描述，而后者则相对比较简略，主要涉及厂房数量及简要列举了需要的常规配套措施。披露方式上，部分省份会选择在发行前通过项目资料或信息披露表的方式对项目的详细信息进行披露，如重庆市、黑龙江省等，但部分省份在发行前选择不对项目详细信息进行披露，仅仅对项目名称进行披露，如湖南省、内蒙古自治区等。披露方式也略有差异，湖南省主要是通过专项债券项目情况表连同资金投向一并披露，内蒙古自治区则是在信息披露文件后单独以附录的形式列示项目名称。

2. 存续期披露

各个省份专项债券的存续期披露基本都会单独对经济情况、财政实力、政府治理水平、地方政府债务情况进行分析，各地区之间专项债券信息披露差异主要在地方政府偿债能力方面。

从分析方式来看，对地方政府偿债能力的说明有两种模式，一是按照项目大类对偿债能力进行说明，通常分为普通专项债券、土地储备专项债券、棚户区改造专项债券、收费公路专项债券、其他项目收益专项债券等。例如，江西省2017—2022年债券偿付保障分析中按照具体用途分为了21类专项债券，除常规分类外还包含市级专项债券、工程专项债券、补短板专项债券等；河南省在2022年债券偿还能力分析时按照用途大类分为了5类，将普通专项债券和再融资专项债券分为第一类，土地储备和棚改专项债券为第二类，收费公路、支持中小银行发展专项债券分别为第三、第四类，以及其他项目收益专项债券。相比之下，江西省的分类更加细致具体，种类也更为丰富一些。具体分析时，再根据每一类项目特点有针对地分析地方政府偿债能力。江西省在

2017—2020年地方政府专项债券偿债能力分析中，项目方面数据涉及总投资、累计已投资、拟使用募集资金、累计已使用募集资金、预计收入和累计已实现收入等指标。以土地储备专项债券偿债能力说明为例，主要从省份内土地交易市场情况、土地储备专项债券项目情况进行说明。土地交易方面涉及2019—2021年土地成交总面积、土地成交总价、土地成交均价三个层面指标，辅助作为该专项债券偿债能力保障的补充。

从项目自身收益与融资情况进行偿债能力分析，涉及的主要指标有存续专项债券余额（总数和分项目）、土地使用权出让收入、政府性基金收入、收入对存续专项债券的保障倍数。以厦门市政府债券2022年跟踪评级报告为例，从两个方面对专项债券偿债能力进行分析，首先是对偿债资金来源进行说明，列出各个债券存续期收入和收入来源；其次是按项目分成土地储备、旧城改造项目、产业园、社会事业项目、轨交项目5个类别进行表格说明，涉及专项债券使用额度、总投资、建设期、已投资资金、预计实现经营性现金流、预计募投项目经营性净现金流对债务本息覆盖倍数（倍）等指标，偿债能力主要通过覆盖倍数进行说明。

此外，也有省份对这一部分内容的说明并不充分，如青岛市并没有单列板块进行说明，而是在说明地方政府债务负担时一笔带过，不过进一步补充了流动性情况，报告中通过债务规模在限额之内及说明国有资本变现能够提供流动性支持来证明偿债能力保障，涉及数据有专项债务限额、全市国有资本经营总收入及总利润收入。

第二节　境内与离岸地方政府债券信息披露实践对比

本节基于上文对于地方政府债券以及离岸地方政府债券信息披露制度及现状的梳理，对二者的披露实践进行总结与对比。

（一）信息披露内容对比

中国地方政府债券管理工作正稳步推进，相应配套制度也在优化完善之中。然而由于发行场所及主要投资者不同，中国在境内与离岸地方政府债券信息披露方面仍存差异。其中，境内地方债需要满足内地的法律法规要求，而离岸地方债还需要满足境外债券市场的要求。

通过对境内与离岸地方政府债券披露内容的梳理可以发现境内所披露的文件分类更加全面，将债券从发行前到发行结果以及债券发行后存续期的各个时间段的信息都进行了分门别类的披露，相比之下离岸债券用于披露信息的文件种类较少，其主要通过债券的发售通函来向公众进行披露。

从发行前所披露的地区信息来看，境内债券对于该信息的介绍集中在信用评级报告中，且多用概括性描述。而离岸债券对于地区信息的披露更为全面，在债券发售通函中会对地理位置、人口、经济、交通运输、对外贸易、金融系统、政府职权等情况进行详细介绍。在指标方面更为细致，例如对地理位置的描述精确到经纬度，对常住人口的数量、增长率与年龄结构进行具体说明。

存续期信息披露方面，深圳市公开发布了《2022 年深圳市离岸人民币地方政府绿色债券募集资金使用情况报告》，披露 2022 年发行的 15 亿元绿色债券的项目分类、市区划分、项目名称、项目金额等募集资金投向信息。广东省、海南省及深圳市发行的其他离岸债券暂无存续期的信息披露。

境内与离岸债券在对于债券发行政府的经济、财政情况的披露也存在较大差异。境内地方政府债券的信息披露通常会更详细地涵盖债券发行政府的经济和财政情况，可能包括债券发行政府的预算情况、税收收入和支出、债务状况、政府政策和发展计划等，这些信息可以帮助债券投资者了解债券发行政府的偿债能力和财务状况。此外，离岸债券发行通常会受到国际市场的相关规定和投资者需求的影响，因此披露的内容可能更注重与债券发行主体相关的风险因素、经济环境和法律法规等。就披露指标而言，经济方面，境内债券对于披露的指标较少，包括地区生产总值、三次产业结构、进出口总额等。离岸债券的披露的指标更为多元，还展示了人口结构、生态环境治理等情况，强调经济可持续发展状况。财政方面，境内对政府财政信息的披露主要包括财政收入和政府债券情况，且只披露总额。而离岸债券要求详细披露政府一般公共预算收支，且收支状况要具体到细分科目。除此之外，政府性基金、国有资本经营预算和社会保险基金预算情况也需要进行披露。除了债务限额和余额，离岸债券还需要披露地方政府债务的相关规定与历史债务履约记录（见表3.2）。

表3.2　离岸地方政府债券与境内地方政府债券信息披露内容对比

<table>
<tr><th colspan="2">离岸</th><th colspan="2">境内</th></tr>
<tr><td rowspan="6">发售通函</td><td>前瞻性陈述：经济、财政状况、债务或前景在内等各方面因素的所有陈述均可构成前瞻性陈述。该等陈述均基于发行人当前的计划、目标、假设、估计和预测。</td><td rowspan="2">发行计划</td><td rowspan="2">债券种类、发行日期、债券期限、发行金额</td></tr>
<tr><td>发行概览：涉及发行人、拟发售的债券、发行日、到期日、发行价格、利率、利息支付日、最终赎回、违约事件、地位、上市、面值、形式、评级、清算系统、发行顾问、本金与利息支付、财务代理、主付款代理、登记处和转让代理、适用法律、所得款项用途、销售限制。</td></tr>
<tr><td>风险因素：债券的利率固定、债券存在流动性风险。</td><td rowspan="4">发行前公告</td><td rowspan="4">发行通知：发行场所、品种、数量、时间安排、上市安排、兑付安排、发行手续费、债券名称、债券期限、计划发行面值、付息频率、付息日、到期还本日、还本方式、招标方式、参与机构、标位限定、招标系统、发行款缴纳截止时间、发行款缴纳要求、发行款收款方信息、免税规定、承销团成员名单</td></tr>
<tr><td>债券的条款与条件：形式、面额及所有权、债券转让、债券的地位、利息、赎回及购回、付款、税项及预扣税项、违约事件、债券持有人大会；书面决议、对违反财务代理协议的豁免或授权、时效、通知、补发债券、进一步发行、管辖法律及司法管辖权。</td></tr>
<tr><td>有关以总额形式发行的债券的条文概要：包括本金及金额交换、付款、通知、会议、违约、电子同意与书面决议。</td></tr>
<tr><td>发行省份介绍：概览、地理、行政区划、人口、改革开放事业和新的使命任务、经济综合实力、交通运输、人民代表大会及常务委员会等。</td></tr>
</table>

续表

<table>
<tr><th colspan="2">离岸</th><th colspan="2">境内</th></tr>
<tr><td rowspan="10">发售通函</td><td>经济：综述、最新经济发展状况、经济发展目标、新经济发展路径、主要经济指标、三次产业构成、人口等。</td><td rowspan="10">发行前公告</td><td rowspan="5">信用评级报告：本级/市本级政府债务和财政收入情况、常住人口、城镇化率、城镇居民人均可支配收入、地区生产总值、国有资本经营收入、进出口总额、近期中央出台的政府债务管理重大政策或会议、经济信息、区域发展战略、全国宏观经济情况、全社会固定资产投资总额、人均地区生产总值、信用评级报告声明、一般公共预算收入、债券信息</td></tr>
<tr><td>对外贸易：进出口额情况、货物进出口额情况表、货物进出口的地域分布情况。</td></tr>
<tr><td>金融系统：银行业、证券业、保险业及社会融资。</td></tr>
<tr><td>公共财政：财政厅、财政政策执行、地方政府预算、一般公共预算、政府性基金、国有资本经营预算、社会保险基金预算。</td></tr>
<tr><td>政府债务：地方政府债务相关规定、地方政府债务情况。</td></tr>
<tr><td>所得款项用途：发行人拟将销售本次债券的所得款项净额用作一般政府用途。</td><td rowspan="5">信息披露文件：债券总额、债券品种、债券期限、发行规模、付息方式、债券名称、发行方式、募集资金投向说明、信用评级情况、中长期经济规划、债务余额分地区情况、债务期限结构、债务限额分地区情况、加强债务管理、防范债务风险的政策措施、国民经济和社会发展第十四个五年规划和二零三五年远景目标纲要</td></tr>
<tr><td>税项：债券的还本付息免征中华人民共和国个人所得税、企业所得税、印花税，并根据澳门现行所得补充税规章，债券所取得的利息，以及因买卖、被赎回或作其他处置所取得的收益免征澳门所得补充税。根据澳门现行的印花税规章，债券的买卖或有偿让免征澳门印花税。</td></tr>
<tr><td>认购及出售</td></tr>
<tr><td>一般事项：各联席主承销商已声明、保证并同意，在其购买、发售、出售或交付债券或持有、分派或发布本发售通函或其他任何与债券相关的发售材料的各国家或司法管辖区，其已遵守并将会遵守该等国家或司法管辖区的所有适用的法律法规。发行人和联席主承销商要求任何收到本发售通函的人士在其购买、发售、出售或交付债券或持有、分派或发布本发售通函或其他任何与债券相关的发售材料的各国家或司法管辖区，其已遵守并将会遵守该等国家或司法管辖区的所有适用的法律法规，且其应自行承担相关费用。</td></tr>
<tr><td>一般资料：结算系统、授权、上市、重大变化、法律程序、备查文件、豁免。</td></tr>
</table>

续表

	离岸	境内
总结	1. 境内债券需要各地方政府按月及按季度对其发行计划进行披露，而离岸债券对这一问题的披露并不列入地方政府债券信息披露文件之中。 2. 从文件类别来看，境内债券采取了“发行通知、信用评级报告、信息披露文件”三类文件相结合的方式来对债券的基本信息以及债券发行主体情况进行介绍，而离岸债券则只通过“发售通函”这一个文件进行说明。 3. 离岸债券对于发行人的信息披露更为详细，偏向于披露政府具体的指标以及与经济社会相关的具体指标；境内债券则对于政府情况主要是从宏观角度进行披露。 4. 从发行地区的披露信息来看，境内债券多为概括性描述；离岸债券披露细致，且对政府运作情况进行披露。 5. 从发行人经济、财务状况的披露情况来看，境内债券披露的为宏观经济数据；离岸债券披露相对细节。	

（二）信息披露监管主体对比

地方政府债券作为金融市场组成部分又由地方政府发行，其信息披露面临着满足金融市场原则和政府特殊性的挑战。中国地方债信息披露主要由财政部以及各省市财政部门进行监管，受中央和地方政府严格双重监管，披露相对简单注重“三公”原则，着重宏观层面。与境内相比，离岸地方政府债券信息披露监管主体有所不同。发行离岸人民币地方债需报国务院审批，并满足财政部、外汇局等对备案登记、外债登记、信息报送等方面的监管要求。进入发行具体准备阶段，发行主体需委任境外律师、财务代理人等主要中介机构开展包括法律、财务、业务等方面的尽职调查，草拟和准备发行通函及交易文件等。随着准备工作的推进，发行将进入市场推介阶段，涉及准备路演演示材料、投资者问答和相关行程、会议安排。离岸债券除了受到境内的监管，还受上市机构的监督，如香港交易所和澳门金融管理局。交易所负责制定并实施债券披露规则，以确保债券发行、交易和投资者保护等活动符合法律要求。此外，交易所还会对发行人的财务状况进行定期审查，并及时更新债券披露信息，以确保投资者能够及时了解发行人的财务状况。

（三）信息披露途径对比

当前，中国地方政府债券的信息披露可从中国地方政府债券信息公开平台和中国债券信息网获取，作为地方政府债券的特殊类型，离岸地方政府债券的信息披露内容也可从上述渠道获取。此外，深圳证券交易所设立了大湾区债券平台，投资者同样能够从这一平台中获取离岸地方政府债券的信息。在离岸市场中，地方政府债券的信息披露通常集中在相关的交易所或金融监管机构的网站上，这些平台可能会提供债券发行的相关文件，如募集说明书、担保文件、偿付计划等。香港联交所（Hong Kong Stock Exchange，HKEX）① 和澳门金融管理局（Monetary Authority of Macao，AMCM）② 是在离岸市场上常见的交易所和金融监管机构。它们提供了专门的平台，供地方政府债券发行的相关信息披露。通过这些平台，投资者可以获取关于离岸地方政府债券的发行信息、披露文件和规则，以帮助他们进行投资决策。

第三节　地方政府债券信息披露差异的影响因素

随着一系列有关地方政府债券信息披露的制度政策出台，中国各地方政府债券信息披露的质量逐年上升，但在披露的标准、内容、流程等方面仍存在进一步完善的空间。因此，各地区地方政府在披露信息时存在一定的选择空间，能够在披露具体内容时有所侧重，从而导致了信息披露内容差异的出现。具体来看，披露内容精细度不同的原因可以归结为以下四个方面。

① 资料来源：https：//www. hkexnews. hk/

② 资料来源：https：//www. amcm. gov. mo/zh – hant/

（一）监管机制与公众参与

监管机制与公众参与对各地区地方政府的约束程度不同，从而影响了各地区地方政府的债券信息披露。不同时间和地区的监管政策及规定会对地方政府信息披露产生直接影响。如财政部上海监管局针对上海地区金融资本充裕、金融产品丰富的特点，从资金供给端开展地方政府债务排查；陕西省汉中市政府网站 2021 年发布通知为推动地方政府法定债务和隐性债务合并监管，根据财政部和省政府关于隐性债务清零试点工作的有关要求，决定在汉中市政府性债务管理工作领导小组设立汉中市隐性债务清零试点工作专班。除了制度的不同，各地区监管的严格度和要求水平的差异也会影响地方政府是否主动提供相关信息以及信息披露的质量。各地区地方政府对债务的日常监督力度不同能够显著影响地方政府信息披露的范围（谭艳艳等，2022）。近年来，中国国务院和财政部从部门规章的层次，对中国政府债券信息披露的内容、时间和平台的要求进行了全方位、多角度的细化，尽管通过政策的发行补充完善了当前地方债管理制度，但仍缺少具体的法律法规作为准则。构建高质量的信息披露体系是建立在约束机制上的，一要实行日常监督，二要实行社会监督，即公民、法人或者其他组织可向财政部门举报信息公开存在问题的地方债（时心怡和陈素云，2022）。顶层设计对地方政府公开债务信息提出了具有强制力的明确要求，也是公开的政策依据和具体操作的指引。公众参与则向地方政府债务信息公开进一步施加了压力，这种压力主要体现在社会舆论监督上，也加大了信息公开的动力（刁伟涛，2020）。因此，投资者以及公众的参与情况不同也影响了不同地区的信息披露。

（二）经济水平和债务风险

经济水平和债务风险是导致差异的重要因素之一（叶蓓，2016）。例如，针对地方政府债券的资金使用情况以及募捐项目的建设情况，各地信息披露的内容不尽相同。经济水平相对较低的地区披露内容比较少，往往仅披露募捐项目的资金使用规模，忽视项目的进度、建设情况等。相比之下，经济水平相对较高的地区披露内容更多，比如上海等地会对项目建设进度的百分比进行披露；深圳则会详细披露募投项目的批复时间、形成资产情况、建设进度、运营情况、预算项目生命周期总收益等信息。而债务风险相对较低的地区更愿意多披露有关债务风险的信息，以增强投资者的信息获取，并降低发行定价。这些地区具有相对较好的财政状况和相对较低的债务风险，通过披露相关信息可以增加投资者对债券的信心，提高债券的市场认可度。债务风险相对较高的地区，其信息披露可能相对较少，因为过多的披露可能会引发投资者的担忧，增加债务风险的不确定性。

（三）信息披露的成本

信息披露的成本是影响中国各地区地方政府债券信息披露内容的重要影响因素。以专项债信息披露为例，其主要投向有一定收益的项目，偿还以对应的政府性基金或对应的项目收入作担保。因此，投资者密切关注专项债的“选、发、用、还”全周期、多维度的资金使用、项目收益，同时也十分希望能够了解影响项目收益能力和偿债能力的意外事件（李弘雯和黄新根，2023）。这样意外事件的额外信息披露会增加政府的工作负担，也会增加债券信息披露的成本。基于成本收益理论分析，地方政府一般会倾向于选择少公开或者仅公开必须披露的信息（孙征和胡志浩，2022）。地方政府在预算分配时面临经济约束，必须在各种需求之间做出权衡，包括基础设施项目、公共服务和债务管理等。由于资源有限，投入信息披露的成本（如人力、技术系统更新和维护等）可能会被视为比较次要的需求，从而影响到信息披露的广度和深度。地方政府可能会有选择地限制某些信息的披露，尤其是当认为这些信息对债券定价或市场感知影响较小时。这种策略选择反映了政府在有限资源下对优先级的判断。基于此，政府需要进行综合考虑，明确哪些要素的信息披露是有意义的，既能够提高投资者对债券的评估和决策能力，又可以在成本合适的情况下高质量地披露相关信息。在确定信息披露要素时，会综合考虑投资者需求、市场需求、债券风险特征等因素。

（四）地方政府发行债券的非市场化定价

地方政府发行债券的非市场化定价现象也会影响信息披露。中国地方债发行模式隶属于“行政约束 + 市场约束”模式（中国财政科学研究院金融研究课题组，2017）。在行政约束的背景下，地方政府发行债券时往往选择对自己最有利的方式。一些地方政府希望通过非市场化定价来降低融资成本，以获得最低的发行利差（张丹，2022），这会影响发行定价的过程，并对披露内容产生影响。同时，中国地方政府债券在发行时会受到一些非市场化因素（如财政存款与发行利率挂钩）影响，这将使信息公开在发行利率定价中所起的作用不大（孙征和胡志浩，2022）。地方政府债券信息披露对地方政府债券发行影响的减弱，将影响地方政府债券信息披露的积极性，使地方政府没有足够的激励进行披露。非市场化的地方政府债券发行也将导致社会公众和债券市场投资者难以参与其中，影响公参与监督的积极性，从而使相关信息的披露和市场监督的发挥受到限制。以信用评级为例，在实际评级中，常出现除发行地区不同、发行规模、发行时间和期限略有差异的地方债，其信用评级结果完全相同的情况，因此地方政府的主体信用差异、地区经济金融实力差异和地区债务风险等因素无论披露的是否完整都不会影响到评级结果（赵飞，2021）。

第四章

全球主要国家地方政府债券信息披露制度

第一节　全球主要国家地方政府债务管理模式

（一）美国地方政府债务管理背景

1. 美国的财政体制

美国的财政体制与其政治体制有着不可分割的历史渊源和现实联系。在政治体制上，美国通过联邦制划分了上下级政府之间的权力和义务，建立了政治秩序，包括联邦政府、州政府和地方政府三个层级。联邦制的基本原则包括国家主权属于联邦，联邦的地位高于各州，联邦与州实行分权等。历史上，美国各级政府之间不存在等级隶属关系，各级政府的权威来自自身，体现了国家作为一个整体的总体原则和各级地方自治的原则，总体原则和自治原则并存即联邦主义。随着工业化和大公司的兴起，“地方政府由州创立”的原则被有条件地接受。地方政府在法律上和财政上的独立性受到州政府一定程度的限制（张帆，2016）。同时，美国宪法划分了联邦政府与州政府的主权，唯独没有提及州与地方政府的权力。地方政府有着多重政治资源来对抗高层级政府的意愿，而高层级政府也允许地方政府拥有某种程度的独立。这一点尤其体现在非正式权力的重要性方面。在美国的50个州内，每一个州都已发展出一套独特的地方政府体制，划分了州和各级地方政府之间的权力和责任（王柏杰，2015）。

美国财政体制顺应政治体制，由美国联邦、州和地方三级预算制度构成相对独立又相互制约的财政分配整体，具有突出的自治性特征。作为美国财政体制的基本架构，财政联邦制随着经济的发展而演变。建国初的很长时期内，州拥有较大权力，但20世纪大萧条后逐渐演变为联邦拥有较大权力。随着里根总统实施“新联邦主义”重新赋权给州，州权呈现出扩张态势。2008年金融危机后，由于州级财政遭受严重打击以及公共事务在联邦政府与州及地方政府之间的分工趋于模糊，奥巴马总统执政后，美国财政联邦制又从州级政府拥有较大权力向联邦拥有较大权力转变（罗洋和何利辉，2011）。

反映到现行财政体制上，美国各级政府均拥有独立的财政体系。《宪法》确立了各级政府的职责和支出责任，同时也赋予各级政府相应的税权，使联邦、州和地方各级政府的财权与事权明晰，有法可依。在事权划分方面，各级政府在联邦宪法构架下各自独立履行职权。全局性、全国性重大事务管理由联邦政府集中实施，区域性或面向当地居民的事务则主要由州级及以下政府承担。州以下政府则主要依据州法律和地方议会授权处理地方事务，地方政府财政事权内容庞杂，但受益范围一般设定为地方政府行政管辖区域内，如教育和维护治安等（赵振慧等，2020）。另外，依据公共产品层次性的客观要求，联邦政府与州政府、地方政府在社会保障、高速公路等项目上存在着交叉。在支出划分方面，美国以事权划分为基础划分政府支出职责，各级政府有独立的支出预算。联邦政府财政支出包括国防、物力资源、人力资源、净利息和其他等五大类；州政府财政支出包括公路建设、公共福利项目、基础教育、医疗和保健开支、收入保险、警察、消防、煤气及水电供应等；地方政府财政支出范围主要包括道路和交通、公用事业、治安、消防、教育、家庭和社区服务、一般行政经费等。在收入划分方面，美国实行“分别立法、分别征管、互不干扰、财源共享”的税收管理体制。从立法依据来看，联邦税收的征收依据为联邦国会通过的法律；各州税款征收的依据是州议会通过的法律；而县和城市也可在符合宪法的前提下根据议会的立法征税。从征管来看，三级政府都有各自相对独立的税收体系，享有各自的税种设置、税率设计、税款征收管理的权利。按照管理权限划分，美国税收体系包括联邦税、州税和地方税。各级政府都有自己的主体税种，联邦政府以征收所得税、工薪税为主，州政府以征收一般消费税为主，地方政府以征收财产税为主。

2. 美国地方政府债务管理模式

美国地方政府可以自主决定税收政策、支出计划，并在债券市场上筹集资金，整体具有较大的财政灵活性。由此，美国在地方政府债务管理上采取了相对宽松的模式，应用政府制度约束型，通过法律制度、财政制度、市场约束、风险管理、司法追究机制等途径对政府债务进行管理。在长期的实践过程中，逐渐形成了涵盖债务规模控制、举债用途限定、监测预警等在内的一整套管理体系，具有明显的制度规范和市场约束特征（刘振斌、董鑫，2021）。

（1）法律制度规范

美国政府举债的法律制度灵活性较强，一方面制定了明确的法律规章制约地方政府，如通过全国适用的《证券法》加强对州政府地方债券的管理；《证券交易法》颁布适用于所有债券的反欺诈条款并设立了证券交易委员会进行监督。同时各州宪法和法律也对其发行、用途和还款等各环节做出了明文规定，敦促地方政府注重债务风险。另一方面，美国宪法明确国会批准举债的权利，国会使用一个总的债务上限数额替代不同类型债务工具的不同债务上限，这样可以赋予联邦政府更大的权限和灵活性。联邦政府通过多种举债工具的综合运用，降低利息支出，控制融资风险。

地方政府债务管理主要由各州自行决定。就市政债券发行的审批管理而言，由于美国的政治体制是联邦制，各州发行市政债券不需要联邦政府批准，地方政府发行市政债券也不需要所在州政府的批准。因此，是否发行市政债券，完全由本级政府确定。尽管联邦政府对地方政府举债限制很少，但许多州级法律对州及州以下地方政府的举债权进行了限制，通常是其总估值或年度收入的一定百分比（刘磊，2023）。州及州以下地方政府发行债券，特别是一般责任债券，必须经听证、公决、议会或镇民代表大会的批准。如杜姆市、西雅图市就要求发行建设债券为资本品融资，需经全民公决。授权或批准主体一般包括：全体选民、议会、专门委员会、政府财政部门、其他部门或机构等，不同类型的债券所需授权或批准的主体不尽相同。一般责任债券的发行往往须经高层次机构（如议会、全体选民）批准，而批准收益债券发行的机构层次相对较低。

（2）财政制度约束

一方面，严格控制债务规模。美国有 37 个州利用债务率、负债率、偿债率等指标约束地方政府债务规模。结合不同地区的实际情况，将债务率上限控制在 90%～120%，负债率上限控制在 13%～16%，偿债率上限统一为 7%，部分州还构建了量化管理指标（刘振和萱鑫，2021）。如北卡罗来纳州规定地方政府的资产负债率应在 8% 以下。另一方面，严格限制债务资金用途。美国严格遵守马斯格雷夫的“黄金法则”来控制债务资金的使用，要求州及州以下的地方债主要用于资本性支出、政府支持贷款、借新还旧及临时周转性支出四个方面（张乐乐，2021）。同时，地方政府举债资金仅能用于道路、桥梁、给排水和教育等基础性和公益性资本项目支出，以及助学贷款、工业发展贷款等政府支持贷款和政府临时周转性支出，禁止用于弥补经常性财政赤字。

（3）市场约束

美国地方政府是否可以成功举债或举债成本的高低，主要受信用评级体系和债务信息披露制度的影响。在政府信用管理方面，地方政府允许三大评级机构（标准普尔、穆迪和惠誉国际）对其进行评级，评级结果很大程度上决定了地方政府是否可以成功举债以及举债的成本。在信息透明化方面，政府债务信息透明化为地方政府顺利获得债务融资奠定了良好的基础。地方政府需要按照统一的规范和准则定期披露债券信息，并提供实时网上查询服务。特别是，当地方政府财政运行状况或是经济、法律法规等方面出现较大变化时，地方政府需要及时予以公布。

（4）风险管理制度

美国地方政府债券的风险管理制度采用了多种形式和方法，致力于全方面预防出现债务危机。一是具有完善的债券保险制度，当债券发行人出现债务违约情况时，若其先前已经向保险公司缴纳了足够的保费，此时则由保险公司负责债务本金及利息的赔付。伴随着市政债券的不断发展，美国市政债保险市场及市政监督体系同样渐趋完善，而保险公司作为监督方在后续监督方面更具动力，可有效降低违约风险。二是建立风险预警机制，为了避免发生债务危机，美国政府间关系协会构建了风险监测指标体系，强化对地方政府债务运行情况的监测，主要涉及赤字（一般预算支出超过收入5%以上）、连续赤字（连续两年财政支出超过收入5%以上）和短期债务等指标。比如，俄亥俄州推出的“地方财政监控计划”，州审计局定期评估州以下地方政府的债务风险，风险达到临界值的地区将被列入“预警名单”，会受到一系列限制约束；风险较为严重的地区将被列入“危机名单”，会受到州财政计划和监督委员会的特别监控，旨在督促其尽快化解危机，被认为是典型的地方政府债务风险预警机制。

（5）司法追究机制

为了规范政府财政收支行为，强化其作为债务人的角色和责任，美国通过立法形式构建了政府破产制度，明确地方政府对自身债务负有无限偿还责任，并对不负责任的举债行为予以司法追究。当地方政府债务出现风险时，联邦政府原则上不参与救助，但是州政府通常会协助地方政府实施财政调整或债务重组。

具体来看，美国政府探索建立起一套地方政府债务危机处置机制。从主体来看，地方政府是“当事人”，地方债务由地方政府自行处理，并对地方政府一般责任债券和收入债券分别进行了规定：一般责任债券到期后，地方政府不能按时还本付息，若仅为暂时性、技术性，则可以由发行人与债权人进行协商和谈判，进行适当的延期；若政府收入来源确不足以实现偿付，则允许地方政府根据实际情况提高一定的税费比例用以弥补。而收入债券在发行之初即由某项收入作为抵押，一旦发生偿付风险，由投资人自行承担相关损失（尹旭和朱彬，2019）。州政府是地方政府债务危机的“早期干预者”，在地方政府因债务危机申请破产前，州政府主要负责进行早期干预。例如，如果地方政府的各项补救均未能达到预期效果，部分州政府通过设立专门管理机构进行适当的指导和帮助。联邦破产法院是地方政府债务危机的“最终处置者”，州政府的早期干预失败后，地方政府向联邦破产法院申请破产，由联邦破产法院主导进行后期最终处置。联邦政府是“旁观者”，无权以上级政府身份干预地方政府债务危机处置。从处理原则来看，美国地方政府债务危机处置主要遵循两条基本原则。一是商业性债务关系处理原则。地方政府和投资者应根据权益和责任等实际情况具体分担损失，不应过度保障任何一方的利益。二是基本公共服务保障原则。鉴于当地居民享有的基本公共服务权利，无论是州政府的早期干预，还是联邦破产法院处置地方政府债务危机，都应以保障基本公共服务为底线（孙大海，2021）。

（二）日本地方政府债务管理背景

1. 日本的财政体制

日本的地方政府分为普通地方政府与特别地方政府。普通地方政府有两个层级，日本的都、道、府、县是平行的一级行政区，直属中央政府，但各都、道、府、县都拥有自治权；每个都、道、府、县下设若干个市、町（相当于镇）、村。日本地方政府虽然统称为都、道、府、县或是市、町、村，但实际上，同一层级的地方政府在人口、面积上千差万别。都、道、府、县和市、町、村两级政府在日本宪法中被称为“地方公共团体”或“地方自治体”，是独立于中央政府的日本地方行政。

日本财政复式预算具有六个层次，体现了明显的重中央，轻地方的财政架构，支出占 GDP 比重超过 50%（含公债支出）。在央地的纵向关系中，日本以税收为主的公共财政体系奉行分税制，分为中央一般会计和地方普通会计进行核算，合计占 GDP 的比重在 28.9% 左右。但在公共财政外，中央和地方还存在以社保费及专项收入支撑的特别会计，基本类似于中国的各项政府性基金。同时，中央还掌握广义财政资源，包括日本政府附属机构和财政投融资。五个层次的财政体现对日本经济涉入极深，央地公共财政+中央特别会计+日本政府附属机构和财政投融资四个层次的财政支出占GDP比重就高达53.8%（含公债支出）。

在投资方面，日本政府投资以基建投资为主要模式，主要资金来源是一般会计和财政投融资。日本一般会计中包含公共工程支出，日本财政投融资同样也包含道路、运输通信以及国土开发等基建投资领域，二者增速的变化基本决定了GDP中政府投资规模增速变化。

2. 日本地方政府债务管理模式

日本是一个单一制国家，这意味着中央政府对地方政府的财政状况可以进行严格监管，地方政府的财政自主权有限，大部分资金来源于中央政府的转移支付。这种制度一定程度上保证了地方政府债务水平的可持续性，但也限制了地方政府财政的创新和自主性。

20世纪90年代日本房地产泡沫破裂后，日本经济长期低迷，成为“失落的三十年”。日本企业和普通民众的支出大幅减少，私人部门更倾向于储蓄而非投资，进而导致国民经济的流动性减少，如果这些资金不能重新流入经济，经济增长将会停滞甚至出现萎缩。为了应对这种情况，日本各级政府实施了以增加政府投资为核心的积极财政政策。中央和地方政府长期、持续地进行大规模的公共投资，并通过发行政府债券从民众手中吸收储蓄以获得资金支持，使得日本经济在过去20多年中形成独特的宏观经济平衡：一方面，政府的财政赤字持续增加，政府债务不断上升；另一方面，私人部门，包括居民和企业，储蓄率很高，并主要通过购买政府债券来持有这些储蓄。

为了防范地方政府债务积累所可能导致的金融风险，日本经过深入研讨和周密筹备，于2009年正式实施《地方政府财政健全化法》，该法成为监控地方政府财政健康状况和处理地方财政危机的法律准则。该法主要包括三大内容：首先是明确设定地方政府财政指标，其次是对地方政府的财务状况进行分类，最后是根据不同的财务状况，提出相应的措施和方案。

日本对地方政府的债务管理采取了两个核心维度的约束。第一，从财务范围上，分为狭义地方政府和广义地方政府。广义范围进一步涵盖了公营事业单位的经济状况，这与中国的地方政府融资平台公司有相似之处。第二，从财务健康度上，采用了流量指标与存量指标来评估。通过这两个维度定义了四个财政指标，并依据这四个财政指标，将地方政府财政状况划分为三种状况：财政健全阶段是健康状态，当指标恶化时首先进入财政早期健全化阶段，如果进一步恶化则进入财政再生阶段。

对于每种财政状况，都有着不同的债务发行条件进行约束。首先，处于财政健全状况的地方政府，可直接发行债券，只须做到信息公开。其次，处于财政早期健全化状况的政府，地方政府需要制订并实施财政健全化计划，以预防财务状况的进一步恶化。此计划须经地方议会审议并获得批准，之后对外公示。同时，地方政府还须将该计划报告给日本总务大臣或都道府县知事，并接受其监督。再次，处于财政再生状况的地方政府，地方政府必须迅速制订财政再生计划，并经地方议会审议批准后对外公示。最后，该计划还须与总务大臣达成协议，并获得其同意后方可开始实施。在此阶段，地方政府需要进行财政重整，接受外部监督，并定期向总务大臣报告其财政状况。如有必要，总务大臣有权对地方政府进行财政干预。值得注意的是，进入财政再生阶段的地方政府除非是为了灾害重建，否则不得再发行新的债券。

在《地方政府财政健全化法》的指引下，日本地方政府债务得到了有效控制，并逐步转向健康、可持续的发展轨道。正是由于这一系列严格的制度约束，日本中央和地方政府成功度过了债务风险的高峰期，自 2015 年起，其杠杆率持续呈下降趋势。日本地方政府筹集债务资金的渠道也变得更为多元，主要来源包括中央政府的财政融资、地方公共团体的金融机构资金、市场公开募集的资金及银行的承兑资金。其中中央政府财政指的是日本财务省通过特别账目中的财政融资资金发行国债，为地方政府筹集资金，这与中国之前实施的中央财政代发地方政府债券的做法有相似之处。地方公共团体金融机构（Japan Finance Organization for Municipalities，JFM）是地方政府共同投资成立的金融实体。它通过在市场上发行机构债来筹集资金，并将这些资金贷给地方政府。这与中国的国家开发银行等机构发行债券、获得低成本资金后再向地方政府提供资金的方式相似，只是中国地方政府不能够从国开行等金融机构获得贷款。市场公募资金则是地方政府直接在市场上发行债券以筹集资金，这与中国现行的地方一般债和地方专项债的做法类似。银行等金融机构的承兑资金指的是地方政府从特定的金融机构借款；目前中国尚无允许地方政府直接从金融机构借款的融资制度。

（三）欧洲政府债务管理背景——以英国、德国为例

1. 财政体制背景

（1）英国

英国是中央集权型单一制国家，由英格兰、苏格兰、威尔士、北爱尔兰地理区域组成。英国的政府结构较为复杂，尤其是在1999年中央政府实施权力下放改革之后，由于地区的历史、政治和传统因素影响，各地方政府的组织架构有很大不同。从现在英国各级政府结构来看，英国由准三级政府构成：中央—（地区）—郡（市）—教区或镇（区）。其中，郡级及以下政府统称为地方政府。

英国政府实施了一系列的财政分权与地方自治改革。英国保守党与自由民主党联合政府2010年执政以后，财政分权改革进一步发展。但总体而言，与其他欧美发达国家相比，英国中央与地方的财政关系仍然是属于高度集权的。英国中央政府与地方政府的事权划分相对比较明确，各级政府根据事权决定收支范围，实行严格的分税制。中央与地方政府的预算收入完全按税种划分，不设共享税。税收也分别由中央和地方各自的税务机关负责征收。其中，绝大多数税种是中央税，地方税只有市政税和营业税两种。

从预算支出所承担的情况来看，中央政府预算支出占整个公共财政支出的大头。地方预算收支缺口较大，对中央补助严重依赖。由于财力大部分集中在中央政府，中央可以对地方政府实施较为严格的财政控制。一方面，中央严格控制地方税收的税种和税率，另一方面，中央为地方财政支出设限。从预算分级的角度来看，英国分为中央预算和地方预算两级。中央政府预算为中央级预算。英格兰、北爱尔兰、威尔士、苏格兰、各直辖市和大伦敦地区以下的郡（市）政府预算为地方预算。

自1999年以来，由于权力下放政策的实施，苏格兰地区更加独立、自洽。英国中央政府的集权程度较高，地方政府行使的权利是由中央政府赋予的，并且遵循三大原则：一是中央政府享有征税权，没有中央政府的批准，地方政府无权征收地方税；二是地方政府只有在获得中央政府批准时才可举债；三是地方政府举债不能用于经常性支出。1988年以后，英国对地方政府的职能和结构（尤其是地方政府的筹资安排）进行了重大改革，地方政府的职能减少，结构简化，在国家管理中的作用开始减弱。英国政府借款的主要原则是：有征税权的政府具有举债权。中央政府、苏格兰、威尔士和英格兰等有征税权的地方政府可以举债；北爱尔兰政府因其的权利有限，不借款，无负债。

（2）德国

德国是联邦制国家，但德国并不是按照各州选民自愿的方式组建的，而是在第二次世界大战后被强迫组建。德国从战后一直实行财政联邦制理论指导下的财政平衡制度。1949年制定的德意志联邦共和国《基本法》相当于国家的宪法，德国《基本法》把国家分为联邦和州两级，并规定了各自独立的管理权限。州政府以下的市、县、乡、镇，在法律上是州的组成部分，统称“地方”，地方各级政权也依法享有独立管理自己事务的权限。德国州级政府的自制程度较高，联邦政府不能给州下达指令，而是通过议会中的协调委员会协调，各州都很注意其自治权不受限制。同时，联邦也不能直接向第三级地方政府施加影响，因为州政府对地方政府具有管辖权。德国政府间的财政关系，是按照规范化宪政化的方式进行协调和运转的。

作为规范政府间财政关系的前提，德国通过宪法对三级政府间的支出责任进行了原则划分。德国《基本法》规定“为了普遍的利益必须统一进行处理的事务”由联邦政府负责，其他的事务原则上由各州和地方政府负责。同时根据任务的性质和特点，确定一些任务由两级以上政府共同承担。

纵观德国三级政府间的支出责任划分，虽然有一定交叉，但各自的基本范围是明确的，并通过法律形式确定下来。根据德国《基本法》所规定的原则，联邦和各州还依法共同承担一些任务，如地区性经济结构、新建或扩建高等院校和医学院附属医院；改善交通、水源和能源基础设施；环保项目和海岸保护项目。这些任务涉及面广，财政支出较大，原则上由联邦和州各承担一半。但一些涉及社会经济发展战略的大型支出，联邦负担60%；保护海岸支出，联邦承担70%。共同项目的支出责任分配，均在共同承担的协议书中写明。如果联邦与几个州联合兴办一个项目，其支出费用则由联邦承担一半。其余部分由涉及各方按受益大小协议负担。德国《基本法》具体规定为：属于联邦和州共同承担的职责，双方通过协议的方式确定各自所应负担的支出比例。由各州负责落实的受联邦政府委托的事务，其开支全部由联邦政府承担，但州政府必须保证做到专款专用。

德国财政体制的重要特色是坚持实行纵向和横向财政平衡，德国《基本法》第107条是财政平衡的法律基础。《基本法》确立了"公民生存条件一致性"的原则，即公民享有的公共服务在全国范围内是均等的，经济发展水平高的州必须对经济发展水平低的州提供财政补贴，以保持各州财力水平的适度均衡，促进国内各州为居民提供大体一致的公共服务。《联邦财政平衡法》明确规定了德国转移支付体系的具体调整范围和实施办法，短期内经确定后相对稳定，同时也会根据联邦和各州的经济发展情况做局部调整。

2. 英国、德国地方政府债务管理模式

（1）英国

地方政府行使的权利是由中央政府赋予的，并且遵循三大原则：中央政府享有征税权，没有中央政府的批准，地方政府无权征收地方税；地方政府只有在获得中央政府批准时才可举债；地方政府举债不能用于经常性支出。

英国在1968年颁布了中央政府法案，规定英国公共工程贷款委员会（Public Works Loan Board，PWLB）有权向任何地方政府授权借款的民生项目提供固定利率或浮动利率贷款。根据该法案，公共工程贷款委员会贷款不需要对地方政府的财务运行状况进行信用评级考量，也不需要申请借款的地方政府提供融资项目的具体信息，项目的立项、明细开支全凭由地方选举产生的理事会成员本着对所属地民众负责的态度进行监管。1988 年以后，英国对地方政府的职能和结构（尤其是地方政府的筹资安排）进行了重大改革，地方政府的职能减少，结构简化，在国家管理中的作用开始减弱。英国政府借款的主要原则是：有征税权的政府具有举债权。中央政府、苏格兰、威尔士和英格兰等有征税权的地方政府可以举债；北爱尔兰政府因其权利有限，不借款，无负债。

对地方政府而言，公共工程贷款委员会（PWLB）的借款程序相对简单且能够享受比市场相对优惠的利率，可以在保证贷款安全的同时又享受到较低的债务成本。2004 年 4 月，英国地方政府资本融资的审慎制度正式开始实施，这代表政府债券的信息披露要求从证券披露制度中分离。该制度要求地方政府对资本融资进行专业管理和自我管理，并遵守特许公共财政及会计学会（The Chartered Institute of Public Finance and Accountancy，CIPFA）颁布的会计准则。审慎制度实行以前，地方政府借款用于资本性支出的制度规定非常严格，一般需要经中央政府许可才能借款。从 19 世纪 90 年代开始，中央政府根据地方公共支出需求，对地方政府进行贷款审批，并且规定地方政府借款投资的额度和种类，管理非常严格。根据审慎制度，中央对地方政府借款的管理从以前的法定管理转向审慎制度下的专业管理和自我管理，这为地方政府资本性借款提供了自由裁量的空间。地方政府借款不再需要中央政府批准，只要没有超出本地方政府的承债能力，就可以自行举债用于投资。审慎制度实行以后，英国地方政府自行举债的情况越来越多，而不再完全依靠中央政府。地方政府自筹资金在很大程度上解决了地方财政吃紧的问题，同时扩宽了地方政府的资金来源。其中，部分政府通过发行市政债券融资，在大多数情况下很好地匹配了地方建设的资金需求，一方面促进了地方各项设施的建设与完善，另一方面也缓解了地方当局的资金压力。

（2）德国

德国实行联邦、州、地区三级管理的财政体制，州政府是德国市政债券的发行主体，州以下的地方政府较少发行市政债券。德国州政府以及地方政府可以根据州宪法、州法规自行举债。地方政府债务管理体制以法律约束为主，《德意志联邦银行法》最初只允许中央银行向州政府提供少量短期贷款，《马斯特里赫特条约》规定政府不得直接向中央银行贷款，联邦《宪法》则确定了各州发行市政债券的权力。

金融危机后，为了应对复杂的经济形势，德国政府债务规模迅速增长。因此，为了进一步有效控制地方政府债务负担持续增加，德国于2009年出台《新债务限额》。限制债务规模的法规实施一方面有效限制了债务规模的无序扩张，一定程度上减轻了债务的负担，确保了地方经济的平稳运行；另一方面有利于德国财政长期可持续的发展。

一般情况下，德国地方政府融资遵循黄金法则，即债务融资只能用于资本性支出。北威州部分市镇政府（例如埃森市）由于债务负担较重等原因，经议会批准可举借部分债务用于非资本性支出。德国地方政府融资的主要方式包括银行贷款、本票和债券。德国地方政府债券可分为地方政府发行的债券、地方性公共机构发行的债券、抵押银行发行的债券，财力薄弱或发行需求较小的州还可共同发行联合债券。地方政府的债券发行计划列入年度预算，债券的还本付息以其税收收入偿还。

德国通过完善政府性债务管理体系控制债务规模和债务风险。为控制政府债务的持续增长，德国联邦和各州政府于2009年6月11日制定并通过了《新债务限额》法案，并将其写入了联邦《基本法》，以此实现“债务刹车”。同时，为了约束政府的举债行为，《基本法》第115条还规定了联邦政府和各州需遵循的债务规则。德国各级政府的年度财政预算法中对允许的最大贷款额做了明确规定，在经济发展正常情况下不能有新的贷款。如果有必要取得一笔更高的贷款，议会必须做出增补预算的决议。

根据《新债务限额》法案，自2016年起，不考虑经济周期引起的赤字，德国结构性赤字不能超过国内生产总值的0.35%。同时为约束各州财政，要求2014年各州结构性赤字率不得超过0.5%，且各州须在2020年前彻底消除结构性赤字，平衡预算。为实现这一目标，联邦政府从2016年起，各州从2020年起，除特殊情况外，不允许再新增任何债务，财政预算应基本不依靠贷款来进行平衡。同时，从2010年起每年需在联邦预算中节约100亿欧元。为了落实政府每年减少100亿欧元的决定，2010年6月7日议会通过了一揽子节约措施，主要是削减社会福利开支，减少政府各部门的预算，从而达到节约的目的。为了防止政府收支出现强烈的不平衡，德国政府把原本计划从2011年开始的减税措施推迟到2014年。

第二节　美国地方政府债券信息披露

（一）美国地方政府债券信息披露基础

1. 美国地方政府债券概况

美国市政债券（Municipal Bonds）是由州、地方政府或其代理机构发行的，为市政实体的公共设施或活动提供资金的债券，属于市政证券的一种，对特定的非政府实体几乎没有直接利益。

美国的市政债券主要分为一般责任债券（General Obligation Bonds）和收入债券（Revenue Bonds）两类，其中一般责任债券类似于中国的一般债券，收入债券类似于中国的专项债券。一般责任债券通常依赖于债券发行人的信用，运用发行人收入或提高所得税、财产税来偿还债券。鉴于一般责任债券可以通过税收偿还，这类债券的发行通常需要获得选民批准，从债券持有人的角度来看，这是相对安全的市政债券形式。除此之外，还有收入债券，其通常依赖于特定项目或系统的收入来偿还债券持有人，比如道路收费、机场使用费、市政设施售电或大学学费等。收入债券也具体被分为六大类型，其中包括公共事业、医疗、教育、住房、交通、工业。

从偿付来源的角度来讲，市政担保的本金和利息的支付以各种类型的质押担保为后盾。债券对应的正式声明文件中会详细说明债券的担保来源和支付方式，投资者可以从中获取更为准确和全面的信息。在进行投资决策时，投资者必须对不同类型的市政担保债券有充分的了解，以便评估其风险和回报。具体而言，一般责任债券由州政府或地方政府发行，承诺其信用和征税能力以支付本金和利息。一般责任债券可以从一般资金中支付，包括发行人的所得税或财产税，但一般责任债券的确切支付来源和优先级可能因发行人而异，具体取决于当地的法律规定。一般责任债券在发行前需要得到选民的批准。如果未按要求支付利息或本金，一般责任债券持有人通常具有某些强制征税或立法拨款的权力。收入债券通常指的是特定收入来源支付的债券，其不完全由税收收入进行还本付息，可以用融资的项目作贷款抵押凭证。收入债券的发行人没有义务使用除特别质押给债券的来源以外的任何来源支付其债券的本金和利息收入，债券应从已确定的收入来源支付，并且不允许债券持有人强制征税或立法拨款用于偿还债务的资金。偿还收入可能来自资助项目的运营、赠款、消费税或其他指定的非从价税。通常，在发行此类债券之前不需要选民批准。如果特定的收入来源变得不稳定，可能会出现拖欠本金或利息的情况。但可以使用各种类型的收入质押来确保收入债券的利息和本金支付。

2. 美国地方政府债券信息披露原则

美国证券交易委员会作为国际证券委员会的组织成员，其披露规则的制定直接遵循了国际证券委员组织会的规则。美国审计总署（United States Government Accountability Office，GAO）在2012年7月有关《改进市政债券持续披露》报告中也曾强调，当前美国市政债的披露原则大致延续了国际证券委员会组织的《上市实体持续披露和重大发展报告原则》，美国市政债的披露法规广泛反映了国际上的有效披露七项原则，其对比如表4.1所示。

表4.1　有效披露原则与现行市政债券披露规定的比较

有效披露原则	该原则在当前监管中的体现
责任分配 发行人要遵守持续披露义务。	美国证券交易委员会第15c2－12条要求，承销商必须合理确定发行人已同意为债券持有人的利益提供证券存续期内的年度和事件信息。联邦监管机构没有明确的权力要求发行人遵守协议。但是，证券持有人可以通过对发行人或义务人提起诉讼来执行协议条款。

续表

有效披露原则	该原则在当前监管中的体现
发行人应承担持续披露义务 披露对投资者投资决策产生重要影响的所有信息。	美国证券交易委员会第 15c2－12 条要求，承销商必须合理确定发行人已同意为债券持有人的利益提供证券存续期内的年度和事件信息。
披露标准 持续披露的信息应公平呈现，不具有误导性或欺骗性，不能存在重大信息遗漏。	美国证券交易委员会的反欺诈条款适用于市政证券和市政证券市场的参与者。美国证券交易委员会利用其反欺诈机构对市政发行人采取执法行动。
信息的传播 根据持续披露义务，发行人应确保通过使用高效、有效和及时的传播手段及时向市场提供完整信息。	美国证券交易委员会第 15c2－12 条要求，承销商必须合理确定发行人承诺向美国电子市政市场访问系统（Electronic Municipal Market Access，EMMA）提供有关披露信息，以便及时提交给市场。
对披露的平等对待 根据持续披露义务披露的信息，在向公众披露之前，不得向选定的投资者或其他利益相关方披露。	市政证券和其他证券一样，受到美国证券交易委员会交易限制。此外，美国证券交易委员会第 15c2－12 条要求，承销商必须向 EMMA 提供披露信息，由所有投资者公开平等地享有披露信息，确保投资者平等地获取信息。
及时性 担保人或义务人应及时披露持续信息包括： • 及时披露重大进展。 • 及时披露年度信息。	美国证券交易委员会第 15c2－12 条要求，承销商必须合理确定发行人在 10 个工作日内披露重大事项的有关消息，并指定提供上一年度财务信息的日期。尽管该规则要求在承诺书中规定提交年度财务信息的日期，但并未规定该日期应在财政年度结束后多久。
在正式声明中使用简明英语正式声明 • 尽可能使用短句。 • 尽可能使用表格或项目符号列表（以呈现复杂信息）。 • 使用描述性标题和副标题。 • 避免频繁使用定义术语（包括首字母缩略词和简称），避免使用法律术语和高度技术性的商业术语。	该项原则暂未落实。 一些行业建议指南建议中也发表了同样的观点，但是当前部分专业性文件中还未落实。

从表 4.1 中可以看出，美国市政债券的披露原则与国际证券委员会组织的原则大致相合，重在强调其“公平、真实、及时”地通过高效的方式履行义务。在当前的监管中，GAO 认为，除正式声明中使用简化英语外，其他的披露原则在美国的披露规则中均有落实。除此之外，

近些年 MSRB 也为此原则做出了契合的努力，在官网设有专业词汇手册，以帮助投资者理解披露文件中的投资专业术语，做出了便于投资者理解披露文件的尝试。

（二）美国地方政府债券信息披露制度

1. 信息披露制度的演变

鉴于市政债券市场对地方政府的重要性，应确保市政债券发行人披露的所有重大信息均符合联邦最高利益。最初，美国政府通过《证券法》和《证券交易法》对于证券发行与交易的信息披露进行规定，二者都规定了市政债券可免于注册和定期报告等信息披露和监管要求。但国会没有豁免市政证券交易不受《证券法》第 17（a）节、《证券交易法》第 10（b）节反欺诈条款以及根据该条款颁布的第10b－5 条的管辖。该反欺诈条款禁止市政发行人和交易商对重大事实做出任何不真实的陈述或遗漏任何必要的重大事实。市政发行人披露正式声明，存续期披露和重大事件相关的披露均受这些禁令约束。此外，经纪交易商、市政证券交易商和市政顾问须遵守委员会通过的规定。

从美国市政债券的核心规则《证券交易法》第 15c2－12 条的演变来看：1989 年美国通过了《证券交易法》第 15c2－12 条，以此建立起市政债券披露文件的标准，并提高了向市政证券投资者披露信息的准确性和及时性。该规则要求承销商在开始向投资者出售证券之前审查发行人披露文件，协助承销商履行其在联邦证券法反欺诈条款的责任。

1994 年，美国证券交易委员会重新修订了第 15c2－12 条，发行人需承诺提供有关证券和发行人的持续披露，包括其财务状况和运营数据，否则将禁止承销商购买或出售与首次发行有关的市政证券，以此来调整二级市场的披露。

2008 年，美国证券交易委员会针对电子信息平台相关内容修订了第 15c2－12 条，要求 MSRB 建立一个集中披露库，用于市政证券信息的电子收集和披露。该电子信息披露平台旨在提高投资者、市场专业人士和公众对市政证券信息的可用性。该存储库由 MSRB 建立和维护，是其电子市政市场准入系统（Electronic Municipal Market Access，EM-

MA），所有投资者均可在互联网上自由访问，该平台通过免费、公开发布市政债券发行材料、后续信息披露、发布实时交易价格与利率等，保证了市政债券信息披露的完整性和有效性。

2010 年 5 月 26 日，国会批准了旨在提高投资者可获得市政债券信息的质量和及时性的规定变更，委员会再次修订了第 15c2－12 条，该修正案适用于 2010 年 12 月 1 日当天或之后发行的市政证券。此次修订对重大事件通知要求进行修改，改进了发行人必须披露的重大事项的定义，并且为了提高市政债券信息披露的质量和及时性，保证市政债券持有人的利益，要求发行人在重大事项发生后 10 个工作日内及时披露有关特定事件的信息。同时，委员会还修订了部分市政债券发行的豁免规则。

2012 年，GAO 发布了有关市政证券市场的披露修改意见报告，该报告建议对第 15c2－12 条进行进一步修正，以授权特定类型的二级市场事件披露。市场参与者对发行人和债权人可能无法适当披露银行贷款的存在的条款，特别是当银行贷款的条款可能以不利于债券持有人的方式影响收入支付优先权的情况表示关注。SEC 参考了报告的建议，认为投资者和其他市政市场参与者应能够获得有关财务义务的持续披露信息，以提高其分析投资的能力，并最终做出更明智的投资决定。

由此，2018 年 SEC 对第 15c2－12 条进行补充修正，发布《市政证券披露修正案》（Amendments to Municipal Securities Disclosure）[①]，这也是美国市政债券信息披露的最新执行标准。新增加条款（b）（5）（i）（c）（15）和（16），增加了公开披露的有关发行人和债务人承担的重大财务义务的信息披露，进一步丰富了存续期对于重大事项公开的内容（见图 4.1）。

SEC 不断修订第 15c2－12 条旨在增强信息披露，这不仅有助于投资者在投资市政债券时做出更明智的决定，还有助于投资者保护自己免受涉及此类债券的欺诈行为的影响。修改后的第 15c2－12 条更高效地向投资者提供可能影响其市政债券价值或税收状况的事件信息。

---

① 资料来源：https：//www. sec. gov/municipal/municipal－securities－disclosure

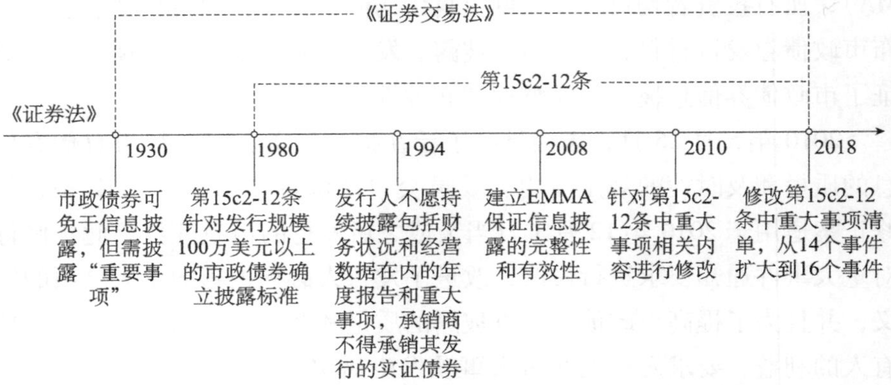

图 4.1　美国市政债券信息披露制度演变

除了 SEC 围绕《证券交易法》不断修改调整的第 15c2－12 条外，MSRB 制定了证券公司、银行和市政顾问在从事市政证券交易和为投资者以及州和地方政府提供建议时必须遵守的规则。MSRB 的第 G－32 条旨在确保在销售新发行的债券时，交易商必须向客户提供或以其他方式展示客户购买债券的发行文件，即正式声明，该声明通常可在 EMMA 网站上获取。第 G－47 条要求交易商在交易时或之前向客户披露有关交易和证券的所有重要信息。这包括对证券功能的完整描述，如收益率、税务状态和买入或卖出功能。交易商还必须向投资者提供评估投资潜在风险的信息材料，如债券的信用评级；债券的本金和利息将如何支付；债券是否包含表明其可在到期前赎回的看涨期权特征以及其他功能。

美国基于其法律主框架，采取渐进式修正的方式来完善美国的信息披露制度。当前，适用于市政证券首次发行的发行人和承销商的披露义务主要源自《证券交易法》关于市政证券披露的第 15c2－12 条，以及 MSRB 关于首次发行相关披露的规则。围绕上述核心法律进行建设，美国形成了多层次的信息披露框架体系。在基础信息披露框架之外，美国针对不同发行方式、不同发行额度以及不同发行主体乃至不同投资主体，制定了不同要求的信息披露规则，并不断匹配市场实践进行修正，形成了一套日渐匹配美国市政债券市场的市政债券披露框架。这也得益于美国信息披露制度设计中良好的反馈机制。例如，MSRB 制定的披露规则如图 4. 2 所示会随着市场参与者的反馈、意见的收集而做出适合市场发展的调整。

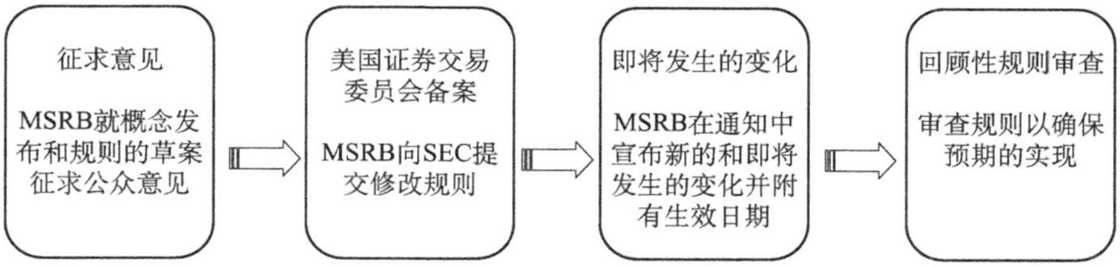

图 4. 2　MSRB 规则修订流程图

随着市场参与者对市场信息透明度要求的不断提高，相关的市场规则和 SEC 的权力范围也会随着《证券交易法》的修订做出调整。其修正的内容以及过程都将在机构官网[①]进行公开，方便市场参与者的获取。

2022 年，SEC 进一步提出加强和标准化投资者气候相关信息披露的规则，根据该提案，注册人将需要在注册登记表和定期报告中披露与气候相关的信息。这些信息包括已确定对其业务模式、运营绩效和财务状况产生重大影响的气候风险，以及审计财务报表附注中的气候相关财务指标。其中，重要的气候风险信息将包括注册人的温室气体排放量，该指标已成为评估注册人气候风险程度的常用指标。美国证券交易委员会主席 Gary Gensler 指出，这一提案将提供一致、可对比和有助于决策的信息给投资者，同时规定发行人有一致且明确的披露责任。该提案要求注册人披露对气候风险的治理和管理流程、注册人已确认对其业务和财务报表产生重大影响的短期、中期或长期气候风险、相关气候风险如何影响注册人的战略规划、商业模式和发展前景和气候事件（如恶劣天气和其他自然灾害）以及转型活动对注册人的财务影响。对于已经进行情景分析、制定转型计划或公开设定气候相关目标的注册人，该提案要求其进行相关披露，以使投资者了解注册人在管理气候风险方面的情况。

---

① 此处的机构官网指美国证券交易委员会：https：//www. sec. gov/。

2. 信息披露主要监管机构

一是美国证券交易委员会（Securities and Exchange Commission，SEC）。美国证券交易委员会是根据1934年《证券交易法》于当年成立的美国联邦政府专门委员会，旨在监管法律实施，加强信息的充分披露，保护投资者利益不受损并对部分市场行为进行规范。根据适用法规及其规则，SEC有权处理和防止出现证券发行或销售中的欺诈行为，这其中也包括市政证券。SEC规定，任何在重大事实上作假、遗漏重大信息和发表误导性声明的行为都是违法的。该独立机构利用国会赋予的权力，保护市政证券投资者不受欺诈行为的影响。其管辖对象包括市政证券交易商和市政顾问，但对市政实体的日常管理权限有限，主要侧重于根据联邦证券法的反欺诈条款展开相关事后追责类型的执法活动。因此，若发现市政债券信息披露遗漏重大事项或存在虚假信息，SEC有权对债券发起方提起诉讼，以提高信息披露的合规性。例如，SEC曾对新泽西州进行调查，发现其违反了反欺诈规定，错误陈述或遗漏了有关其养老金资金的重要披露信息。此类行为涉及2001年8月至2007年4月超过260亿美元的市政债券发行和出售。这些虚假陈述和遗漏导致了养老资金充足的财务错觉，掩盖了新泽西州无法在不提高税收、削减其他服务或以其他方式影响预算的情况下补充养老资金的实际情况。考虑这些信息对投资者至关重要，SEC基于《证券法》和《证券交易法》对发行人进行相应的制裁，以制止违法行为，并责令其采取相应的补救措施。其中，市政证券办公室（Office of Municipal Securities，OMS）是SEC的重要部门，负责协调委员会有关市政证券市场的活动，并管理相关市政证券经纪人和交易商、市政顾问、市政证券投资者以及市政发行。OMS主要负责三个领域：市政顾问监管、市政证券市场结构倡议和市政证券披露倡议。此外，OMS还负责在市政证券问题上与美国金融业监管局等机构进行联络。

二是市政债券规则制定委员会（Municipal Securities Rulemaking Board，MSRB）。美国市政规则制定委员会由国会于1975年创建，作为一个自律组织以及市政证券市场的主要监管机构，MSRB最初的法定义务是通过对市政证券交易商制定活动法规来保护投资者和公众利益。

2010 年，国会扩大了 MSRB 的管辖范围，赋予了其保护市政实体、义务人的权力，并扩大了 MSRB 的规则制定权。MSRB 通过其规则制定、收集和披露市场信息以及提供投资教育项目的职责，进一步履行其法定任务，维护公平、高效的市政市场。从职能范围来说，虽然 MSRB 监管市政证券交易商和市政顾问的活动，但它无权监管发行市政证券的市政实体。

与其他自律组织不同，MSRB 不经营营利性市场或提供清算服务，其运营资金主要来自监管实体的费用。约 80% 的年收入与市政证券承销和交易量直接相关，其余收入来自注册以及受监管实体的专业费用以及《交易法》规定的违规罚款收入和数据订阅费。1990 年，MSRB 提出改进市政证券信息获取机制，并创建了第一个市政证券信息库（Municipal Securities Information Library，MSIL）。后来，为了集中提交和提供这些信息，于 2009 年成立了唯一指定的国家认可的市政证券信息库（Nationally Recognized Municipal Securities Information Repository，NRMSIR），即 EMMA[①]。EMMA 收集和传播所有年度财务和运营披露，以及影响市政证券的某些事件的必要通知，从而提供市政债券的最新信息。通过这一系统，MSRB 实现了市政证券信息的集中和公开透明，并支持全方位的市场监督职责。

随着信息需求和技术的不断发展，MSRB 灵活、高效地更新系统，确保信息获取的公开透明。此外，MSRB 积极鼓励市政证券发行人在自愿的基础上向电子信息披露平台提交其他类别的持续披露信息，例如中期财务和运营数据、初步声明和其他相关预售文件、经审计财务报表以及与年度财务信息有关的信息等。MSRB 的关注重点是财务的可持续性而非利润，对于财务的长期稳定流量状态进行科学评估，能够适当地履行其法定责任监督市政证券市场，保护投资者、市政实体和公共利益。

MSRB 通过促进公平高效的市政证券市场，保护投资者、其他市政

① 在 2009 年 7 月 1 日之前，NRSMIR 是由 SEC 指定的，签订了持续披露协议的发行人或义务人根据合同要求向其发送年度财务信息和事件披露信息的实体。此后，EMMA 取代了 NRMSIR 角色，现在已成为几乎所有市政证券信息的官方存储库。

实体以及公众利益。为了进一步保护市场参与者，MSRB 还作为市政市场的资源库，对市场利益相关者进行广泛的教育推广。其网站设立的教育中心板块面向投资者、州和地方政府提供免费的资源来帮助其深入了解市政债券市场。对于投资者，该教育中心通过视频及文件的方式来帮助投资者了解在进行市政债券投资前所需要的信息以及如何解读市政债券相关的披露文件。买卖债券时，向投资者提供关于市政债券价格制定方面的信息，以及帮助债券持有人了解信息披露的相关知识。对于发行人，教育中心展示了其在发行市政债券时需要了解的信息以及如何利用 EMMA 来进行披露信息的分类和上传。

三是美国金融业监管局（The Financial Industry Regulatory Authority，FINRA）。作为美国证券场外市场的自律监管组织，FINRA 接受 SEC 的监管，并且是美国最大的独立非政府证券业自律监管机构，监管对象主要包括经纪公司、分公司和注册证券代表。FINRA 的主要功能是通过高效监管和技术支持来加强投资者保护和市场诚信建设，并主要负责场外交易市场（OTC）的交易行为以及投资银行的运作。其监管范围涵盖了证券业的方方面面，从注册、教育相关从业者和参与人员，制定相应的法规政策，执行相关的法律和约束，到普及教育参与投资的公众和提供交易报告（trade reporting）和其余相关行业设备。

四是地方政府融资官员协会（Government Finance Officers Association，GFOA）。GFOA 的最佳实践确定了有助于改进政府管理的具体政策和程序，其目的在于促进积极的变革。目前，其针对于市政债券信息的披露的建议主要在 ESG（Environmental、Social、Governance）信息披露、持续披露责任、使用技术披露和新债券信息披露四个方面。GFOA 建议政府在预备性和最终正式声明以及其他自愿披露中，对主要环境风险的信息以及为解决环境风险而采取的措施进行披露。政府官员应制定一个全面的持续披露政策，与稳健的披露实践相结合展示一个可靠的披露记录，从而增加市政债券可靠性，进而产生一个最佳的债券发行结果。在技术方面，建议债券发行人利用自己的网站和 EMMA 平台来披露市政债券的信息。对于新发行债券，发行人应该制定明确的政策和程序并仔细考虑在编制信息时可能对投资者来说重要的信息，详细披露出有关债券的具体信息。

五是美国市政债券分析师协会（National Federation of Municipal Analysts，NFMA）。NFMA 一直大力倡导改善市政市场的信息披露。1990 年，NFMA 出版了《市政证券披露手册》（《Disclosure Handbook for Municipal Securities》），并于 1992 年进行更新，旨在向市政债券行业传达分析师做出明智投资决策所需的信息。1994 年，NFMA 发布了涵盖市政债券市场 15 个独立部门的二级市场披露表。从 2000 年开始，NFMA 开始了一系列关于市政债券市场各部门的推荐最佳实践文件和白皮书。NFMA 建议发行人不仅要向评级机构提供重要的信息还要将这些重要信息包含在预备性正式声明（Preliminary Offical Statement，POS）中披露给潜在投资者。关于持续披露部分，应包含债券发行人或其指定代理人的姓名和联系方式，以便在无论是否被豁免于第 15c2－12 条的要求的情况下，都可以回答关于债券定价后的财务和披露事项的问题。对于被豁免于第 15c2－12 条的市政债券，NFMA 仍建议发行人披露出财务报表、经营信息和重大事件，以便改善二级市场的流动性。同时，NFMA 还建议发行人和义务人在其持续披露网站上添加指向发行人发布的公共信息的链接，以及建立投资者关系部分，以便公众可以快捷地查询到相关的重要信息。

六是全国州审计员、总审计师和司库协会（National Association of State Auditors，Comptrollers and Treasurers，NASACT）。NASACT 创建的目标之一促进政府资源的有效管理，希望共同努力改进财务管理实践。NASACT 支持提高市政债券市场效率和透明度的相关调整，并认为通过债券市场获得低成本资本对各州及时向公民提供基本服务的能力至关重要。并且，NASACT 也是创建信息披露数据库的早期支持者，也致力于提高信息平台所发布的财务信息质量。2003 年，包括 NASACT 在内的市政市场贸易组织召开会议，目的是为州和地方政府自愿临时披露财务和相关信息的最低水平创建一个信息披露模板。NASACT 为该小组主持了另外两次会议，并发布了一系列关于临时披露的建议。NASACT 一直致力于投资者披露问题，并继续寻求通过自愿、基于市场的解决方案来加强当前披露。NASACT 认识到投资者和监管机构仍然对市政市场披露的质量和及时性感到担忧，因此在其努力下，制定并提出了十项信息披露的改进建议，由各州在自愿的基础上实施，以扩大现有的披露范围（见图4.3）。

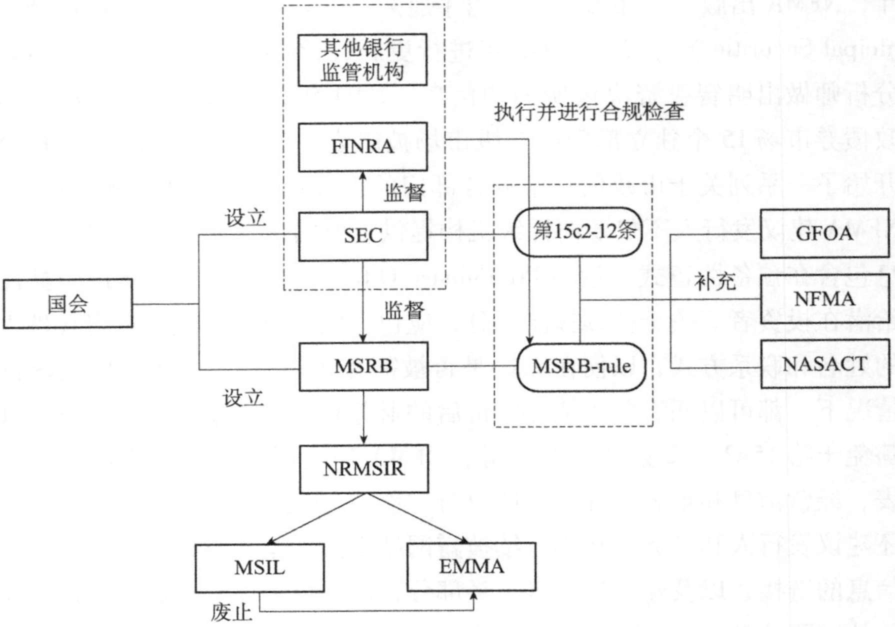

图4.3　美国市政债券监管体系

（三）美国地方政府债券信息披露内容

目前，美国市政债券信息披露由发行人及相关有披露义务人士通过EMMA系统提供需要披露的文件和数据，其中包括：正式声明、财务信息年度报告、重大事项通知，以及发行人可能自愿提供的某些其他类别的信息。其信息披露流程主要分为三个环节，即新发行市政债券发行前披露、市政债券发行后进行持续信息的披露以及发行人在市政债券发行的全过程中自愿性地进行信息披露。

1. 市政债券首次发行时的披露

投资者需要准确、完整的信息，才能对市政证券的投资做出明智的投资者决策，在市政债券的首次发行中，信息通常以“正式声明”

（Official Statements，OS）的形式向投资者提供，如果该债券是再融资债券，即允许债券持有人在特定条件下可以通过发行新债券来偿还现有债券，除了提供正式声明外，还需要披露“再融资提前转期文件”（Advance Refunding Documents）。

正式声明是由州或地方政府就新发行的市政证券编制的文件，在某些方面类似于公司股权或债务发行的招股说明书。MSRB 规定的第 G－36 条款要求承销商需要向 MSRB 提供发送正式声明的副本。正式声明描述了债券的基本条款。以下信息通常包含在正式声明中：

• 利率。

• 债券利息和本金的支付时间和方式。

• 债券可出售的最低面额。

• 债券是否可以在到期前由州或地方政府赎回以及根据何种条款进行。

• 投资者是否有权要求州或地方政府按面值回购债券。

• 州或地方政府承诺支付债券的来源。

• 是否有任何债券保险，已为还款提供信用证或其他担保。

• 州或地方政府违约的后果。

• 未偿债务说明、产生债务的权限、债务限制和未来债务负担。

• 基本法律文件说明，如授权解决、契约和信托协议。

• 法律事项，如可能影响所提供证券的未决诉讼、法律意见和税务考虑。

州和地方政府通常在债券的第一个交易日之后才完成正式声明的编制，并且通常根据合同在七天内向承销商提供新市政债券的正式声明。EMMA 网站通常在承销商向 MSRB 提交正式声明后立即向公众发布。但也并非所有的市政债券都需要编制并发布正式声明，满足以下条件的市政债券发行不需要编制正式声明：

• 新发行的债券金额不超过 100 万美元。

• 债券以不低于 10 万美元（最低面额 10 万美元）出售给投资者，且出售给不超过 35 名成熟投资者。

• 债券的最低面额为 10 万美元，自首次发行之日起九个月内到期。

•债券的最低面值为 10 万美元，债券持有人可以要求州或地方政府至少每九个月以面值回购一次债券。

2. 债券发行过程中的持续披露

在债券发行后，市政债券仍需进行持续性披露，持续披露包括首次发行后出现的有关市政债券的重要信息。根据持续披露协议，持续披露大致分为：财务信息披露以及与市政债券相关的重大事项的披露。除了要求的持续披露外，EMMA 还接受自愿提交的各类持续披露。

（1）财务信息披露

发行人及时向 EMMA 网站提交财务信息和运营数据对于市政证券市场的整体透明度至关重要。这些披露提醒投资者和其他市场参与者注意可能对市政债券或发行人评估产生影响的重要信息。如果披露属于 SEC 第 15c2 - 12 条所规定的披露类型，则必须在 SEC 第 15c2 - 12 条要求的书面协议或合同规定的日期之前将相关的财务信息提交给 EMMA 进行披露。第 15c2 - 12 条规定了发行人的财务信息至少每年提交一次。这里的财务信息披露具体包含四种类型，分别是：年度财务信息、经审计的财务报表、常规财务信息和未提交通知。

年度财务信息（Annual financial information）：该报告主要反映的是正式声明中包含的核心财务指标和运营数据的相关内容。在持续披露时，年度财务信息报告用来持续更新正式声明中用来描述与发行人或义务人有关的财务数据、运营事项或债务相关的某些附加信息。

经审计的财务报告（Audited financial statements）：该报告是发行用于提供财务信息和运营数据的途径之一。第 15c2 - 12 条规定在以下两种情况下，经审计的财务报表可以作为独立于年度财务信息的文件提交给 EMMA：一是如果经审计的财务报表包含在正式声明中，但在提交年度财务信息的截止日前未能及时编制，则经审计的财务报告需在完成后单独提交给 EMMA；二是如果经审计的财务报表未包含在正式声明中，但相关的财务信息已进行了披露，经审计的财务报表可在发行人可获取时向 EMMA 进行披露。

常规财务信息（Customary financial information）：第15c2－12条允许小规模发行人进行常规财务信息披露。对于小规模发行人来说，在持续披露时可能提供的财务信息有限，这种有限的披露信息通常由发行人在正式声明中提供，而非基于官方报表和经审计财务报表中披露的标准，所以针对小规模发行人可以仅从区别于他人的常规财务信息中进行披露。

未提交通知（Failure to file notice）：如果发行人或义务人未在指定日期之前提交完整的年度财务信息，则会触发未提交通知的相关信息。因此，对于大多数债券来说，经审计的财务报表和更新的信息都需要及时提交，但是，如果在提交年度财务资料的截止日期之前无法进行披露，则应及时提交暂时的年度财务资料和未经审计的财务报表，这通常不会被视为触发单独提交未提交通知的事项。

MSRB提供了一个表格（见表4.2），相关直接义务人可据此确定他们提交给EMMA的财务信息披露适用的类别。

表4.2　市政债券财务信息披露类别表

EMMA财务/运营分类	MSRB解释
年度财务信息、运营数据	发行人满足披露协议中规定的标准，向MSRB提供的财务信息或运营数据。
经审计的财务报表或年度综合财务报告	发行人向MSRB提供经审计财务报表或年度综合财务报告。
未按要求提供年度财务信息	未能按照披露协议的条款提供财务信息或运营数据。
预算	发行人对市政证券做出相关的预算制定。
顾问报告	由专家或其他第三方撰写的包含专业建议的报告或文件，用于评估与市政证券发行或其他财务或运营事项相关的拟议项目的可行性。
向第三方提供的信息	向评级机构等第三方提供的信息。
投资/债务/财务	管理投资活动、债务或其他财务事项的政策、声明或文件。
季度/月度财务信息	每季度或每月编制的财务信息或运营数据。

续表

EMMA 财务/运营分类	MSRB 解释
中期/额外财务信息、运营数据	中期或额外补充的财务信息、运营数据。
会计准则的变更	市政证券发行人编制其财务信息所依据的会计准则的变更需要进行披露。
会计年度或披露时间的变化	市政证券发行人的会计年度变更，或规定的提交年度财务信息日期变更。
其他财务、运营数据信息	上述类别均不适用的信息披露。

在 EMMA 平台，每只债券披露文件的相应板块页面右侧的方框，显示了发行人提供的年度或经审计财务信息的时间，投资者可注册并订阅 MyEMMA 提醒，以便在平台披露新的财务信息时收到提示电子邮件。

（2）重大事项披露

重大事项的披露用于提醒投资者和其他市场参与者某些可能影响市政债券评估的重要信息。市场参与者及时向 EMMA 网站提交事件披露对市政证券市场的整体透明度至关重要。第 15c2－12 条规定了发行人或义务人必须在持续披露协议中进行披露的事件类型，以确保债券持有人的利益。如果该事件属于 SEC 第 15c2－12 条规定的披露类别，则必须及时提交给 EMMA，提交时间一般不超过事件发生后的 10 个工作日（见表 4.3）。

表 4.3　　美国重大事项披露事件类别

EMMA 财务/运营分类	MSRB 解释
本金、利息拖欠	拖欠市政证券的本金或利息。
非付款相关违约	并非拖欠本金或利息的与市政证券有关的违约。
反映财务困难的偿债准备金的非计划提取	临时提取市政证券的偿债准备金，该类实践有反映财务上的困难。
反映财务困难的信用增级计划外提款	市政证券信用增级的非计划提款反映了财务困难。
信贷或流动性提供者相关变动	信贷或流动性提供者的更换或其未能履约的类似情况。

续表

EMMA 财务/运营分类	MSRB 解释
影响证券免税状态的不利税务意见或事件	情况不利的税务事件、美国国税局（Internal Revenue Service，IRS）发布的纳税决定、通知（IRS 表格 5701 - TEB）或与证券税务状况有关的其他重大通知或决定，可能影响证券税务状况的其他重大事件。
对证券持有人权利的变动	对市政证券持有人权利的做出修改或调整。
债券认购、投标、报价	市政证券的认购（或赎回）。
废止	宣告市政债券合约无效。
发放、替换或出售财产，以确保偿还担保	发放、替换或出售用于偿还市政证券的财产。
评级变更	第三方评级机构对债券的相关评级做出改变。
破产、无力偿债或类似事件	当出现破产或偿债能力受到巨大影响的类似事件时，应作为重大事项及时披露。
合并、收购或出售资产	出现完成合并、收购，或出售一个实体的全部或实质上所有资产等重大事项需要及时披露。
受托人的继任者变更	任命继任者或变更受托人的姓名。
财务义务的协议变更	发生财务义务或约定事项、违约事件、补救措施、优先权或财务义务的其他类似条款，任何影响证券持有人的条款。
反映财务困难的事件	违约、加速事件、终止事件、条款修改或财务义务条款下的其他类似事件，其中任何一项都反映了财务困难的事件。

并非所有的市政债券都需要进行持续披露，根据第 15c2 - 12 条的豁免规定，满足以下情形之一的债券通常不需要进行持续披露：整体发行额低于 100 万美元；债券以不低于 10 万美元的价格出售且销售对象不超过 35 名投资者；债券以最低 10 万美元的面额出售且在首次发行后的 9 个月内到期[①]。MSRB 对于该条款又进行了详细的解释，并提供了相关的判断流程，如图 4. 4 所示。

① 资料来源：美国市证券规则制定委员会。https：//www. msrb. org/MSRB - Market - Transparency - Advisory - Suggested - Practices - Submitting - Financial - Disclosures - EMMA。

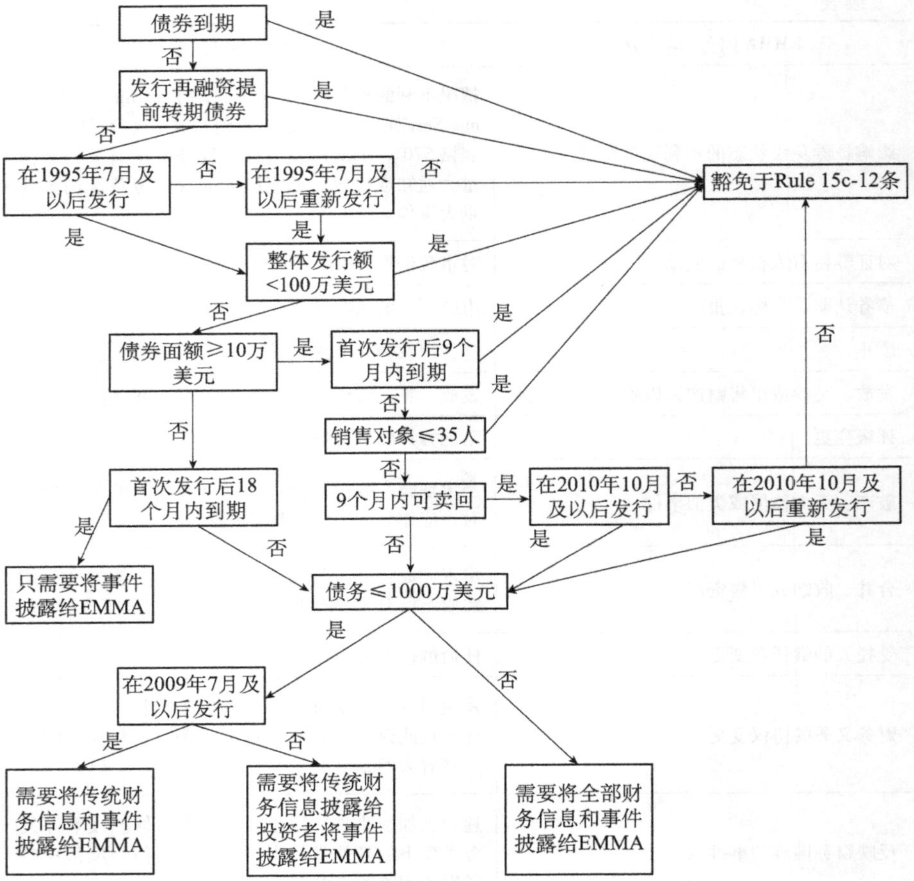

图 4.4　识别持续披露要求流程图

注：图源自 MSRB 官网。

（3）环境信息披露

2022 年 3 月 21 日，SEC 发布了一项修订草案，要求注册人在其注册登记表和定期报告中披露与气候相关的信息。这些信息包括已确认对其业务模式、运营绩效和财务状况产生重大影响的气候风险，以及在经审计财务报表附注中的气候相关财务指标。该草案对气候风险披露提出了更高的要求。

这一新的信息披露发展趋势与当前对环境保护重要性的强调相契

合。其目的在于通过信息披露来督促上市公司更加关注环境保护和气候责任问题。美国地方政府在环境信息披露方面有着一系列的指标要求。其中，包括多元化和董事会独立性、披露政策、养老金计划管理等方面的要求。此外，一些机构还在创造专有的 ESG 分析和框架，用于对地方政府行为进行评分。这些分数可能在发行类型和行业之间具有不同的权重，并被用于指导投资组合构建和债券选择，尤其在存在相同信用质量的替代品时。这些趋势的出现进一步体现了信息披露与政府政策目标之间的一致性。

3. 债券发行过程中的自愿披露

在市政债券发行的全过程中，发行人都可以向 EMMA 进行自愿披露，这也为市场参与者提供了与投资决策相关的关键信息，有助于其评估当前持有的市政债券价值并做出投资决策。这些信息既包括了“正式声明”的预披露文件——“预备性正式声明”（Preliminary Official Statements，POS）为潜在投资者提供最初的信息说明，以及其他与“正式声明”、“再融资提前转期文件”相关的“发售前文件”（Pre-sale Documents），也包括大量、多种类的持续披露，例如其他类型的财务、运营或基于事件的信息，包括（但不限于）银行贷款信息、季度或月度财务信息、顾问报告、资本或其他融资计划（见图 4.5）。

（四）美国地方政府债券信息披露途径

为了进一步保护市场参与者，MSRB 通过设立市政市场准入电子平台（EMMA）增强市场透明度。EMMA 网站是市政债券信息的官方存储库，向公众免费提供市政债券市场的交易信息、发行人持续披露的信息、交易信息以及其他与市场相关的信息和分析工具。EMMA 除了公开有关市政债券的披露文件外，还是投资者转售债券交易数据的官方来源。

EMMA 网站也涵盖了相关的分析工具。例如，帮助投资者比较具

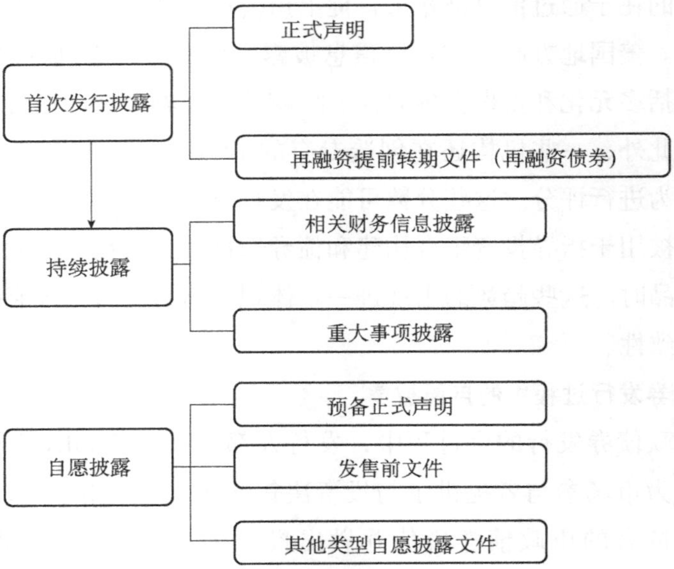

图 4.5　美国市政债券披露文件

有类似特征的市政证券，投资者可以查看多只债券价格、收益率和历史交易活动等方面的比较。投资者还可以通过该平台审查有关债券的第三方服务，例如：穆迪、惠誉国际、标准普尔等机构对债券的信用评级，以及第三方提供商提供的市政债券市场收益率曲线和指数。与此同时，投资者也可以通过订阅电子邮件警报进一步监控市场，这些提示邮件可以让他们及时了解到 EMMA 网站上发布的市政证券的最新信息。MSRB 还开发了 EMMA 中的自愿披露信息功能，允许发行人自愿提交不同类型的信息，例如每月的预算更新等。

在检索功能上，EMMA 提高了投资者和市场参与者获取披露文件的便捷性，用户可以使用多个参数对 EMMA 上的披露文件进行检索，其中包括：发行人姓名、发行说明、到期日、发行日期、评级等。EMMA 还提供了额外的参数，用于搜索持续披露文件和通过 EMMA 获得的其他信息。EMMA 网站大大改善了公众获取披露的渠道，增加了信息的可获得性。

第三节　日本地方政府债券信息披露

（一）日本地方政府债券信息披露基础

1. 日本地方政府债券概况

日本的地方债是地方政府根据地方自治法为筹集必要资金而发行的债券。地方政府债券又可划分为地方公债和公营企业债两种类型。其中，地方公债可以类比于中国的一般债，公营企业债可以类比于中国的专项债。地方公债主要由不同层级的地方政府发行，通过这类债券融通的资金主要投向基础设施建设、教育等公共事业；地方公营企业债往往是由政府担保，由地方特殊的公营企业发行的一种债券，这种债券的资金往往用于交通运输设施、污水处理、自来水厂等方面。

近些年，由于日本中央政府资助急剧下降和私募基金的衰落，政府债券发行急剧增加。然而，由于雄厚的资金支持体系与完善的政府监督制度相配合，加之日本不允许地方政府破产的制度，日本地方债运行相对处于安全状态。

日本地方政府债务通过地方财政计划体系，主要包括地方财政计划、地方债计划和财政投融资计划三部分来进行计划管理。地方财政计划体系是总务省和财务省制定并掌握地方财政总体状况、调整国家预算和宏观经济政策的国家财政计划。地方财政计划规定地方债务和公债费要分别纳入财政收入和财政支出中，财政收支之间的差额由中央政府通过地方交付税来弥补。地方债计划用来确定地方债务数量结构及使用途径，事先调整地方债规模，以实现发债在事业领域和地区间的均衡。财政投融资计划则规定地方政府利用政府资金认购地方债的额度，有效地把地方政府债务控制在一定范围内。

此外，日本地方政府债券发行从 2006 年改为协商制，在协商制下地方政府发行的债券要想列入总务省的地方债计划必须与中央政府或上级政府协商并获得同意。地方政府也可以选择不协商，仅当地议会批准后就可自行发债，但只有总务省同意并列入地方债计划的，才能获得优惠的中央政府公共资金和地方交付税偿还本息。由于这一规定，日本大多数地方政府会选择协商，获得中央的许可，在中央控制范围内发债。协商制下中央政府隐性担保和中央政府控制依然发挥着重要作用，但赋予了地方政府发行债务一定的灵活性。日本明确限制债务资金的用途，债务资金只能用于资本性支出，主要用于城市公用事业、公共设施，对地方公营企业的贷款和投资，借新债还旧债以及救灾应急支出等，必要时可以通过制定特例法借债，如为东日本地震发债。

2. 信息披露原则

在日本证券信息披露核心法律文本《金融商品交易法》第一条基本目的中提出："本法规定了披露制度，规定了从事金融工具交易业务的人员的必要事项，并确保金融工具交易所等的正常运作，以确保有价证券的发行。充分发挥资本市场等功能，实现金融产品等的公平交易、证券流通顺畅、金融产品价格公允形成等，为投资者的健康发展和保护作出贡献。"法律将披露核心原则最后落在了投资者保护上。

在核心的投资者保护原则的基础上，《地方政府财政健全化法》针对现有制度，指出了财务信息披露不够通俗易懂、缺乏早期纠偏功能等问题，根据公开、稳健的原则编制了财务指标并建立了公开机制。该法律的公开原则要求地方政府的相关财务指标要由审计委员会成员审查，向议会报告并向居民披露信息，以确保信息披露的彻底，并建立早期健全性标准。从该法律的地方债核心披露指标来看，法律通过量化指标，对地方政府的财务状况进行评估，对不符合指标的地方政府财政情况进行及时的整治和振兴，从而更好地保证地方财政的安全性，维持地方财政的稳健发展。

（二）日本地方政府债券信息披露制度

1. 信息披露制度的演变

日本的证券信息披露制度起步较晚，吸收借鉴其他国家的经验并进行本土化改革，带有明显的法律移植色彩。1947 年，日本仿照美国的《证券法》和《证券交易法》制定了本国的《证券交易法》，但该法律尚未实施，1948 年重新颁布了《证券交易法》，其中规定了日本证券的信息披露制度。2006 年，在吸收借鉴英国和欧盟经验的基础上，日本国会正式将《证券交易法》更名为《金融商品交易法》，对信息披露制度的基本理念和具体制度作了重大变革。

日本的地方政府不会破产或被豁免于债务，而日本的法律也明确了地方政府财政健全化判断指标，为地方财政健康程度设定了标准，要求地方政府披露其财务情况，加强公众对地方政府财务状况的公开监督（龙小燕，2021）。日本 2007 年出台《地方政府财政健全法》，作为地方财政崩盘的预警措施，导入了评估地方财政健全性的判断指标，并导入了早期常规基准和财政再生基准来对地方财政风险加以全面评估。法律规定要通过披露 4 个财务指标信息，用以判断其财务状况，加强公众对地方政府财务状况的公开监督，提高地方政府债券对公众和投资者的可信度。4 个财政指标包括：地方政府的实际赤字率（实际赤字额/标准财政规模）、综合赤字率（综合实际赤字额/标准财政规模）、实际债务率（债务余额/标准财政规模）以及未来债务负担率（未来债务/标准财政规模）。此外，它是一个通过关注存量和流量并引入针对公共企业和第三部门会计的新指标来明确地方政府整体财务状况的系统。

2008 年，为了进一步契合市场的需求和加强对于投资者的保护力度，提升整个金融系统的安全性，日本进一步对《金融商品交易法》进行了修订，此后几乎每年都保持着不同程度的修订频率，不断增强对于信息透明度和披露程度的要求。作为证券市场基本法，《金融商品交易法》关于信息披露制度的规定是基本性规范，以此建构起证券信息披露制度的框架，起到统领下位法的作用。

随着注册改革在世界范围内的推广，日本对于信息披露的重视，也达到了新的高度。审核标准上，也呈现出降低实质性审查、加大形式性审查的趋势，这也与证券市场越来越激烈的竞争程度有关。作为证券发行审核注册制的核心和灵魂，信息披露对投资者而言，显得尤为重要。日本要求各企业以报刊方式或通过EDINET系统[①]进行信息披露。

在以地方政府为法律主体的法律体系中，地方债作为地方政府资金来源的重要部分，在《地方自治法》和《地方财政法》中各有体现。《地方自治法》中规定："在前项情况下，地方债券的举债目的、限额、举债方法、利率和偿还方法应由预算规定。"《地方财政法》对地方债做出了一定的用途限制，并详细规定了其赎回的有关内容。法律提出，应明确地方债务的举债目的、额度、举债方式、资金、利率、偿还的方法以及其他政令所规定的事项。

2. 信息披露主要监管机构

金融厅（Financial Service Agency，FSA）是包括地方公债在内的有价证券政府主管部门，其主要职责包括：保证经济的稳定运行、保护市场参与者的基本权益、监督金融机构和交易行为等。金融厅通过履行上述职责从而维护金融秩序的有序发展。金融厅对于信息披露的主要职能有：对上市公司信息披露进行常规性的检查；对金融市场的日常状况进行监督；监控金融犯罪，对于违反法律法规的金融业相关人员进行行政处罚，涉及犯罪的移送检察机关；对信息披露等检查的方式、方法制订详细的计划等。

证券交易监督委员会（Securities and Exchange Surveillance Commission，SESC）也对地方债负有监督职能。但是，该委员会不具有行政职能，只承担对证券市场违法违规交易行为的监督、调查举证以及向政府提出处理意见和政策建议等职责。在某些情况下，会向金融厅长官提出审查法律法规等措施，对于一些损害金融商品交易公平性的行为，SESC会对犯罪主体实行刑事起诉。

日本地方政府债协会（Japan Local Government Bond Association，JLGB）是日本的地方债自律组织。该组织主要收集并披露地方政府债券的相关信息和资料，并对地方政府债券进行调查和研究。JLGB作为投

---

① 资料来源：https：//disclosure2. edinet – fsa. go. jp/week0010. aspx

资者关系（Investor Relations）的主要推进者，会在其官网上披露地方政府债发行数量、联合政府债发行计划、地方政府债发行情况等内容，还针对各地发行情况以及各地方政府财政状况和数据进行披露。除了信息的公开外，还会定期对投资者开展相关的说明会。此外，JLGB还对地方债的相关信息进行速报，每月通过邮件向会员进行地方债信息的披露，内容包括每月发行债券、债券资金、银行借款、临时借款等信息。

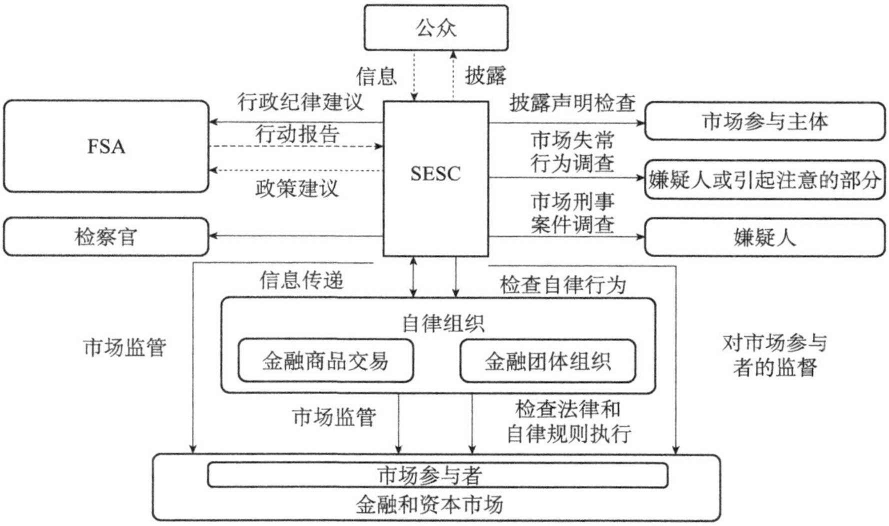

图 4.6　日本地方债信息披露的监管框架

（三）日本地方政府债券信息披露内容

日本地方政府对其地方政府的公债发行前和发行后的信息披露都有着严格的要求。

1. 地方政府债券发行前

日本地方政府在发行地方政府公债前，其必须制订详细的发行计划报日本政府批准，并对地方政府的财政状况和税收情况等信息进行充分的披露。同时，地方政府还必须满足日本政府制定的发行地方政府公债应满足的各项指标。地方政府会在一定时期内提前披露这一时期的债券发行计划和发行人的长期评级等级。除此之外，一般地方政府会在其财政官网上根据不同的债券类型进行披露，披露其债券规模和发行日期以及负责市场公开发行债券承销团名单。针对一些个人投资者可以购买的地方政府债券，发行人还会在其网站上公开宣传单页和手册，其内容主要是对债券信息和资金用途进行基本的介绍。

债券发行前地方政府会对债券发行框架进行分析和公开披露，这其中涉及筹措资金用途、如何选定这些用途等内容，一般在政府官网向社会公众披露，任何机构或个人都可以获得此项信息。债券发行框架可以帮助投资者更加深入了解债券的用途和相关管理，这一信息的披露加大了债券信息的透明度，同时也让投资者对债券的发行信息有更加全局的把握。以日本东京为例，东京政府债券发行时，根据政府债券原则，披露信息主要包括筹措资金的用途、对象项目的评价、选定过程、筹措资金的管理等内容。

2. 地方政府债券发行后

债券发行结束后，地方政府会公开披露债券的发行指南，这其中包括债券发行结果以及一些债券的基本信息和与债券相关的法律约束等信息。

发行的债券的基本信息披露是投资者了解债券的重要内容。这一内容由政府向全社会进行披露。地方政府会在官方网站上披露出债券最基本的信息，如债券名称、发行总额、各公债金额、年利率、票息率、利息支付日等内容，此外还将披露债券的公开对象事业的相关内容，包括事业的种类、设想的效果和预计补贴的金额等；发行下一年公布目标事业的资金来源和补充结果，包括事业分类、效果等；在使用时公开对象事业变更等重要事项发生时的内容。

在日本地方债信息披露中格外重视对于地方政府财务信息的披露，这也是衡量地方政府偿债能力的重要文件。财务信息披露了地方政府的财务规模、收入支出明细、税收变化、预算方针、预算构成、债券发行余额、偿债基金余额、财源明细等。除了基本的财务状况外，还会披露地方政府《地方政府财政健全法》所规定的四项财政指标以及相关公共事业单位的管理数据。当遇到某些紧急事态时，也会额外对影响财务情况的事件进行披露。

在地方债偿还方面，需要披露的信息包括：减债基金的积累及活用，对偿债基金的计划性积累、到期一次偿还地方债券相关的公积金规则、到期一次偿还地方债券转接、减债基金的运用；设定偿还年限，根据设施的使用年限和偿还计划等，平均公债费用和地方债余额。以东京都为例，为了确保其具备偿本付息的能力，地方政府还会披露其财政收入的长期预测报告，从而对未来的政策规划进行调整。

中央对地方政府债务风险的监督也十分严格，要求地方政府必须披露四项财政指标，即实际赤字率、综合实际赤字率、实际偿债率及未来债务负担率。在现有预警体系下，地方政府必须保证四项指标都符合限额要求，如果有超出限额的指标，哪怕只有一项，也必须按照中央的严格管制制订财政充足计划，以达到限额的要求（见图 4.7）。

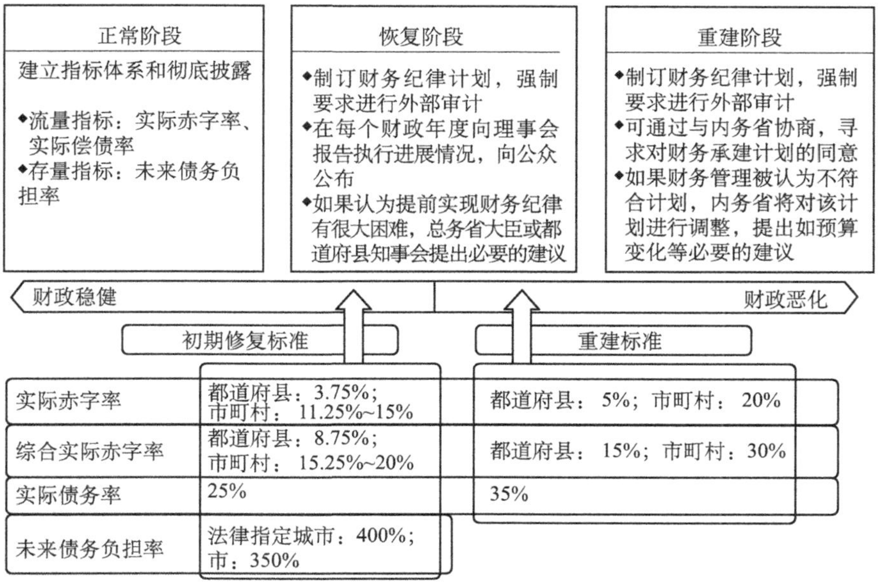

图 4.7　日本地方财政健全化判断指标及阶段

第四节 欧洲地方政府债券信息披露——以英国、德国为例

（一）英国、德国地方政府债券信息披露基础

1. 地方政府债券概况

（1）英国

20 世纪末期，英国的市政债券大规模发行较为少见，21 世纪初期，英国尝试再次重振市政债券市场，但是收效甚微。英国地方政府的资金构成中，近几年地方债所占比重虽然有所提升，但是从总量来看，地方债规模仍然较小，只是融资的辅助渠道之一，时至今日，债券市场体量规模也远不及美国、日本等国家。当前，英国地方政府主要的融资方式是公共建设工程贷款委员会（Public Works Loan Board，PWLB）贷款和银行贷款。只有在难以获得足够的 PWLB 贷款或者贷款利率较高时，地方政府才会转而选择通过地方债的发行来进行资金的获取。英国地方政府对于市政债融资渠道不够重视的主要原因可能包括：首先，存在长时间的路径依赖。其次，部分地方政府资金需求小，市政债的发行手续烦琐，可能会变相提高融资成本。最后，若地方当局本身的财政状况不佳，评级机构定级较低，也会导致发行利率较高。从横向来看，相比于美国和日本等国家，英国没有颁布市政债券上的优惠政策。以上的原因都会导致英国市政债券对投资者的吸引力下降，无法使市政债成为地方政府的高效融资方式。

但是，近几年英国地方政府开始对市政债券的发行进行新模式、新种类的探索。这是由于当前 PWLB 贷款利率与政府债券利率之间的息差扩大，地方政府开始对各类融资方式持谨慎态度。为了确保债务成本可控，地方政府对政府债券融资的需求增加，预计更多的地方政府将转向债券市场。地方政府使用 PWLB 贷款利率作为参考，评估市政债券融资

的相对成本。通过将市政债务发行利率与同等的 PWLB 贷款利率进行比较，地方政府可以在债务融资中节省一定的利息成本。

当前，英国试图通过其他成本更低廉的方式进行资金的获取，市政债券为地方当局提供了一种手段，以有竞争力的市场利率为必要的基础设施项目释放私营部门的资金。其次，市政债券提供了 PWLB 的长期稳定的资金替代，有效释放了政府资源，这也是由于之前 PWLB 贷款利率的提高已经导致议会考虑其他融资渠道。同时由于巴塞尔协议的规定可能会导致银行减少对政府的长期贷款。而机构投资者可以通过市政债券弥补这一资金缺口，为发行人提供稳定的长期资金选择，减少他们对政府和银行系统的依赖。对于投资者来说，现有市场上的市政债券与公司债券相比，是更安全的资产类别。这使市政债券对那些寻求相对稳定收入的风险规避型投资者具有高度吸引力。目前，英国的地方政府协会（Local Government Association，LGA）也开始尝试政府联合发行债券的方式，该协会以联合机构的方式在债券市场上发行债券获取资金，再将资金以合理价格贷款给该机构的会员成员，从而使难以通过自身力量发行债券的地方政府获取资金。

英国近些年开始在地方债发行方面探索新的模式和平台，并开始授权给某些机构，以机构为中介联合多个地方政府进行发债。这一做法有效提高了地方债发行效率，降低债券发行成本，畅通相关信息，减少了信息流通的成本，提升了整个地方债管理的效率，为地方政府提供稳定、可持续的资金供应，使其在经济的平稳运行和提供公共服务方面有所支撑。这种联合的模式下，一些规则的设定合理保护了参与的地方政府，例如当其中某个政府成员无法及时偿还债务时，中介机构可以通过联合的机制，将违约风险合理分散，从而确保不会产生影响巨大的震荡，维护作为投资者的政府的权益。

（2）德国

在德国各级政府都可以进行债券的发行。1991 年以前，德国地方政府债券市场规模尚未形成一定的规模。1991 年以后，受政治方面的影响，其财政支出压力加大，各级地方政府开始进行债券发行的尝试，地方政府债券市场的体量也逐渐增加。而后，德国发布了《债务刹车法》，该法规定各州需要在2020年前，除特殊情况外不再新增债务，只能进行存量的转化，并设立了财政巩固委员会进行财政监督，以此提高预算透明度和地方政府执行情况。

德国地方政府主要发行以其信用为担保的债券，其债券资金一般用于基础设施的建设，一般以地方政府的税收收入对债券进行偿本付息。在发行程序上，2009年以前，德国地方政府可自行决定发行债券的有关事宜，财政部则对其发债行为提供指导性意见并进行风险提示。地方政府也会适当通过控制发行规模等手段保证其财政的可持续性。公共部门的公共举债方案由财政计划委员会审批，发行的债券虽然不必经过审批程序，但却需要得到联邦银行的非正式同意，最后由中央资本市场委员会批准其发行计划。在《债务刹车法》实施以后，各州发债计划虽然不需要由联邦政府批准，可按照本地区的相关法律进行债券发行，但是有向德国中央银行事后报告的义务，且有在联邦政府例行电话会议上提前沟通的惯例。具体到不同层级的地方债务披露管理上，州政府有权决定市政府的债务限额，市政府必须向上级政府提交包含债务管理的预算说明。

2. 信息披露原则

（1）英国

从政府信息的公开原则来看，根据英国政府发布的《地方政府信息透明度准则》（Local government transparency code）指出，为了满足政府更多权力让渡至公民手中，实施民主问责制，使公民更好地为当地公共事业做出贡献，政府信息的透明度是重要的基础，也是高效运用信息、数据的关键，因此地方政府认为当局所持有和管理的有关内容，除非有特殊敏感性（保护弱势群体和商业运行的考虑）应该向社会进行公开并接受问责。该规则中提出了公开的三项原则：需求导向、开放性以及及时性。

需求导向性——数据发布应该支持透明度和问责制。地方政府必须认识到他们持有的数据对公众的价值。了解他们持有什么，他们想要什么，然后以允许公众、开发人员和媒体使用等方式披露它。开放性——公共数据和信息的提供应该成为地方当局与当地居民接触的重要组成部分，从而推动当地居民的民主问责制。地方政府应进行数据信息可用性的引导，以便让公民知道如何访问它以及如何使用它，或者可以采用提供报告等有所帮助和易于理解的信息公开形式。及时性——提供公共数据的及时性往往至关重要，即使没有详细的分析，也应该在处理完成后尽快公之于众。从英国的信息公开原则来看，英国的公开原则更为注重信息透明、及时以及符合实际需求。除了信息的准确性和及时性外，与其他国家不同的是，英国的披露原则更加注重披露信息的使用价值和公众的需求。

（2）德国

德国政府将保护投资者作为市场监管的重要目标，通过加强信息披露来提升对投资者的利益保护，这其中包括对发行人实施更严格的披露要求。德国联邦财政部下属的金融市场政策部提出，要通过证券招股说明的严格披露来实现透明度的提高和投资者保护。通过提高金融市场中信息披露的透明度，金融体系所承担的风险将会有效减少，这有利于所有金融市场参与者及投资者更好地了解相关证券，金融监管机构可以有效地执行监管要求。

（二）地方政府债券信息披露制度

1. 信息披露制度的演变

（1）英国

英国的证券信息披露框架在欧盟信息披露制度规则的指导下建立起来，其主要由《上市规则》（Listing Rules，LR）、《募集说明书规则》（Prospectus Regulation Rules sourcebook，PRR）和《披露和透明度规则》（Disclosure Guidance and Transparency Rules，DTR）构成。最初，金融服务管理局（Financial Service Authority，FSA）制定了《证券上市指南》（Admission of Securities to Listing）对债券发行需要披露的相关信息做出规定。随后，FSA 针对不同债券市场进一步细化，详细明确了信息披露的渠道和内容等。在欧盟颁布《募集说明书指令》后，FSA 参照欧盟标准制定了《募集说明书规则》，在延续欧盟规定的基础上，根据特殊情况进行了增添调整。2008 年 12 月，FSA 遵循欧洲议会和理事会制定的《信息披露指令》颁布了相应的《披露和透明度规则》，该规则对债券发行人持续披露义务的内容等细节做出了具体规定，规则的推出提高了证券市场的透明度，拓宽了信息数据的获取渠道。在《2012年金融服务法》（Financial Services Act 2012）颁布后，明确将信息披露监管的权力转移至金融行为管理局（Financial Conduct Authority, FCA），由FCA负责监控发行人和其他责任人的市场披露和合规情况，审查和批准募集说明书，监督发行人遵守《上市规则》等。FCA修订了《上市规则》《募集说明书规则》《披露和透明度规则》，要求发行人必须符合最低披露标准才能在英国债券市场发行债券。此外，伦敦证券交易所针对不同债券市场颁布了《准入和披露标准》（Admission and Disclosure Standards）。《准入和披露标准》中包含了债券上市交易条件、上市说明书信息披露规则以及债券违约处置等内容。英国的证券监管体系体现了法律框架内的自我管理的特征，较好地结合了自我管理制度的灵活性、专业性知识和独立性与法律监管的权力性和强制性。

（2）德国

2002年，德意志联邦金融监管局（Bafin）成立；2004年德国新修订的《证券交易法》和《证券交易所法》，使信息披露监管的更多细节内容在法律层面得到进一步确认。德国作为欧盟的成员国之一，其证券市场监管受到欧盟规则的指导，金融监管局也基于上述欧盟出台的法律条例制定了《证券募集说明书》《透明度指令法则》《证券交易所准入》等法律法规。

在2009年以前，德国地方政府及公共机构可以依据法律法规发行市政债券，联邦政府不予干预，约束力较弱。为了控制2008年金融危机爆发后快速上升的地方政府债务规模，德国于2009年实施了《债务刹车法》，明确对市政债券发行规模进行限定。同时，还通过加强预算监督形成了对地方政府的纵向约束和横向约束。

纵向约束是指德国地方政府需要向联邦财政部或相应的地区机构提交预算，接受上级政府的监督。如果市政当局出现财政困难，其预算申请会被驳回，需要将预算修改后重新提交。此外，当市政府面临财政困难时，州政府须帮助市政府弥补债务缺口，避免市政府破产。这种纵向制衡机制不仅有利于提高地方预算的透明度，还能加强上级政府对地方财政实施的风险预警。

横向约束是指地方预算部门与市政会议（市长）之间相互独立、相互监督。第一，地方政府的每一笔支出必须经市政会议授权并通过地方预算部门执行；第二，未经市政会议或市长许可，地方预算部门不得改变资金用途；第三，地方市政会议（市长）必须在每个预算年度结束后4个月内完成年度财务报告，并提交给地方议会（市长）和地方审计办公室；第四，同级审计办公室测试预算循环的所有数据，并对市政财政状况出具审计意见。地方预算部门与市政会议（市长）之间的横向制约机制确保了地方政府信息披露的及时性和准确性，提高了德国市政债券市场的信息透明度。

2. 信息披露主要监管机构

（1）英国

英国市政债券市场的监管包括三个层次。首先，是欧盟层面的监管，涉及的主要机构为欧洲证券及市场管理局（European Securities and Markets Authority，ESMA），主要负责欧盟债券市场监管。但在脱离欧盟后，英国不再受到该层面的约束。其次，是英国国家层面的金融行为管理局（Financial Conduct Authority，FCA）以及审慎监管局（Prudential Regulation Authority，PRA）等。最后，是行业自律监管层面，行业自律监管发挥着重要作用，特别是对债券二级交易市场的监管。

金融行为管理局（FCA）是英国的金融监管机构，为了保持其独立性，该机构独立于政府进行运作。FCA 监管并维护英国金融市场的完整性。对于获准进入伦敦证券交易所主要市场或专业证券市场的发行人，相关持续义务可在《上市规则》和《披露和透明度规则》的适用部分中找到。《披露和透明度规则》最初目的是实施透明度指令并制定其他规则，以确保英国金融市场有足够的透明度和信息获取途径。FCA 作为主管当局履行职能。

审慎监管局（Prudential Regulation Authority，PRA）也是 FSA 的继任机构，PRA 根据2000年《金融服务和市场法》设立，隶属于英格兰银行的子公司。2017年法律终止了 PRA 作为子公司的性质，并在央行设立了审慎监管委员会用以行使 PRA 的职能。PRA 负责主要投资主体的审慎规则监管。PRA 的目标之一是确保市场参与机构的安全，避免它们的行为对英国金融市场的稳定造成不良影响。参与市政债券市场的上述机构，都要服从 PRA 的监督与管理。

此外，英国债券市场的自律管理比较发达，自律组织数量多、规则设置严格。行业自律组织制定了英国市政债券市场的部分补充性规则。另外，各类自律协会都制定了严格的行为守则，协会的成员必须严格遵守。

（2）德国

德国地方政府债券既要受到欧盟相关机构的监管，同时也要受到本国机构的监管。欧盟议会与欧盟理事会第 2004/109/EC 号指令规定，发行人定期披露的信息应涵盖年度和半年度财务报告、中期管理说明书等。持续披露的信息包括大额持股信息、获准在受监管市场交易证券的持有人信息。州的债券交易实行市场化运作，发行前披露标准可参考交易所对上市公司的披露要求。

首先德国政府债券受到其财政部门的监管。监管部门根据《证券交易法》对证券和衍生市场进行监管，包含防止内幕交易、特别信息披露制度、行政处罚、资产管理等职责。德国联邦财政部下设多个理事会（Directorate－General），其中与证券监管有密切关系的包括第七理事会（Directorate－General Ⅶ），该部门主要负责国内和国际金融市场及货币政策，其下属的 A 理事会（Directorate Ⅶ A）具体负责债务管理及国际债务战略。

德国联邦金融监管局（BaFin）和交易所所在地州政府有义务监督市场的披露行为，联邦金融监管局主要负责从联邦层面监管内幕交易，市场操纵及违规信息披露等行为，而州政府主要负责对交易所的场所进行监管。以法兰克福交易所在的黑森州为例，其交易所监管部门是州政府经济能源交通和市镇发展部。目前《联邦宪法》对地方债务发行做出了相关规定，对于证券交易制定了统一的《证券交易法》等，并由联邦金融监管局（BaFin）进行统一集中的行政和执法监管。

德国交易所实施多层次挂牌市场准入制度，分为正规市场板块

（Official Market）、受管制市场板块（Regulated Market）和公开市场板块（Open Market）。从德国交易所市场信息披露标准上看，选择在正规市场板块和受管制市场板块上市的债券，按信息披露标准的不同分为高级标准和普通标准。其中，正规市场板块的披露标准最为严格。按照监管主体的不同，德国证券市场分为受欧盟监管的市场和受交易所监管的市场。受欧盟监管的市场层级更高，更透明、披露要求更高，而受地方交易所监管的市场披露要求较低。根据2007年欧盟金融市场法规的规定，正规市场板块和受管制市场同属于受欧盟监管的市场，必须按照欧盟的政策法规进行监管，满足更高的披露要求。而公开市场板块则交由交易所进行监管，透明度只要满足初级标准（Entry Standard）。

此外，在德国具体的债务管理活动集中由财政部投资成立的国家债券经营财务公司独立负责，也称德国财政代理公司（Deutsche Finanzagentur，GmbH）。该机构是政府债券信息披露的主体，于2000年9月19日由德国债务管理局改制而成。作为隶属于联邦财政部之下的一个专业机构，其负责配合财政部管理政府债务，改善联邦政府的融资条件，节省利息支出成本。与此同时，该公司作为市场交易员，在一级市场上发行债券，在二级市场上交易，起到活跃和稳定市场的作用。

（三）地方政府债券信息披露内容

1. 英国

根据英国《募集说明规则》，发行人需要披露证券的募集说明书，其中应包括一份摘要，摘要中包括发行人、担保人以及在市场上发售的证券的风险等关键信息，这份摘要与募集说明书的其他部分，可以帮助投资者考虑是否投资此类证券。

英国根据欧盟《募集文件指令》和《募集文件条令》分别为股票、普通债券、资产支持证券和政府债券设定了信息披露要求，并在零售发行和批量发行的基础上分别确立了各自的募集说明书披露内容。

以下为主要债券信息披露事项：

（1）风险因素

零售发行和批量发行的募集说明书均应当在显著位置披露与债券发

行人及拟发行债券相关的风险因素。发行人风险，又称之为信用风险，例如：战争、税收、通货膨胀、利率、汇率、经济周期、原料短缺、需求不足、系统性风险、资本流动性风险和经营风险等。市场风险则包括了债券投资者的资质、二级市场流动性风险、法律不利变化、提前赎回和利率汇率风险等。英国金融监管机构要求募集说明书应当从影响发行人债务履行能力的角度来披露风险因素，风险因素要具备针对性，要围绕发行人（包括保证人）的特定情况展开。不过，实践当中准确描述一个发行人的风险因素是相当困难的。比如，虽然英国的债券信息披露规则要求发行人应当在募集说明书的风险因素部分明确披露相关风险因素与发行人之间的直接关系，但实践当中英国债券市场上的募集说明书依然习惯于只对风险因素作一般性描述。

（2）财务信息

批量发行和零售发行的募集说明书均披露发行人最近两年的历史财务数据和经审计财务报告，且最近一年经审计的财务数据与募集说明书公布日期之间不得多于 18 个月。对于非英国本土的债券发行人，要求发行人按照国际财务报告准则（International Financial Reporting Standards，IFRS）或同等会计准则。在批量发行的情况下允许发行人适用其本国会计标准，但发行人须在募集说明书中对其本国会计标准与 IFRS 的差异作出说明。如果债券拟上市交易，发行人不仅可以使用其本国会计标准编制财务报告，而且也不必就其本国会计标准与 IFRS 的差异作出说明。此外，发行人还需要在零售发行募集说明书中披露发行人的未来发展趋势，当前财务年度对发行人的前景产生重大影响的事件，以及发行人最近和未来主要投资活动及发行人用来履行投资承诺的资金来源等情况。

（3）业务状况

在业务状况的披露方面，批量发行与零售发行募集说明书的主要差异在于前者可以采用“简明描述”的方式来描述发行人业务状况，不必提供发行摘要和简明财务信息。一般情况下，发行人业务相关的信息应包括：一般性介绍，其中包括发行人历史、从事的业务、名称、地址、法律形式及在其所属企业集团的地位；业务和财务状况的一般性陈述、主要股东重要合同、过去12个月里发生对发行性债务履行能力已经产生或可能产生重要影响的诉讼、仲裁以及其他司法程序；募集说明书公布前两年所有财务信息。

（4）发行规范

发行人必须在每个财政年度结束后最迟4个月公布其年度财务报告，且发行人必须确保其年度财务报告至少在十年内保持公开。DTR 4. 1[①]中要求公开的年度财务报告必须包括：经审计的财务报表。其中，经审计的财务报表又包括：对发行人业务的审查、面临的主要风险和不确定性的描述。DTR 4. 1. 8[②]要求必须对发行人在财政年度的业务发展及表现进行公开披露，其中主要包括发行人在该年末的运营状况、关键财务指标等相关的信息。除了年度财务报告外，为了保障一定时期内投资者和债券持有人的准确投资判断，DTR 4. 2[③]中要求发行人持续公开其半年度财务报告，其中半年度财务报告的内容必须包括：简明财务报表、临时管理报告、责任说明，此外还包括本财政年度前6个月末的资产负债表、上一财政年度末的比较资产负债表以及当前财政年度前6个月的损益表。

（5）豁免披露

PRR 2. 8. 1[④]规定符合下列条件之一者，准许在募集说明或其组成部分豁免披露部分材料：一是披露此类信息将违反公共利益；二是披露该信息将对发行人或担保人造成严重损害，但前提是该信息的遗漏不会在评估必需的事实和情况方面误导公众发行人或担保人；三是此类信息对于在受监管市场上进行交易的特定要约或准入而言并不重要，并且不会影响对发行人或担保人的财务状况和前景的评估。

---

① 资料来源：Financial Conduct Authority：Content of management report https：//www. handbook. fca. org. uk/ handbook/DTR/4/1. html#DES22

② 资料来源：Financial Conduct Authority：https：//www. handbook. fca. org. uk/handbook/DTR/4/1. html

③ 资料来源：Financial Conduct Authority：Half－yearly financial reports https：//www. handbook. fca. org. uk/ handbook/DTR/4/2. html#DES50

④ 资料来源：Financial Conduct Authority：https：//www. handbook. fca. org. uk/handbook/PRR/2/8. html

除了上述主要信息披露事项以外，债券募集说明书还应当披露募集资金用途、拟发行债券所涉及的税务事项、认购和销售事项、债券发行的费用以及发行人认定需要披露的其他信息等披露事项。不过，英国金融监管当局不强制发行人在债券募集说明书中披露业绩展望。

《披露和透明度规则》还提出了持续性信息披露要求，并包含了定期信息披露和临时信息披露两类。英国发债的主体都必须承担持续信息披露义务，分为定期披露义务和临时披露义务。对于定期披露而言，根据英国《披露和透明度规则》，若地方债在专业证券市场上进行交易，发行人只需对年度财务报告进行披露；发行人应当在每一个会计年度结束后4个月内披露年度财务报告，在会计半年度结束后2个月内披露半年报。对于临时披露而言，债券发行人都应尽快将相关内幕信息向所有投资人进行披露，需要披露的信息类型大致包括：影响发行人资产和负债水平的重要投资信息、业务变更、发行人情况恶化、财务情况发生重大变化等。

2. 德国

（1）地方政府债券发行前

市政府作为发行人，其预算部门、市政议会、市长会在发行上相互配合，支出需经市政议会授权并通过地方预算部门执行。州政府有权规定市政府的举债额度上限。同时市政府发行债券的预算信息必须向联邦及其对应的州政府提交预算并进行审批。

财政部门将在互联网发布一份债券框架文件，介绍关于债券的基本信息、本州概况、所得款用途、公开机构定级评估、项目选择过程、收益管理和持续披露安排，同时，发布一份名为“合格资产”的文件对所有符合可持续发展债券的合格项目进行说明。债券框架和拟投资项目将由第三方意见提供者审查，并向大众提供对债券框架和投资项目的评估意见文件。最后，还会公布一份对以上情况进行介绍的投资者介绍（Investor Introduction）幻灯片。

除此之外财政部定期在部门网站上发布债务发行计划的简要募集说明书。募集说明书需要披露债券的基本信息、风险要素、发行主体情况、资金用途、关键预算指标等信息，根据发行人的具体情况，还将披露发行人近期发展情况，这其中包括下一年的预算、财务计划、以及债券发行的使用计划。在此基础上，发行人可以自愿公布更多有关的信息。

（2）地方政府债券发行后

债券发行后，财政部门将发布一份新闻声明，介绍债券发行的时间、到期时间、融资额、票面利息、收益率等。同时发布交易回顾文件，介绍交易明细，如订单量、投资者分布、债券评级等。在债券发行之日一年内，财政部门向投资者提供报告，此后每年提供报告，直至债券到期。年度债券影响报告将在财政部门专题网站上公布，介绍资金分配、受资助项目的最新情况和项目影响。为了全面了解投资的影响，每个收益类别的影响报告都有所不同。按照收益使用类别，州政府或负责这项工作的第三方将尽最大努力提供相关的影响指标。

市议会会针对地方债券发布一份官方新闻，表明该证券的发行得到了多数议会成员的认可。同时声明中披露债券的发行计划、发行目的、国家发展战略规划。与此同时，由市政府新闻办公室颁布发行通知，披露证券的基本信息，如发行人、发行额、发行量、持续时间等。发行条款规定了哪些州可以作为此次发行的债务人，一般包含债务的金额和面值、还款与付款日期、利息、金融机构托管账户、发行股东责任、强制性保险、适用法律、管辖地以及可分割性条款等部分。

除了以上文件外，债券还需披露框架文件、评级报告和分配报告。债券框架文件是对地方债券募投项目的详细说明，具体包括州基本情况和债券募投项目的相关信息。德国债券信用评级是投资人购买债券时参考的一项重要指标，评估报告可分为债券评估、项目情况评估以及债券框架的评估。分配报告每年发行一次，直到债券收益全部分配完毕为止，重点披露拨款金额和项目总数以及每个项目采取的主要行动。

在审核地方债的信用时，必须审核该州独立的经济、财政状况。德国地方当局要想发行债券，就必须获得评级机构发行人评级，也就是项目的第三方评估。如果国际评级机构惠誉认为这些政府发行的债券得到了联邦的隐性担保，那么各州发行债券的信用评级都是AAA。但也有第三方评级机构根据各州财政和债务状况来确定其信用级别，认为联邦政府在严格意义上对地方政府并无兜底之责。由于评价等级存在差异性，评级报告可以有效地向债券购买者反映市政债券的风险投资等级信息。

第五章

中外地方政府信息披露对比研究

第一节　中外地方政府债券信息披露制度对比

（一）地方政府债务管理模式

地方政府债务管理模式是指为了达到控制地方债务风险的既定目标，在中央与地方政府之间划分管理权责和选择管理手段的制度模式。具体讲，地方政府债务管理模式主要涵盖两个层面的问题：一是“权责划分”的问题，即如何在政府与市场及中央与地方政府之间划分地方债务规模、结构、发行、偿还等管理权责；二是“手段选择”的问题，即在对地方债务管理中，如何合理使用法律约束、行政管制、经济调控和市场约束等手段（葛湾湾，2014）。依照“权责划分”和“手段选择”的不同，地方政府债务管理模式主要可以分为行政控制型、制度约束型、合作安排型和市场约束型四种不同的模式类型（陈进，

2020）。不同的债务管理模式对信息披露体系影响不同，比如制度约束型模式下金融市场必须是自由、开放完整的，地方政府需要被置于公开透明的信息环境之中，对信息披露要求极高，地方政府不具有特权。行政控制模式下中央政府为地方政府债务提供隐性担保，因此中央政府对地方政府举债行为的严格管理与监督十分必要，比如日本下级政府发行地方债必须向上级报批。根据不同国家发行地方债的特点，本书将美国和德国归为制度约束型债务管理模式，将日本、英国和中国划分为行政控制型债务管理模式。

1. 制度约束模式

制度约束模式是中央政府通过制定一系列的制度法规来约束地方政府债务行为的模式。在该模式下，中央政府并不对地方债务管理进行直接的行政干预，而是通过法律规定明确和约束地方政府债务的规模、结构及其使用，地方政府拥有一定的债务管理自主权。这种模式最突出的优点是透明和公平，可以避免中央政府和地方政府之间的讨价还价。但是制度本身的特点也决定了通过法律法规管理地方政府债务必然缺乏灵活性，而且会鼓励滋长违法行为。要保证该管理模式切实有效，政府机构必须建立现代化的政府管理信息系统以便及时、准确地反映支出业务各阶段的情况和各级政府的财政活动（张海星，2009）。目前，美国和德国采用这种管理模式。

美国是制度约束模式的代表国家。地方政府发行债券主要受到一套较为完善的法律法规的约束。这些监管法律体系主要由《证券法》和《证券交易法》等联邦证券法案及后续补充性法规构成。美国的州、地方政府发债虽然不用上级批准，但上述法律制度对地方政府发债作出了严格的限制，要求州和地方政府不得随意发债。如果要发行一般责任债券，必须经当地公民全体投票或者议会表决同意（周克清和罗欢，2013）。这也是导致美国在信息披露上重视投资者保护的原因。

德国实行联邦、州、地区三级管理的财政体制，德国市政债券的发行主体是州政府，这一政府债务管理模式主要依赖中央政府颁布的法律约束。最初，《德意志联邦银行法》仅允许中央银行向州政府提供少量短期贷款。2008 年金融危机爆发后，地方政府债务规模迅速上升，德国于 2009 年明确限定市政债券发行规模。同时，通过加强预算监督形成了对地方政府的纵向约束和横向约束。

2. 行政控制模式

行政控制模式是中央政府通过行政手段管控地方政府债务的管理模式。在这种模式下，举债权高度集中于中央政府，地方政府没有或只有很少的债务管理自主权。中央政府通过下达债务指标的方式，决定地方政府举债规模、结构及其用途。控制手段既包括事前审批也包括事后监控，这种模式对地方政府举债的约束力强，但会使中央政府过多地陷入微观决策（地方政府的筹资和投资项目），增加中央政府的决策成本，使得中央政府非常容易陷入左支右绌的境地。运用行政手段对地方政府债务进行监管的国家主要是一些单一制国家，也有部分非典型的联邦制国家。

日本是行政控制模式的代表国家。日本地方债券的发行受到中央政府的严格控制，由中央政府的监管部门制定发行条件，决定发行规模并进行审批。日本《地方自治法》第 250 条规定："发行地方债以及变更发债、偿债方法、调整利率时，必须根据政府规定经自治大臣或都道府县知事批准"。所谓都道府县知事批准是针对市町村债券而言的，实际上，市町村发债必须经所属都道府县知事同意后报中央政府，故而所有地方债发行的批准权都在中央政府（史明霞，2018）。

英国主要采取行政控制模式管理地方债务风险，中央政府高度集权。20 世纪 90 年代以前英国地方政府每年债务净额基本为零，1998 年英国才成立了主要职能为依据风险偏好制定并推行债务管理政策、为地方政府提供贷款并尽量降融资成本、管理公共部门机构资金的债务管理办公室（The Debt Management Office，DMO），实现英国政府债务的统一管理。贷款职能主要通过下设的公共工程贷款委员会（PWLB）完成。英国地方政府举债方式可以概括为三种：通过 PWLB 向中央政府贷款、地方政府自主融资和 PPP 公私合营模式，且制度要求仅有征税权的政府才拥有举债权，保证债务的偿还能力。在 2008 年金融危机与 2010 年欧债危机后，PWLB 贷款利率有两次较大幅的上升，银行贷款等其他渠道也有所收紧，地方政府才被迫选择发债融资，但在所有长期借款中占比仍然低于 10%。因此，尽管英国金融市场较为发达、制度完善，地方债务风险管理仍然主要依靠行政管控进行（沈雨婷，2019）。

中国对地方政府债务的管理模式应属于行政控制型。从禁止地方政府负债，到代发代还地方政府债务，再到后来的地方政府自发自还债务（但发债额度仍由国务院决定），这种管理模式具有很明显的行政控制型特点。这是由于中国是单一制国家，实行的是一党制执政，中央具有比较强的权威性。地方债管理新政虽然从法理和制度上允许地方政府自主举债，但地方自主举债权限空间依然比较小，表现在以下几个方面：省级政府可在国务院规定的限额内自主发债，但不能超过限额发债；省以下地方政府不能自主发债，只能通过省级政府代为举借。从这个意义上讲，当前中国地方政府债务管理模式仍属于行政控制型的，只是较之以前有所弱化（成涛林，2015）。

（二）披露规范对比

制度约束模式下，地方政府更注重通过法律明确信息披露要求。美国现已形成了以《证券交易法》中第 15c2 - 12 条和 MSRB 规则手册为核心，以其他自律组织规范性文件为补充的市政债披露制度框架。德国联邦和各州政府于 2009 年 6 月 11 日制定并通过了《债务刹车》法案，并将其写入了联邦《基本法》，以此实现“债务刹车”。

行政控制模式下，地方债信息披露受行政命令调控，对信息披露的法律制度要求相对较低。日本、英国暂时并未出台与地方债信息披露直接相关的文件，其债券披露规则均散见于规则手册或涵盖于证券披露法律内。中国当前虽未出台一部明确的规则，但近些年陆续从不同维度颁布了相关的披露规则，逐渐搭建起中国的地方债信息披露制度框架（见表 5.1）。

表 5.1　　披露规范对比

债务管理模式	国家	披露规范
制度约束模式	美国	美国《证券交易法》中第 15c2－12 条是美国市政债券信息披露规则的核心，市政债券规则制定委员会（MSRB）也不断发布文件来对市政债券信息披露进行进一步规范。此外，一些非政府组织也制定了不同维度的债券信息披露文件。
	德国	《基本法》第 115 条规定了联邦政府和各州需遵循的债务规则。德国各级政府的年度财政预算法中对允许的最大贷款额做了明确规定，在经济发展正常情况下不能有新的贷款。如果有必要取得一笔更高的贷款，议会必须做出增补预算的决议。
行政控制模式	中国	近些年陆续从不同维度颁布了相关的披露规则，通过《国务院关于加强地方政府性债务管理的意见》《地方政府债务信息公开办法（试行）》《中华人民共和国预算法实施条例（2020 修订）》《关于进一步做好地方政府债券发行工作的意见》《地方政府债券信息公开平台管理办法》等文件来对地方政府债券信息披露进行规范。
	日本和英国	暂时并未出台与地方债信息披露直接相关的文件，其债券披露规则均散见于规则手册或涵盖于证券披露法律内。

（三）监管主体对比

制度约束模式下，美国各级机构根据法律规定分层级对地方政府债券信息披露进行监管。SEC 具有极高的独立性和权威性，这保证了它对美国债券市场进行全方位的监管，不存在多部门间的监管冲突问题。为有效管理地方政府债券市场，美国在联邦层面设立了两个机构，即 SEC 下属的地方公债办公室（OMS）和美国地方公债规则委员会（MSRB）。前者主要是进行机构监管，对地方政府债券的发行方、中介方和承销商等进行监管，通过贯彻执行相关规则约束参与者行为；后者作为独立的行业自律机构，主要是进行功能监管，如制定从业规则和制度规则，对债券交易过程的公平性和完整性进行监管。

地方公债办公室（OMS）由美国证券交易委员会（SEC）设立，目的是使证监会在执法、市场监管、信息披露和透明度方面更加专业化，作为地方政府市政债券的结算所，通过对参与方行为的约束，提高市场的透明度和信息披露水平，对市场违规行为进行打击。OMS 承担着地方政府债务人的角色和责任，规范政府财政收支行为，充分保障债权人利益，明确地方债运行过程中相关各方的权利和义务，同时作为证交会沟通的中间人，还参与对市场参与者的培训、沟通和研讨，对整个债券市场的有效运行和风险防控发挥着重要作用。MSRB 是由美国国会批准设立的行业自律性组织，其重要职责是对债券参与者的行业从业资格进行认定，对债券业务的交易过程，即公平交易规则、统一惯例规则、市场透明度规则和企业内部管理规则的落实情况进行监管，确保交易过程的公平性和全程记录完整，防止市政债券市场的暗中操纵和欺诈事件。

德国对地方政府债务信息披露的管控主要是通过横向控制和纵向控制两种方式进行。德国联邦金融监管局（BaFin）和交易所所在地州政府来进行监管，政府各部门之间形成横向控制，相互制衡地方政府债务相关预算，主要体现在市政会议和财政预算部门之间的相互独立原则，市长确定的预算支出必须经市政会议授权后通过地方预算部门执行，地方预算部门在未取得市政会议许可的情况下，不得改变资金用途。在每个预算年度结束后，市政会议必须将财务报告提交给地方议会和地方审计办公室，由地方审计办公室对预算数据进行审计后出具审计意见。地方议会对于财务报告中的任何预算项目都有权利查看详细的情况。德国政府地方债严格依据州宪法、州法等法律规定发行，联邦政府不会干预，地方政府可根据实际情况自行决定参与发行地方债，因此严格意义来讲，德国仍属于制度约束模式，德国政府的横向与纵向控制在各级政府间形成权力制衡，使地方预算和地方债的透明度大大提高，各级政府的参与是为了保证德国地方政府债务的发行在法律法规框架下良好运转。

行政控制模式下，中央集中监管地方政府债务，采用协议审批的方式对地方政府债券信息披露实施严格监管。日本政府对地方政府债券发行实行审批制，地方政府的发债计划得到地方议会的同意后向自治省进行申报，将债务资金的用途和举债规模进行书面说明，自治省[①]会同大藏省[②]进行协议审批，会同市场机构召开会议，决定每月各地区的发行额度。中央政府部门在审批时，会重点关注地方政府各项财政经济指标，如征税率、财政赤字、债务依存度等，也会关注地方政府以往的债务资金使用及偿还情况，要求地方政府必须设立减债基金，从而保障地方政府财政健康运行，防范地方政府过度举债和债务资金挪用。虽然地方政府债券发行价格、利率及偿还方式由自己确定，但通过中央政府审批的地方政府债券发行计划可以得到中央政府一定的优惠政策，从而促使地方政府主动申报，向中央披露地方政府债券情况（刘松，2019）。脱离欧盟前，英国接受欧盟和本国的双重监管。欧盟层面主要由欧洲证券及市场管理局负责，英国国家层面由金融行为管理局和审慎监管局负责。而在脱离欧盟后，英国不再受到欧盟的金融监管框架约束。此外行业自律监管体系也发挥着重要作用。自律监管的体系是由证券交易商协会、收购与合并问题专题小组和证券业理事会三个机构组成，一些政府机构如贸易部、公司注册署等也实施部分监管。

中国地方政府债券市场监管体现出明显的多头监管现象。根据中国相关法律法规规定，全国人大和国务院负责发债审批，财政部负责对地方政府发行地方债券统一进行监督管理，具体由财政部预算司以及政府债务研究和评估中心负责地方债的披露管理，并由财政部各地监督局负责地方政府债务信息公开工作的日常监督。在规定的披露信息方面，地方财政部门应通过本单位门户网站、中国债券信息网等网站披露债券基本信息；本地区经济运行、财政收支、债务等情况。其中，经济运行情况主要包括中长期经济规划、经济基本状况等；财政收支状况公布经同级人大批准的政府预决算数据，主要包括公共财政收支、政府性基金收支和国有资本经营收支等信息；债务情况主要包括债务余额、期限

① 日本原中央省厅之一，负责主管地方自治的事务，代表或协助内阁总理大臣控制和监督地方政府，2001 年与邮政省、总务厅等合并为总务省。

② 相当于中国省级政府财政厅。

结构、偿债计划等；信用评级情况包括信用评级报告和跟踪评级安排等（见表5.2）。

表5.2 监管主体对比

债务管理模式	国家	监管主体
制度约束模式	美国	地方公债办公室（OMS）和美国地方公债规则委员会（MSRB）。前者主要是进行机构监管，对地方政府债券的发行方、中介方和承销商等进行监管，通过制定规则约束参与者行为；后者作为独立的行业自律机构，主要是进行功能监管，如制定从业规则和制度规则，对债券交易过程的公平性和完整性进行监管。
制度约束模式	德国	德国联邦金融监管局（BaFin）和交易所所在地州政府来进行监管，德国市政府各部门之间形成横向控制，相互制衡地方政府债务相关预算；纵向控制主要是在州政府和市政府之间，州政府能够独立确定市政府的举债额度，控制市政府的债务规模，确保财政平衡。
行政控制模式	日本	日本对地方政府债券发行实行审批制，存在像地方债协会这样专司地方债信息公开的机构，扮演着促进地方债相关学术研究以及传递地方债信息的重要角色。
行政控制模式	英国	脱离欧盟前，英国受到欧盟层面的监管，涉及的主要机构为ESMA主要负责欧盟债券市场监管；此外，是英国国家层面的FCA以及PRA等；最后，是行业自律监管层面，行业自律监管发挥着重要作用，特别是对债券二级交易市场的监管。
行政控制模式	中国	以财政部为主体对债券市场进行管理，由财政部预算司以及债务研究和政府评估中心负责地方债的披露管理。

（四）评级机制对比

制度约束模式下，地方政府通过信用评级的方式加强信息披露，增加债券在市场中的吸引力。美国有发达的地方政府债券二级市场，债券交易通过市场机制的作用，对债券的价格和利率产生影响。信用评级是美国资本市场最重要的中介服务之一，为投资者提供独立客观的评级信息，降低债券市场信息不对称影响，推动市场效率和公平的提升。债券发行前，发行主体必须获得美国全国认定的统计评级组织（Nationally Recognized Statistical Rating Organization，NRSRO）出具的评级报告，某些州政府还进一步要求，需要选择两家评级机构进行双评级（许鹏，2021）。美国拥有惠誉、穆迪、标普三家代表性的信用评级机构，通过评级可以改善投资人信息不对称的现状，降低投资风险。在德国，公共征信机构由德意志联邦银行即德国中央银行监管，对于评级机构的市场准入，德国监管部门按照《巴塞尔新资本协议》要求对信用评级机构进行资质认可，如果一家评级机构被欧盟认定，德国也会自动认定。在德国，征信机构市场退出不需要政府部门审批，但征信机构必须按照监管部门规定，妥善做好市场退出后的信息保护工作。

行政控制模式下，政府债券信用评级制度较为单一，评级机构市场化程度低。日本地方财政存在软预算约束问题，市场认为，当地方政府面临债务危机，中央财政会承担最后还款人的责任，这就使地方债券信用评级难做高低之分。主要体现在四个方面：一是日本是单一制国家，地方政府是中央政府的分支机构，中央对地方债务承担连带责任具有天然的法理基础。二是日本法律层面不支持地方政府破产，地方政府不能通过财政重组减免债务，那么当地方出现债务危机时，中央财政提供流动性支持成为非常合理的债务解决方案。三是地方政府债券风险权重为零，与国债相同，这意味着二者在信用风险水平上没有差别，地方政府信用与主权信用无限趋同，可等而视之。四是在债券发行协商制度下，地方债券发行被纳入全国公共财政计划，债务本息支出由地方分配税统筹安排，这说明地方债券本息偿付在现实中得到了中央转移支付的支持。此外，日本信用评级行业的监管机构是金融厅，具体监管政策制定和执行由其下设的证券交易监督委员会和监察局共同负责。日本本土评级机构均由大型金融企业持股，双方联系紧密，一定程度上损害了评级机构的独立性，破坏市场自由竞争。评级机构的高级管理人员惯例由政府官员出任，具有浓厚的行政色彩，造成其经营行为可能并非完全以市场为导向，受政府干预程度较深（许鹏，2021）。

中国在信用评级监管的制度设计方面逐步完善，财政部 2017 年印发的《关于做好 2017 年地方政府债券发行工作的意见》（财库〔2017〕

59号）指出财政部将积极推动相关行业协会研究制定信用评级自律规范，并研究建立地方债信用评级机构黑名单制度。2018年印发的《关于做好2018年地方政府债券发行工作的意见》（财库〔2018〕61号）指出地方债券信用评级自律规范应由中国国债协会研究制定，并建立评级业务评价体系。2021年印发《地方政府债券信用评级管理暂行办法》（财库〔2021〕8号）进一步规范债券市场信用评级工作。但从评级实践来看，地方债评级区分度小，基本属于最高评级。各主体地方债发行时外部债券评级全部为AAA，隐含评级基本为AAA或AAA-。对于发行地方债的37个主体，除定向发行债券和2014年之前公募发行债券未进行债券评级，其余地方债的债券外部信用评级均为AAA，主体之间无差异。从隐含评级来看，绝大多数主体发行的地方债隐含评级均为AAA，仅贵州省、内蒙古自治区、云南省、辽宁省发行的部分地方债隐含评级为AAA-（程晨，20221）（见表5.3）。

表5.3　信息披露评级机制对比

债务管理模式	国家	信息披露评级机制对比
制度约束模式	美国	信用评级是美国资本市场最重要的中介服务之一。债券发行前，发行主体必须获得NRSRO出具的评级报告，某些州政府还进一步要求，需要选择两家评级机构进行双评级，美国拥有惠誉、穆迪、标普三家代表性的信用评级机构。
	德国	由德国中央银行监管，对于评级机构的市场准入，德国监管部门按照《巴塞尔新资本协议》要求对信用评级机构进行资质认可，如果一家评级机构被欧盟认定，德国也会自动认定。
行政控制模式	中国	财政部出台相关行业准则规范，2014年出台《地方政府债券自发自还试点信用评级工作指导意见》指导各地区的评级规则，之后印发《地方政府债券信用评级管理暂行办法》进一步规范评级工作。中国地方政府债券的信用评级开始逐渐呈现差异化，信用评级工作取得一定进展，但仍面临评级结果与市场情况吻合度不高，无法真实揭示地方政府信用风险等问题。
	日本	政府债券信用评级制度较为单一，评级机构市场化程度低。日本信用评级行业的监管机构是金融厅，具体监管政策制定和执行由其下设的证券交易监督委员会和监察局共同负责。

（五）披露处罚对比

制度约束模式下，监管机构可依据法律对信息披露违法行为进行处罚。例如，美国的SEC在行使监督职能的同时，可根据《证券法》和《证券交易法》的规定，对违反法则的发行人提起诉讼。在SEC对圣地亚哥市的执行案例中，SEC发现圣地亚哥市在发行出售市政债券时，除非获得新的收入、减少养老金和医疗福利或削减城市服务，否则该市将面临为其未来养老金和医疗义务提供资金的严重困难，但在债券发行时，并没有向投资者披露这一问题。这一行为严重违反了《证券法》第17（a）条、《证券交易法》第10（b）条以及其中的第10b－5条规定："禁止在证券的要约或出售中对重大事实做出任何不真实的陈述或遗漏重大事实"，SEC对此提出诉讼，最终该市在财报中披露了其养老金和退休人员医疗保障的问题，信用评级机构也调低了该市的信用评级。SEC在其调查报告中阐述了该市养老金的有关情况和数据，并分析了困局产生的原因。美国通过立法形式建立了政府破产制度，明确地方政府对自身债务承担无限偿还责任，对不负责任的举债行为进行司法追究（廖乾，2017）。

行政约束模式下，监管机构发现信息披露问题后，主要通过政策建议的方式向政府提出。在日本，证券交易委员会具有对证券市场违法违规披露行为的监督、调查举证以及向政府提出处理意见和政策建议等职责，有必要时会向金融厅长官提出审查法律法规等要求。中国也在法律层面和部门规章的文本总则处反复强调了披露信息应具有的真实性、完整性。但中国尚未制定地方债的上位法，针对地方债市场监管的文件法律效力较低，缺乏对某些方面的制度建设，市场监管的许多方面都缺少对应的法律依据，导致监管工作无法可依。例如，缺少对监管机构的确定以及相应权责范围的划分规定。中国各年发行的地方债发行管理办法等文件确定了财政部各地监管局对地方债券监管主体的定位，但在《证券法》中又赋予了证监会对证券市场实施统一监管的权力。然而发行管理办法的法律效力低于《证券法》就会导致监管主体定位、权责划分不明的问题出现，进而造成监管工作的冲突，出现市场违规行为不能被及时处罚，监管处罚缺位的矛盾。而且在《地方政府债券发行管理办法》中也只是提及“涉嫌犯罪的，及时向财政部报告并依法移送有关国家机关处理”，没有展开处罚细则。由此各部门监管标准和权责大小各异，掌握的违规违法行为证据的完整性也不同难以及时共享，使违法机构有机会规避监管或者进行监管套利。

（六）披露平台对比

在信息披露平台的选择上，没有显著的债务管理模式特点，因国家而异。美国的地方政府债券信息披露平台主要是EMMA平台，美国注重其信息披露平台的普适性和操作性。为投资者提供专门的投资指引和投资教育，不仅包括文件、规则的解读，也会通过多媒体的方式进行科普教育。针对发行人和其他市场参与者，美国的信息披露平台也会有上传信息数据的操作手册，便利市场参与者的操作与使用。中国则是单独建立了地方债的细分电子信息披露平台，目前中国地方债信息披露获取渠道有三种类型，一是财政部组建了专司地方债信息披露的中国地方政府债券信息公开平台；二是各地方发行人的财政官网；三是由第三方机构搭建的信息汇总平台。但中国地方政府债券信息公开平台仍处于投入运营的初期，与其他部门机构的联动机制尚未建立，辅助披露和数据获取等其他功能还有待优化完善。相较之下，其他国家并未针对地方债搭建专门的信息披露平台，而是将其涵盖在证券信息披露的平台内，存在一定的检索难度。

第二节　中外地方政府债券信息披露内容对比

（一）中外地方政府债券信息披露内容整体对比

本节基于美、日、德、英四国地方债信息披露的债券监管政策文本和地方政府债券信息披露文件，梳理出这些国家政府债券信息披露内容的基本要素。从表5.4对各国信息披露内容的梳理可以看出，日本更加关注地方政府财务状况。由于德国和英国目前尚未细分出针对地方债的披露体系，大多披露规则都涵盖在证券信息披露规则下，因而信息披露要求相对简约。与之相比，美国在信息披露监管平台、披露规则等方面与中国更为相似，其市政债信息披露文件内容详实、获取渠道明确，对于地方债制度的建立尚处于起步阶段的中国来说，美国制度更具有借鉴意义。

（二）中美地方债信息披露内容对比——基于要素拆分法

要素拆分法是一种标准参照的评价工具，以文本为研究对象，通过抽象出文本中核心要素来评价某件事务或任务。本节首先以地方政府债券信息披露文件为基础，抽象并提取中美两国披露文件中的披露基本要素，并建立内容要素数据库，按照指标的分级依次展开，从而将这些分散化的信息要素纳入统一的对比标准下。其次，通过横向对比中美信息披露文件以及内容指标要素，发现中美在地方债信息披露核心内容上的要求差异较小，主要包括发行前的债券说明（信息披露文件、正式声明、募集说明）存续期披露和重大事项披露。但是从具体的披露指标来看，在发行人经济财务情况、债券项目信息等方面却仍存在诸多不同。最后，本节总结出美国市政债信息披露制度中中国可借鉴之处，为完善中国地方债信息披露制度提供一定的参考。

1. 中美两国一般债披露对比

（1）披露文件对比

从中美两国一般债券信息披露文件类型来看，中国所披露的文件分类更加细致，将债券从发行前到发行上市公告以及债券发行后存续期的各个时间段的信息都进行了分门别类的披露，相比之下美国用于披露信息的文件种类较少，信息相对集中，其主要通过债券发行前的正式声明和债券发行后不同类型的财务信息披露文件来向公众进行披露。

从债券发行前的披露来看，中国对于各地债券发行进行了严格的监

表 5.4　　中外地方政府债券信息披露内容对比

中国	美国	日本	德国	英国
债券发行计划：债券发行金额、年限。 债券发行前，需要各地方政府按月或按季度对其发行计划进行披露。	官方陈述：债券基本信息（发行金额，债券类型、担保情况、信用评级、付息安排、托管人、赎回条款、偿债来源、发债用途等）、发行主体的具体信息（发行主体性质、发行组织的人事情况、政府预算流程及年度预算计划以及经济状、财政情况等）、其他相关信息（上一年经审计的财政报告、债券委员会出示的法律意见书及其他监管部门要求的补充文件）。	官网披露：地方政府债发行数量、联合政府债发行计划、地方政府债发行情况等内容，还针对各地发行情况以及各地方政府财政状况和数据进行披露。	发行计划：举债额度上限、举债预算。	募集说明书： 风险因素：发行人风险，例如：税收、通货膨胀、利率、战争等因素都会对发行人质量造成影响。债券风险，比如市场流动性风险、政策条款的不利变化等。 财务信息披露：募集说明书发布的前一年半内要有最近一年经审计的财务报告。在零售发行中，要对发行人的将来发展战略、发行人近期和将来的主要投资策略及发行人投资资金来源等情形进行披露说明。 业务状况：有发行人历史、从事业务、经营成果和财务状况的一般性描述、主要股东及合同、过去一年内存在对发行性债务履行能力有重要影响的相关司法情况、以及两年内所有的财务数据等一般性介绍。
信用评级报告：信用评级结果、影响因素。对于政府情况主要展示宏观角度的指标，比如会披露 GDP 总值、产业结构等内容。对于再融资一般债券特有的文件中，只简要披露出原债券以及再融资债券的基本信息。	再融资提前转期文件（替续债券特有）：再融资资金支付给市政债券持有人的时间及方式。	地方债相关信息速报：每月通过邮件向会员进行地方债信息的披露，内容包括每月发行债券、债券资金、银行借款、临时借款等信息。	债券框架：发行州基本情况、所得款用途、募投项目评估和选择过程、收益管理和持续披露安排。	

续表

中国	美国	日本	德国	英国
相关事项通知：发行条件、招投标情况、分销要求、承销团成员名单、发行缴纳款要求、政府相关要求文件。	综合年度财务报告：净头寸报表、年度活动（政府活动、现金流量表、重要会计政策、净收入和净头寸变化）。	财政官网信息披露：地方政府会在其财政官网上根据不同的债券类型进行披露，披露其债券规模和发行日期以及负责市场公开发行债券承销团名单。	项目评级报告：债券基本信息、核查范围、机构评估、项目评估过程。	
信息披露文件：基本信息（金额、期限、还本付息方式）、发行方式、资金投向、信用评级情况、地方经济及财政情况。	独立审计报告：项目基本情况（政府概况、组织架构）、财务信息（资金财务分析、政府收支情况、专用基金情况、其他相关信息）。	发行指南：包括债券发行结果以及一些债券的基本信息和与债券相关的法律约束等信息。	募集说明书：债务发行计划。	受监管信息的披露。
发行结果公告：债券详细信息（发行规模、发行期限、票面利率、发行价格、付息频率）。	重大事件披露。	发行的债券的基本信息披露：地方政府会在官方网站上披露出债券最基本的信息，如债券名称、发行总额、各公债金额、年利率、票息率、利息支付日等内容，此外还将披露债券的公开对象事业的相关内容，包括事业的种类、设想的效果和预计补贴的金额等；发行下一年公布目标事业的资金来源和补充结果，包括事业分类、效果等；在使用时公开对象事业变更等重要事项发生时的内容。	新闻声明：债券发行时间、到期时间、融资额、票面利息、收益率、联席账簿管理人、投资分布、交易回顾文件（交易明细订单量、投资者分布、债券评级等）。	重大关联方交易信息披露。

续表

中国	美国	日本	德国	英国
跟踪评级报告：债券的跟踪评级报告中会披露出将影响债券评级的信息例如宏观经济与政策环境、地区经济和财政实力、债券偿还能力。	预备性正式声明：为潜在投资者提供最初的信息说明，以及其他与“正式声明”“再融资提前转期文件”相关的“发售前文件”，也包括大量、多种类的持续披露，例如其他类型的财务、运营或基于事件的信息，包括（但不限于）银行贷款信息、季度或月度财务信息、顾问报告、资本或其他融资计划。	地方政府财务信息披露：包括地方政府的财务规模、收入支出明细、税收变化、预算方针、预算构成、债券发行余额、偿债基金余额、财源明细等。除了基本的财务状况外，还会披露地方政府《地方政府财政健全法》所规定的四项财政指标以及相关公共事业单位的管理数据。当遇到某些紧急事态时，也会额外对影响财务情况的事件进行披露。	年度债券影响报告：资金分配、受资助项目情况。	
存续期情况：项目投资情况、资金安排、地方政府经济及财政情况。	发售前文件：财务与经营数据、各类相关信息、重大事件报告。		年度财务报告。	
还本付息公告：债券基本信息、还本付息情况。				

续表

中国	美国	日本	德国	英国
专项债券需额外披露： 一案两书：财务报告（项目概况、评估依据、评估要素、总体评估、评估结论）、法律意见书（项目建设单位、项目情况、中介服务机构、结论性建议）、实施方案（债券基本情况、项目投资方案、债券使用额度、项目投资收益、风险评估）。				
债券信息披露模板：基本信息（名称、类型、发行计划额、债券期限、信息评级情况、还本付息方法）、项目总体信息（项目数量、总投资金额、项目收益）、项目具体信息、最新项目进展。				

管，需要各地方政府按月以及按季度对其发行计划进行披露，而美国对这一问题的披露并不列入地方政府债券信息披露文件之中。对于债券发行前的相关信息披露，中国采取了“发行通知、信用评级报告、信息披露文件”三类文件相结合的方式来对债券的基本信息以及债券发行主体情况进行介绍，而美国则只通过“正式声明”这一个文件进行说明。对于再融资债券，两国都有相关的文件进行单独说明。

在债券实际发行后，中国对于发行结果进行了专门的披露，再一次强调了债券的实际发行情况，而美国却没有对于这一情况进行额外的披露。在债券发行的存续期内，中国各地方政府每个月会对债券的还本付息情况进行披露，而美国对于这一情况并没有专门的文件来进行说明。

在存续期内，美国对于债券的持续披露主要是通过财务信息披露文件来实现，SEC 根据不同类型的债券将其所需披露的财务信息披露文件分为年度财务信息、经审计财务报表（包括综合年度财务报告）、传统财务信息、未能提交财务信息通知四种类型，其中综合年度财务报告是最普遍的财务信息披露形式。对比来看，中国在债券存续期的披露文件有存续期公开、跟踪评级报告、地方政府经济和财政相关数据等文件来对债券发行后债券及其发行主体的情况进行公开。从存续期两国各需要公开的文件来看，美国着重于发行人的财务状况，中国更加注重存续期内是否有相关因素的变动。

综上所述，从文件数量上来看美国的披露方式较为简洁，信息较为集中；中国将不同类型的信息内容分门别类的进行披露，更便于投资者找到自己所需要的信息内容。此外，在重大事项方面，中美两国都有相关文件进行披露。但由于中美两国对于重大事项的要求不同，其中美国根据第 15c2 - 12 条详细地规定了地方债发行后所需要披露出的重大事项内容，而中国对于这一问题并无明确文件来要求，并且从现有的披露文件来看，中国有关地方债的重大事项集中在“债券信用评级机构选择情况、承销团成员调整、债券资金用途调整”这三个方面。由此可以看出中国的重大事项披露文件是贯穿债券整个发行流程之中，而美国的重大事项则更强调存续期内发行人、债券发生的重大变动（见图 5. 1）。

（2）债券发行前披露内容对比

表 5. 5 列示了提取出的中美两国债券发行前信息披露基本要素，总

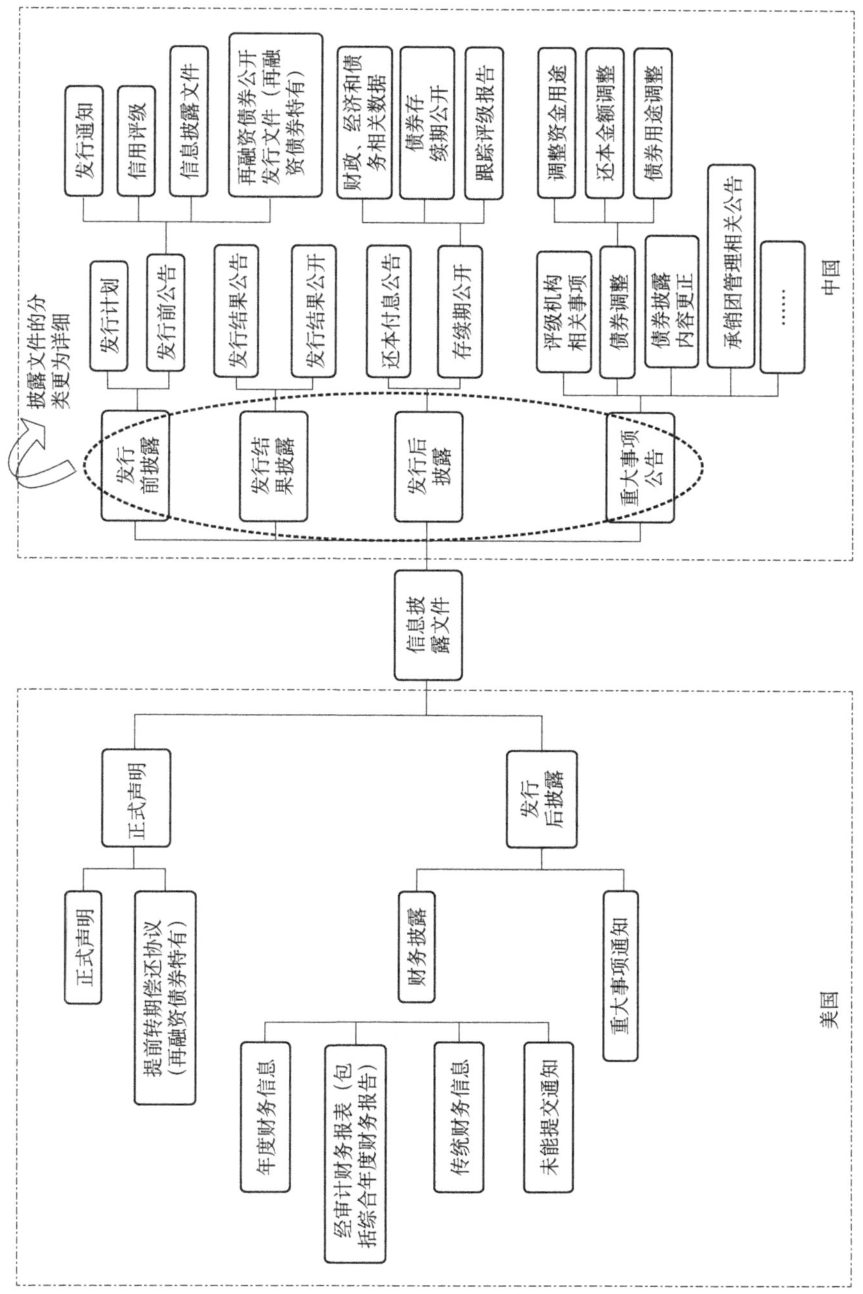

图 5.1　中美一般债信息披露文件对比

体来看，中美两国的信息披露侧重点有所不同。中国对披露文件有着较为细致分类，关注债券的发行计划、方式等信息，与之相比，美国的信息披露更为集中，披露内容细致，关注财务状况、责任划分等本质信息。首先，中国较美国相比单独披露出了各地政府未来的发行计划。该文件的内容包括未来的发行计划及发行安排，分别针对不同种类的债券明确了其未来的发行日期、发行金额以及债券发行期限等内容。其次，中国在债券发行前会披露“发行通知”这一文件，该文件主要介绍了债券的发行条件、招投标方式、分销方式、承销团成员等内容。与发行计划相比，美国对于债券发行的方式没有明确的文件进行介绍，只有在“正式声明”这一文件中有对债券基本信息的一些介绍。最后，美国所发布的“正式声明”可以视作中国所发布的“信用评级报告”和“信用披露文件”二者相结合的文件，但其披露更加详细。

表 5.5　　债券发行前中美两国信息披露要素

美国		中国	
正式声明	发行文件披露： 1. 发行地区及债券基本信息：地理位置、城市面积、交通状况、人口数量、经济情况、政府运作形式（市政府组织、市政服务情况、市政雇员情况、市政雇员谈判组织情况）；发行金额、交付日期、应付利息、本金到期日、发债用途、担保情况、银行资格、信用评级赎回条款和赎回通知、注册人、转让代理人、认证代理人、托管代理人和支付代理人、法律意见、发行债券依据、付息次数和付息安排、债券持有人考虑因素、城市税收减免计划；2. 债券的筹资计划：涉及再融资（债券名称、债券用途、到期日期、CUSIP、金额、利率）和资金用途两个部分；3. 赎回条款：可选赎回、强制赎回、赎回通知；4. 近期州/地方政府财务状况：［资产负债表、活动汇总表（收入、项目总收入、支出、项目总支出、转账前净资产的增加（减少）、转移支付、净资产的增加（减少）、每年年初时的净资产、年末时的净资产）］、城市基金财务分析（政府基金、专有基金、普通基金预算概要）、资本资产表、未偿债务、经济因素和明年的预算和利率；5. 总税收收入及债务覆盖情况：征税、总税收收入分配情况、隔年征税状况情况、税收对债务的覆盖；6. 债券的安全性：总税收收入抵押、州政府信誉、未结清的债券义务、未来债券发行、资金流动、额外债券。	发行计划	债券种类、发行日期、债券期限、发行金额。

续表

<table>
<tr><th colspan="2">美国</th><th colspan="2">中国</th></tr>
<tr><td rowspan="6">正式声明</td><td>预计还款时间表。</td><td rowspan="4">发行前公告</td><td rowspan="4">发行通知：发行场所、品种、数量、时间安排、上市安排、兑付安排、发行手续费、债券名称、债券期限、计划发行面值、付息频率、付息日、到期还本日、还本方式、招标方式、参与机构、标位限定、招标系统、发行款缴纳截止时间、发行款缴纳要求、发行款收款方信息、免税规定、承销团成员名单。</td></tr>
<tr><td>州法律规定、债券持有者风险。</td></tr>
<tr><td>责任团体：证券存管机构情况介绍、承销商债务和财务信息（长期债务名称、发行日期、还款最终期限、利率、发行原始金额、未偿付余额、短期债务、已授权但未发行债务、债务预估值、当前债务比率情况、债券授权工作流程、临时融资运作情况、资本改进计划情况）。</td></tr>
<tr><td>年度综合财务报告：基本情况介绍（政府运作形式、重大举措、财务信息、预算控制、退休金计划、财务政策、债务管理、风险管理、独立审计）；财务内容披露（财务摘要情况、财务报表情况概述、政府整体财务报表、基金财务报表、政府整体财务分析、城市财务管理部门联系方式）。</td></tr>
<tr><td>补充信息：普通基金、支出和其他融资明细表、净养老金负债及相关比率变化表、计划信托净资产、雇主缴款时间表、雇主缴款一览表、养老金计划投资回报表、普通基金合并报表和个别报表、非主要政府基金报表、非主要政府基金收入、支出和基金余额变化合并报表、信托基金。</td><td rowspan="2">发行前公告</td><td rowspan="2">信用评级报告：本级/市本级政府债务和财政收入情况、常住人口、城镇化率、城镇居民人均可支配收入、地区生产总值、国有资本经营收入、进出口总额、近期中央出台的政府债务管理重大政策或会议、经济信息、区域发展战略、全国宏观经济情况、全社会固定资产投资总额、人均地区生产总值、信用评级报告声明、一般公共预算收入、债券信息。</td></tr>
<tr><td>环境信息：任何有关大气、水土、动植物群等自然场所，或者是可能出现副作用的行为和手段，以及为了保护这些自然因素所采取的措施或行动，包括所有见闻形式、书面形式以及数据库形式的行政措施或者环境协议、项目等。</td></tr>
<tr><td rowspan="4">自愿披露</td><td>官方陈述的预披露文件（即预备性官方陈述，Preliminary Official Statements）、发售前文件（Pre－sale Documents）、季度或其他期中财务与经营数据。</td><td rowspan="4">发行前公告</td><td rowspan="4">信息披露文件：债券总额、债券品种、债券期限、发行规模、付息方式、债券名称、发行方式、募集资金投向说明、信用评级情况、中长期经济规划、债务余额分地区情况、债务期限结构、债务限额分地区情况、加强债务管理、防范债务风险的政策措施、国民经济和社会发展第十四个五年规划和二零三五年远景目标纲要。</td></tr>
<tr><td>额外的财务信息：季/月度财务信息、中期/额外的财务信息或运营数据、提供给评级机构/信用及流动性提供者的材料、顾问报告、银行贷款和其他融资披露等。</td></tr>
<tr><td>其他信息：售前文件、投资者和评级机构介绍等。</td></tr>
<tr><td>其他事件报告：投标代理人、竞标拍卖价格或其他证券。</td></tr>
</table>

续表

	美国	中国
总结	1. 中国需要各地方政府定期对其发行计划进行披露，而美国对这一问题的披露并不列入地方政府债券信息披露文件之中； 2. 从文件类别来看，中国采取了“发行通知、信用评级报告、信息披露文件”三类文件相结合的方式来对债券的基本信息以及债券发行主体情况进行介绍，而美国则只通过“正式声明”这一个文件进行说明； 3. 美国对于发行人的信息披露更为详细，偏向于披露政府具体的、微观的指标；中国对于政府情况主要是从宏观角度进行披露； 4. 从发行地区的披露信息来看，中国多为概括性描述；美国披露细致，且对政府运作情况进行披露； 5. 从发行人经济、财务状况的披露情况来看，中国披露的为宏观经济数据；美国披露微观财务状况。	

从信息披露内容整体情况来看，美国重视对地方债发行主体财务状况等基本信息的披露。例如，中国对于政府情况主要是从宏观角度的指标来进行展示，比如会披露 GDP 总值、产业结构等内容，还会关注政府中长期的发展规划以及全国的经济情况；而美国更偏向于披露政府具体的财务指标，比如资产负债具体数额、全年收入支出金额等内容，这些指标能够更好地反映出地方政府的实际运行情况。此外，美国也很重视养老金计划，其信息披露内容十分丰富，类比到中国的社保基金，并无对这一信息的详细描述。美国对于发债地区的基本信息及政府结构也进行了详细的介绍，但中国该部分内容往往出现在信用评级报告中，而且还存在因所选信用评级机构的不同而对于这一问题并无披露的情况。对于债券的评级情况，在美国的正式声明中只简要地介绍了评级结论，但中国对于债券的评级会通过信用评级报告来详细说明产生这一结论的理由。对于再融资一般债券特有的文件中，中国只简要披露出原债券以及再融资债券的基本信息，而美国还会额外披露出托管协议、托管情况（见图 5.2）。

从发行前所披露的地区信息来看，中国对于该信息的介绍集中在信用评级报告中，且多为概括性描述，例如对于债券所发行的地方政府所处地理位置、人口数量、区位优势、经济情况进行介绍。但由于信用评级报告是由第三方所出具，因此根据评级机构的不同，一些评级报告中并未对于政府除经济情况外的基本信息进行披露。相比之下，美国对于发行地的基本信息介绍就十分具体全面，债券发行前的正式声明中会对

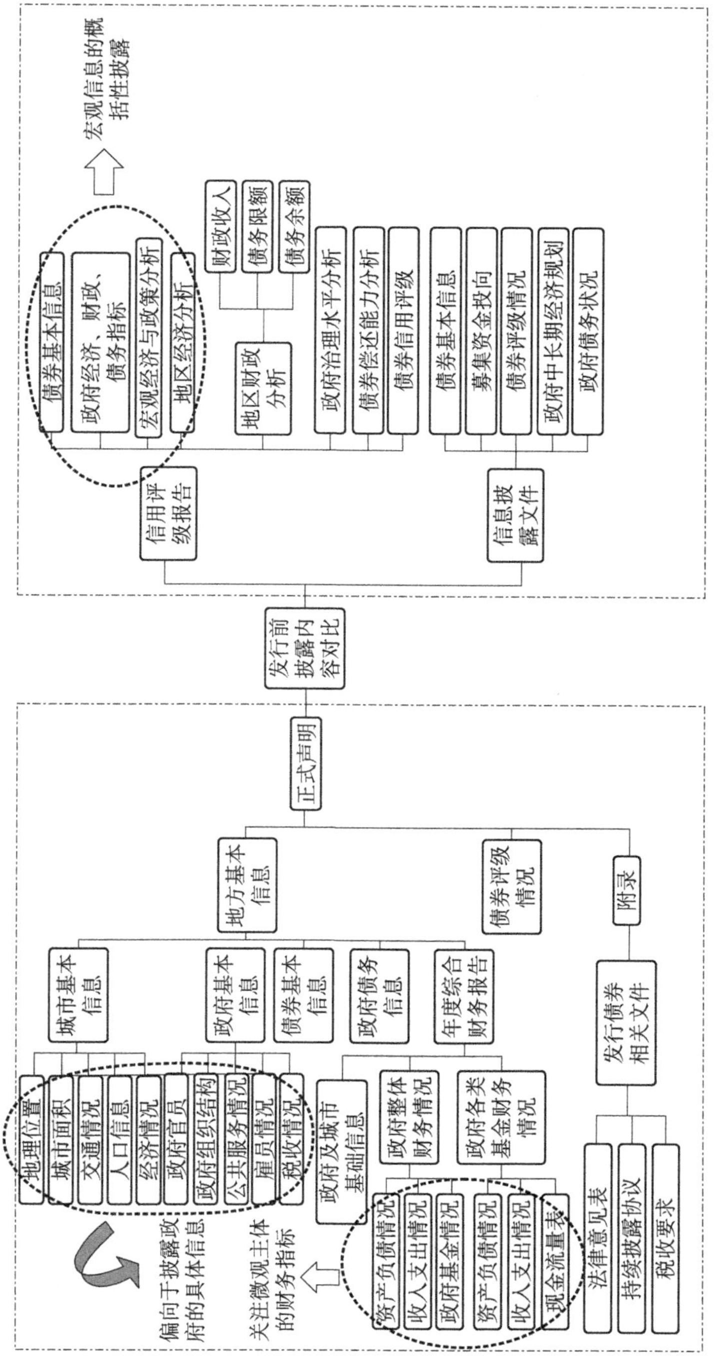

图 5.2　中美一般债发行前披露内容对比

发行地区的地理位置、交通情况、人口情况、政府运作情况等进行详细介绍，指标披露细致。例如，对于人口情况的描述，报告会从人口密度、人口结构、人口分布情况、就业情况、受教育情况等多个指标来进行多维度的描述。此外，美国在地区信息披露内容方面与中国最大的不同在于美国会对政府的运作情况进行描述。例如，会对债券发行地政府的主要行政官员如议会主席、市长、财务长、估价员、财务主管、各主要部门的主管官员等人员的任职情况进行披露；对当地政府的公共服务类部门，如消防局、警察局的运行情况通过运营指标、资产情况、雇员情况进行细致地介绍；对该地区学校的设施情况、入学率等指标进行披露（见图5.3）。

中美两国在发行前的信息披露内容上差异最明显的地方在于对债券发行政府的经济、财务状况的指标披露。美国通过正式声明来披露这些内容，而中国主要是通过第三方的信用评级报告来进行披露，但“信息披露文件”中也会涉及一些相关信息。从目前现有的披露文件分析，二者主要的差异来源于中国对于宏观经济数据披露较多，例如地方政府会通过信用评级报告来对当地的宏观经济指标如地区生产总值、三次产业结构、进出口额进行披露，主要旨在考察地区整体经济的发展水平，对发行人做出有关预判。对于地方政府财务状况的描述主要集中在政府的财政情况，其中主要包括政府的收入及债务情况，但对这两项指标的披露也只有总额，不会再过多展开细分科目。相比之下，从美国所披露出的内容来看，除了当地的宏观经济指标外，美国更加着重强调地方政府具体的财务状况的展示。例如，美国会披露出政府的资产负债情况和收入支出情况，并且针对收入支出情况还会细分到具体的类别来进行描述；对于政府的各类基金也会分别对其资产负债情况及收入支出情况进行披露，一些自主经营基金还会披露出其现金流变化情况；对于政府的税收情况也会进行明确披露，同时还会披露出主要纳税主体的情况；对于政府债务情况会从其预期价值、未发行债务情况、债务比率等角度进行描述。此外，从美国所披露出的内容可以发现，美国对于养老金计划十分重视，会从各个角度来进行披露，例如该基金目前的资产负债情况、投资情况、不同制度下的规定等。部分地方政府也曾出现缺漏养老

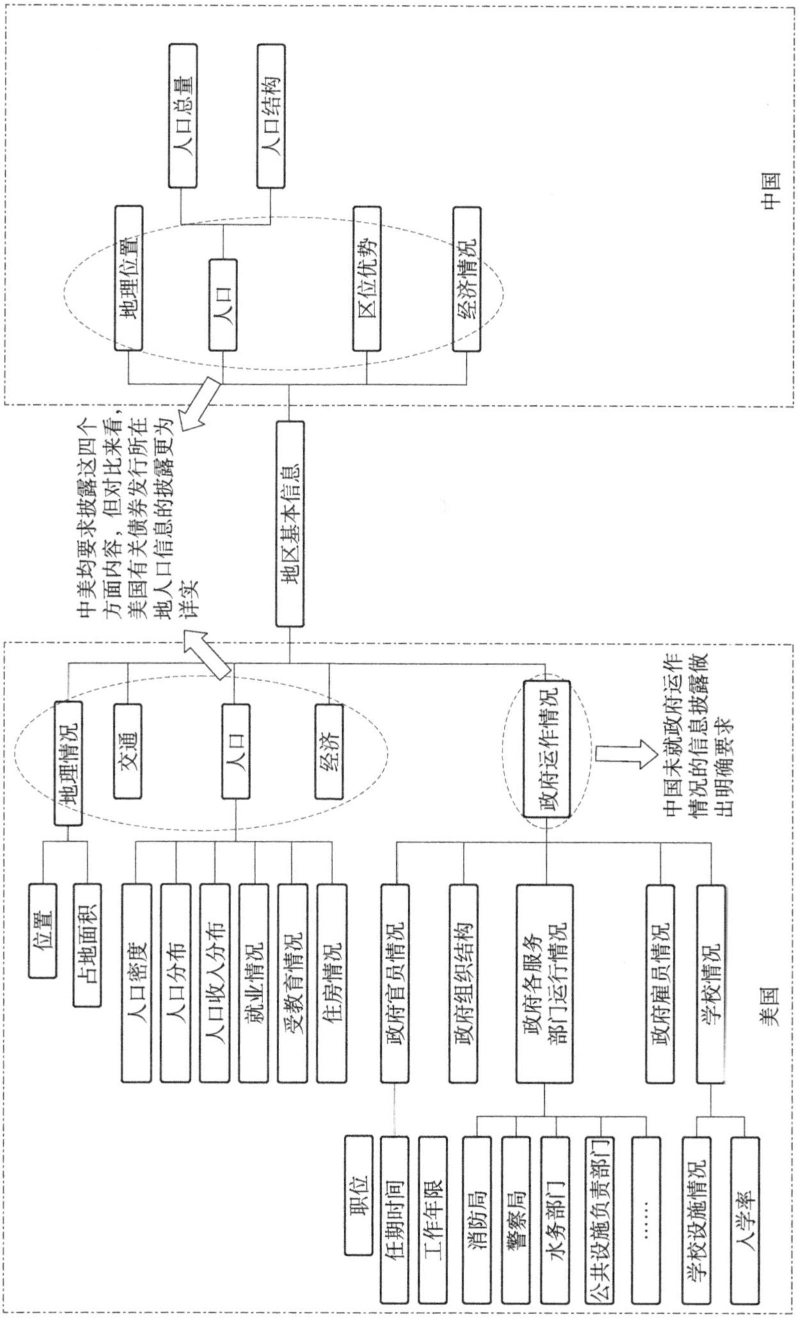

图 5.3　中美地区基本信息披露对比

金相关信息披露的情况，均被 SEC 根据相关规定予以了处罚。同样的情况可以和中国的社保基金来进行类比，但从目前披露的文件中可以发现，中国对这一内容尚未提及（见图 5.4）。

（3）债券实际发行后披露内容对比

在债券实际发行后，中国会通过发行结果公告和发行结果公开披露债券的发行结果，内容包括一些债券的基本信息，例如债券的实际发行规模、赎回模式、付息方式。而美国在债券实际发行后并无相关内容的披露，但要求各发行人向 EMMA 平台提交债券的财务报告、交易数据等，投资者可从该网站及时获取市政债券的数据和相关披露信息（见表 5.6）。

表 5.6　　中美两国债券发行结果信息披露要素对比

发行结果披露		
美国	中国	
无相关文件	发行结果公告	计划发行规模、实际发行规模、发行期限、票面利率、发行价格、付息频率、付息日、到期日。
	发行结果公开	债券名称、债券编码、债券简称、债券类型、期限、发行规模、新增债券金额、置换债券金额、再融资债券金额、发行批次、利率、发行日期、起息日、付息方式、赎回模式。
总结	中国对于发行结果进行了专门的披露，再一次强调了债券的实际发行情况，而美国却没有对于这一情况进行额外的披露，但是可以在其电子信息披露平台查询到有关数据。	

（4）债券存续期内披露内容对比

表 5.7 列示了提取出的中美两国债券存续期内信息披露基本要素。总体来看，与美国相比，中国的信息披露内容较为多元。在债券发行后的存续期内，中国会定期披露还本付息公告，以展示债券每次还本付息的日期、金额等，但美国对于这一内容并没有单独进行披露。美国对于债券的存续期披露主要是通过财务信息相关报告来对债券存续期政府的情况进行说明，其中最为普遍的形式是综合年度财务报告，但发行人很少针对所发行债券的情况进行单独披露。中国与之对应的文件为存续期公开类目下的相关文件，包括：存续期公开、跟踪评级、地方经济、财政相关数据等。

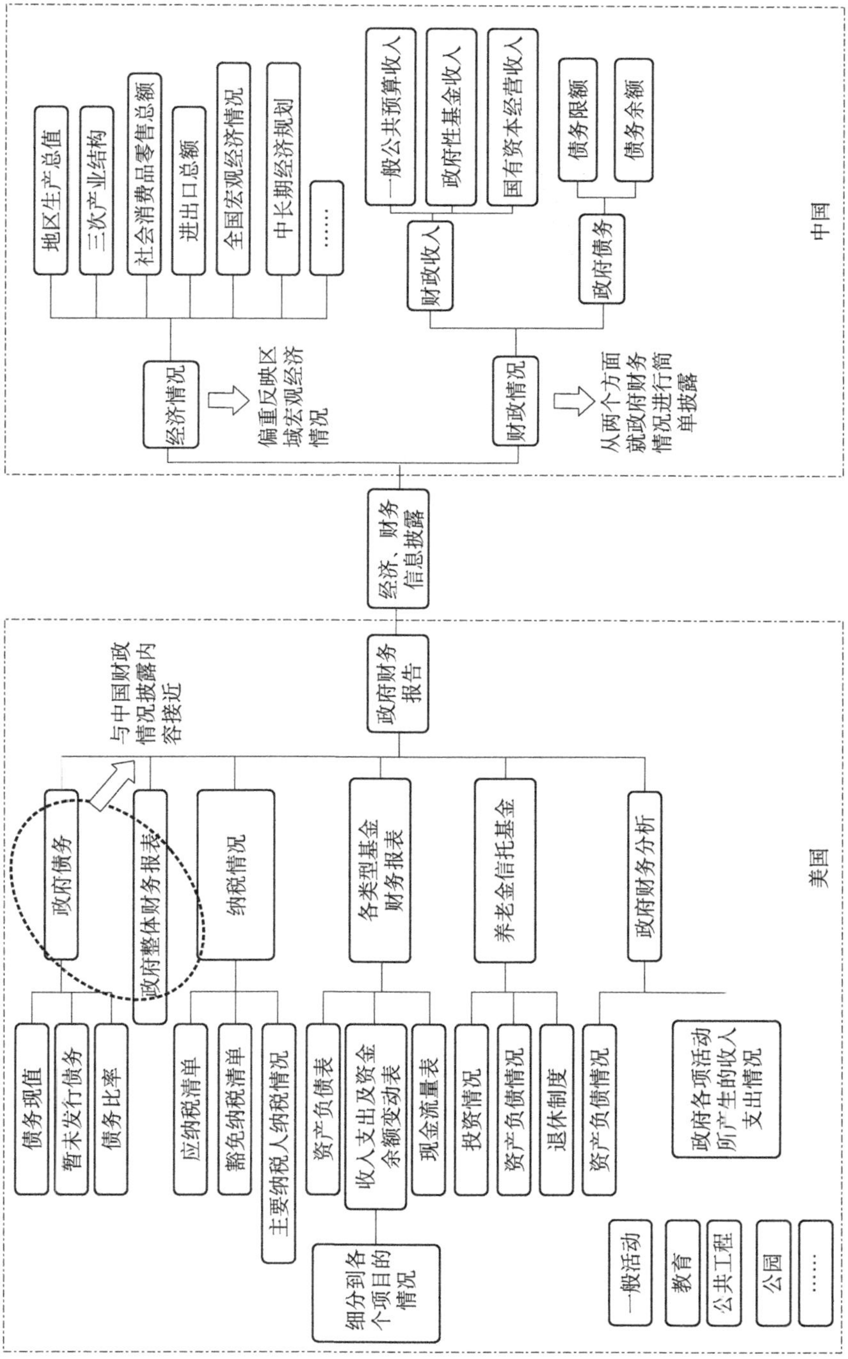

图 5.4　中美经济、财务信息披露对比

表 5.7　　　　中美两国债券存续期内信息披露要素对比

<table>
<tr><th colspan="2">美国</th><th colspan="2">中国</th></tr>
<tr><td rowspan="3">综合年度财务报告</td><td rowspan="3">发行地区介绍：
官员名单、政府组织架构、城市介绍（人口数量、占地面积、地理位置、交通情况、政府架构、主要举措、财务信息、预算控制、养老金计划、财政政策、债务管理、风险管理、独立审计）、财务报告（财务重点、财务报表概述、政府范围内的财务报表、基金财务报表（政府基金、自营基金、信托基金）、政府范围内的财务分析、净头寸汇总表（流动资产、未折旧的资产、净资产、总资产、资产的递延流出、长期负债、其他负债、总负债、递延的资源流入、净头寸、资本净投资、限制头寸、未限制头寸、净头寸）、活动汇总表（收入、项目收入、项目费用、转账前净头寸的增加（减少）、转移支付、净头寸的增加（减少）、每年年初时的净头寸、年末净头寸）、城市基金财务分析（政府基金、专有基金、普通基金预算重点）、资本资产和债务管理、未偿债务、经济因素和明年的预算和利率）。
基本财务报表：
净资产陈述表（现金及现金等价物、限制性现金、投资、应收账款、存货、未折旧的资产、折旧资产净额、总资产、退款费用、与养老金相关的变化、账户和其他应付款项、应付贷款、拖欠收入、非流动负债、总负债、与养老金有关的变化、高级财产税征收、递延资源流入总额、资本资产净投资、限制性投资、总净资产）、政府活动陈述表（政府活动、政府一般收入（财产税、不限于特定项目的拨款和捐款、无限制投资收入、杂项、一般总收入）、转移支付）、政府基金资产负债表（现金及现金等价物、限制性现金、投资、应收账款净额、其他基金欠款、存货清单、总资产、应付账款、其他基金变动影响、应付贷款、未计收入、总负债、延迟的资源流入（不可用收入、高级财产税征收、延资源流入总额）、基金余额、政府资本资产、减去累计折旧、净资本资产、其他长期资产、风险管理费用、长期负债、政府活动的净头寸）、政府资金收支、支出及资金余额变动表（收入（财产税、政府间划转、商品和服务费用和收费、投资收益、投资损失、杂项、总收入）、支出（当期收入、债务和各种支出、总支出）、收入超过支出的超额（不足）、其他融资来源（用途）（转入、转出、发行一般债务债券、一般债务债券溢价、总其他融资来源（用途）、基金余额净变动、年初基金余额、年</td><td>付息公告</td><td>发行人、债券名称、债券简称、债券代码、发行总额、票面利率、本次付息日、付息金额、付息办法。</td></tr>
<tr><td>存续期公开</td><td>债券名称、债券编码、债券类型、债券规模、发行日期、债券利率、债券期限、债券项目总投资（总投资金额、债券资金安排）、债券项目已实现投资（总投资金额、债券资金安排）、债券资金收入（债券名称、金额）、债券资金安排的支出（支出功能分类、金额）。</td></tr>
<tr><td>跟踪评级报告</td><td>存续债券名称、上次评级结果、评级时间、跟踪评级观点、评级方信息、全国宏观经济情况、财政收入情况、近期中央出台的政府债务管理重大政策或会议、政府债务管理情况、地区生产总值、人均地区生产总值、工业增加值、固定资产投资则、社会消费品零售总额、进出口总额、三次产业结构、常住人口、城镇化率、一般公共预算收入、政府性基金收入、地方政府债务限额、地方政府债务余额、经济信息、财政信息、政府性债务、债务管理情况、区域发展战略、债券名称、债券简称、发行规模、债券期限、发行利率、债券安排及债券保障指标、债券信用等级、地方政府一般债券信用等级符号及含义、评级模型核心指标、地区生产总值、</td></tr>
</table>

续表

美国		中国	
综合年度财务报告	末基金余额、资本支出及其他支出、折旧费用、长期债务、不需要使用现有资源的费用、内部服务资金、政府活动净资产的变化）、基金净头寸明细表（现金及现金等价物、限制性现金、应收账款、其他扣除不可收回津贴、存货、流动资产总额、资本资产、总资产、递延资源流出、流动负债、非流动负债、总负债、净资产）、基金净头寸自营基金的收入、费用和变动表（营业收入、营业费用、营业收益、营业外收入（费用）（投资收入、利息费用、净营业外收入（费用）、转移支付前的净头寸的变化、转移支付、净头寸变动）、基金现金流量表（经营活动的现金流、非资本融资活动产生的现金流、资本融资活动产生的现金流、投资活动产生的现金流、现金和现金等价物的净增加（减少）、年底现金和现金等价物、营业收入（损失）与经营活动（使用）提供的净现金（经营收入（损失）、调整营业收入（损失）与（用于）经营活动提供的净现金、资产和负债变化）、经营活动提供的现金净额）、重要会计政策摘要（报告主体、政府范围内和基金的财务报表、计量重点、会计核算和财务报表编制的基础、存款和投资、应收款项和应付款、存货和预付费项目、资本资产、资源的流入、补偿性缺失、养老金负债净额、长期负债、基金权益、会计概算）、管理、合规和责任（预算信息、赤字基金权益、拨款支出）、现金、现金等价物和投资（存款保管信用风险、经常性公允价值计量、利率风险、信贷风险投资、托管信用风险）、应收账款（利息、税收、政府间账款、总应收款项、应收账款净额、与本期收入有关的不可收回款项总额）、资本资产（政府活动、折旧资本资产、累计折旧、已折旧的资本资产总额、政府活动资本资产净额）、基金间应收账款、应付款项和转移（普通基金、资本项目、非主要政府基金、年总转移）、债券预期票据和中期融资（债券描述、基金、利率、到期日、期初余额、期末余额）、长期债务（利率、初次发行的证券、发行日期、到期日、未结清的余额、一般长期债券、长期负债的变化、债务限额、重叠负债）、风险管理、员工退休制度和养老金计划（养老金信托基金（重大会计政策汇总表、资金政策和进展、投资政策、投资回报率、该城市的养老金负债净额、精算假设、贴现率、养老金负债变动、养老金净负债）、市政职工退休制度	跟踪评级报告	人均地区生产总值、地区生产总值增长率、全社会固定资产投资总额、社会消费品零售总额、进出口总额、三次产业结构、第一产业增加值、第二产业增加值、第三产业增加值、面积、城镇居民人均可支配收入、全市一般公共预算收入、全市税收收入/一般公共预算收入、市本级一般公共预算收入、全市政府性基金收入、市本级政府性基金收入、全市上级转移支付收入、全市国有资本经营收入、市本级国有资本经营收入、全市政府债务余额、市本级政府债务余额、三次产业结构、全市一般公共预算收入、市本级一般公共预算收入、全市政府性基金收入、市本级政府性基金收入、全市国有资本经营收入、市本级国有资本经营收入、全市政府债务、市本级政府债务。
		经济、财政相关数据	地区生产总值（总额、地区生产总增速、第一产业、第二产业、第三产业）、固定资产投资、进出口总额（总额、出口额、进口额）、社会消费品零售总额、金融机构各项存款余额、金融机构各项贷款余额、一般公共预算收入、一般公共预算支出、地方政府一般债券收入、

续表

美国		中国	
综合年度财务报告	（计划说明、福利条款、正常退休、提前退休、残疾退休、退休前死亡福利、贡献、养老金负债、养老金费用、资源流出和与养老金相关的资源流入、精算假设、贴现率、养老金净负债对折现率变化的敏感性、城市的净养老金负债的比例份额）、养老金费用和延迟资源流出和与养老金有关的延迟资源流入（预期和实际经验之间的差异、城市贡献测量、城市的雇主改变比例份额、净养老金计划投资、总递延流出的资源）、就业后福利）、基金结存额、税收减免、或有负债。 补充信息： 收入表和其他融资来源（财产税、政府间收入、许可证、服务费用、其他收益、总收入、其他融资来源）、支出计划和其他融资使用、养老金净负债及相关比率变动表、雇主缴费明细表（实际决定贡献、精算决定贡献、覆盖工资、贡献覆盖员工工资的百分比）、投资回报计划表、城市净养老金负债的比例份额、雇主缴费时间表、净负债及相关比率变动表、投资收益表、养老金净负债及相关比率变动表。 合并和单独基金报表和附录： 普通基金（资产负债表、收税计划表、合并收入、支出和基金余额变动表）。 统计部分： 财务趋势信息、收入能力信息、债务能力信息、净头寸变动、基金余额与政府资金、应税财产的评估价值和估计的实际价值、主要财产纳税人、按类型划分的未偿债务比率、债务限额表、人口、个人收入、个人资本收入、平均年龄、学校登记、失业率、主要雇主。	经济、财政相关数据	地方政府一般债券还本支出、地方性基金收入、地方性基金支出、地方政府专项债券收入、地方政府专项债券还本支出、国有资本经营收入、国有资本经营支出。
总结	1. 中国会定期披露还本付息情况；美国无单独披露； 2. 美国重点披露发行人的财务情况，但对所发行债券情况很少进行单独披露；中国披露角度较为丰富，旨在披露债券资金的运用情况； 3. 美国对于政府指标侧重于微观层面，包括具体财务数据以及相关地区信息；中国披露指标侧重宏观数据。		

从图 5.5 中可以看出，中美两国一般债发行后披露内容整体对比来看，中美两国对债券存续期内信息披露的侧重点有所不同。中国在存续期公开内旨在披露债券资金目前的运用情况，其中具体包括：债券的资

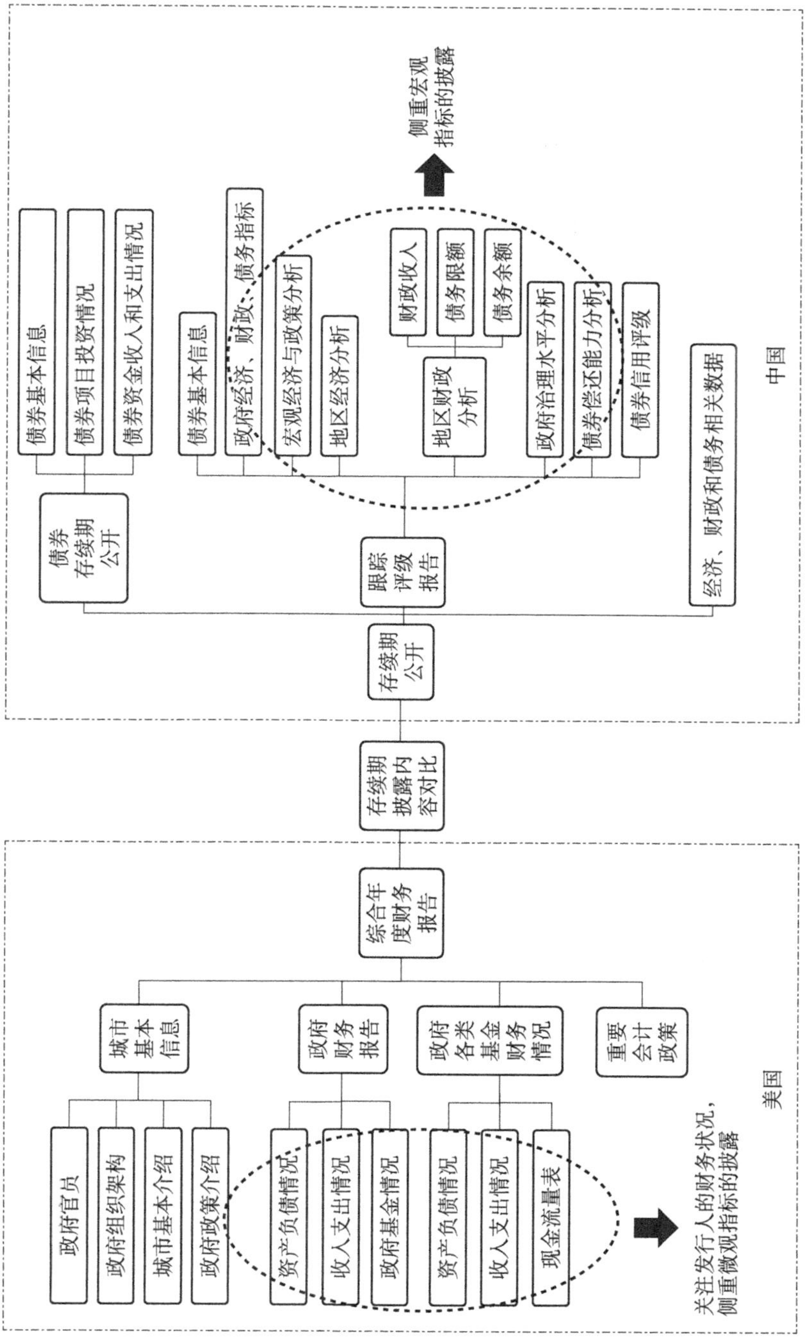

图 5.5　中美一般债发行后存续期披露内容整体对比

金安排、资金收入等内容；在债券跟踪评级中会披露政府的经济、财政情况，一些地方政府也会通过单独的文件来披露这一内容，但是对于政府情况的指标还是侧重在宏观方面。而美国与发行前披露内容相同，更偏向于具体财务指标的披露，通过综合财务报表也简要地展示出了城市的基本信息及政府情况，并对于政府各项资产、负债、收入、支出情况从政府总体以及各类基金角度详细地进行了披露。

（5）重大事项披露内容对比

在重大事项披露方面，由于中美两国对于重大事项的定义与要求不同，因此二者对于这一项的披露内容也存在差异。美国 SEC 第 15c2 - 12 条对于地方政府债券存续期间的重大事项披露进行了明确的规定，列出了 16 条需要进行披露的重大事项。因此当存在以下事项时（如表 5. 8 所示），政府需要对该信息进行明确的披露。中国《证券法》（2019 年修订）第八十一条规定重大事项包括“公司股权结构或者生产经营状况发生重大变化；公司债券信用评级发生变化；公司重大资产抵押、质押、出售、转让、报废；公司发生未能清偿到期债务的情况”，但是对一般债券重大事项界定为“发生可能影响使用一般债券资金地区的一般公共预算收入的事项”，未具体规定哪些事项应属于重大事项的范畴内。从目前所披露出来的文件可以看出，中国现有的重大事项仅有对信用机构的选择情况、承销团成员变更、调整债券资金用途和更正披露内容四种情况。通过对比两个国家的规定以及披露文件也可以发现，美国对重大事项的披露存在于债券发行之后，而中国对重大事项的披露存在于债券发行的整个流程之中。

表 5. 8　　　　中美两国重大事项披露内容对比

美国	中国
1. 本金、利息拖欠； 2. 非付款相关违约； 3. 反映财务困难的偿债准备金的非计划提取； 4. 反映财务困难的信用增级计划外提款； 5. 信贷或流动性提供者相关变动； 6. 影响证券免税状态的不利税务意见或事件； 7. 对证券持有人权利的变动； 8. 债券认购、投标、报价；	1. 评级机构相关事项； 2. 债券调整；

续表

美国	中国
9. 废止； 10. 发放、替换或出售财产，以确保偿还担保； 11. 评级变更； 12. 破产、无力偿债或类似事件； 13. 合并、收购或出售资产； 14. 受托人的继任者变更； 15. 财务义务的协议变更； 16. 反映财务困难的事件。	3. 信息披露内容更正； 4. 承销团管理相关公告。
总结	1. 中国未明确规定应属于重大事项范畴内的事项；美国则明确列出了 16 类需要进行披露的重大事项及事件的定义； 2. 中国的重大事项披露文件是贯穿债券整个发行流程之中；美国的重大事项则更强调存续期内的发行人、债券发生的重大变动。

2. 中国专项债与美国收入债披露对比

（1）披露文件对比

对于中国的专项债和美国的收入债而言，中美两国在披露文件上的差异基本与一般债相同。但中国要求对于新增的专项债通过信息披露模板来对特定债券的债券信息、项目信息进行详细描述，而美国对于该内容的披露往往是通过“正式声明”这一文件来进行。此外，中国还要求专项债需要披露项目的“一案两书”，具体包括项目实施方案、法律意见书和财务评价报告书，其中项目实施方案是对专项债募投项目各项情况的详细说明，包括项目主体资格、投资收益及成本分析、社会经济效益等内容；法律意见书是由律师事务所出具的，有关项目具体情况合法性的说明；财务评价报告书是由会计师事务所出具的，对于相关项目融资平衡情况的说明。相应地，这三个文件的内容美国也放在了“正式声明”中进行描述，而不是通过单独的文件来进行说明（见图 5.6）。

（2）债券发行前披露内容对比

债券发行前，中国专项债与美国收入债对于信息披露在一般债基础上还因其更加注重募投项目的信息，所以在这一方面存在一些额外的差异。中国对于募投项目的情况会通过“新增专项债项目信息披露模板”和“一案两书”来进行详细的披露。“新增专项债项目信息披露模板”

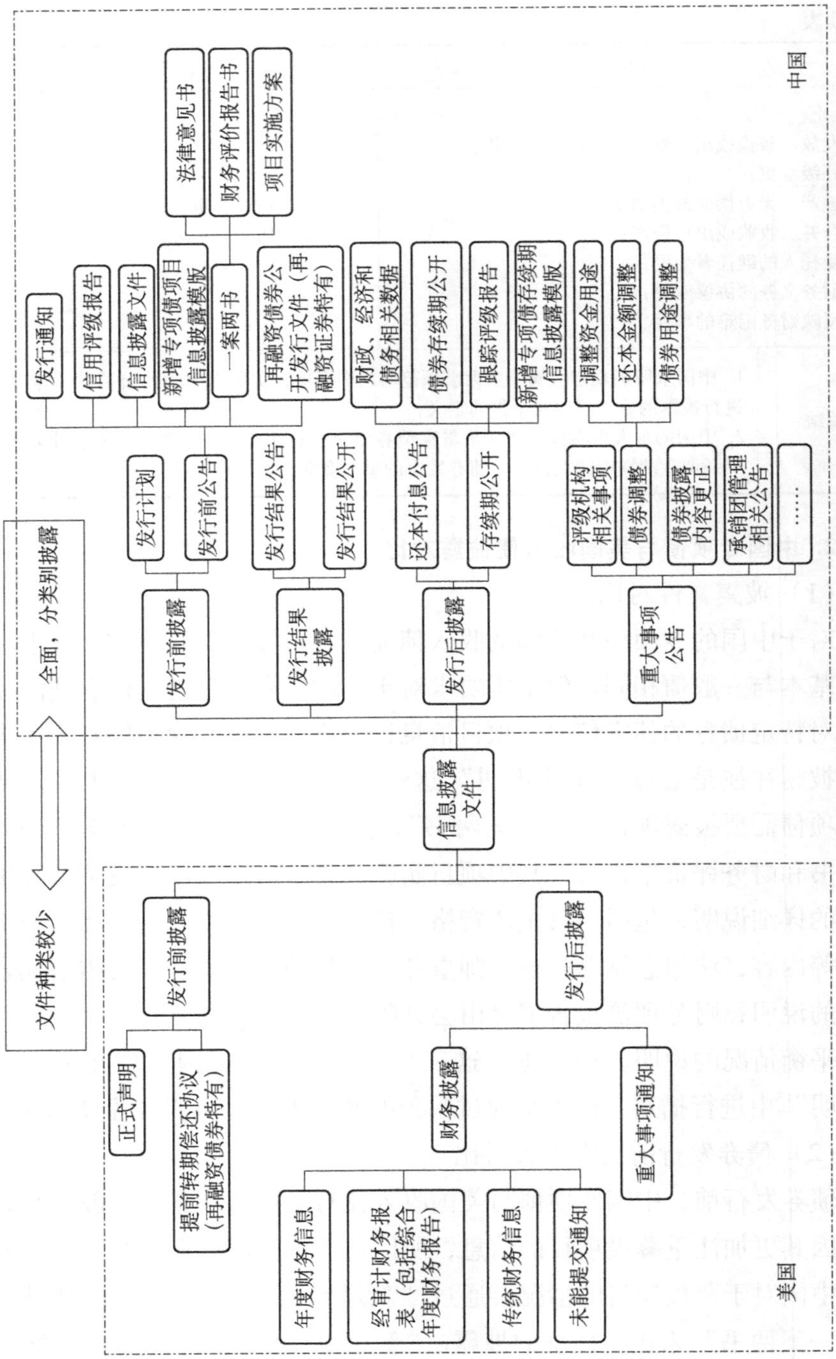

图 5.6 中国专项债与美国收入债信息披露文件对比

主要是用于介绍各专项债券所募投项目的详细信息，包括项目投资额、项目基础信息、融资计划、项目收益预测等内容。“一案两书”则是从法律和财务两个角度来对募投项目进行介绍和评价，包括了项目实施单位的情况、项目基本情况、项目融资平衡情况等内容。而美国在债券发行前对于投资项目的介绍是通过正式声明实现的，同时相比于中国来看，美国披露的信息较少。通过对中美两国专项债券所募投项目的对比可以发现，中国更多的是对于政府的新项目进行投资，而美国是对水厂、学校等现有系统的进一步建设来募集资金，因此美国更加偏向披露现有系统的基本信息和经营情况（见图5.7）。

如表5.9所示，具体从募投项目的介绍情况来看，中国通过项目信息披露模板及“一案两书”来对项目情况进行介绍，但会存在多个文件对同一信息进行重复介绍的情况，例如项目实施主体的情况、项目融资平衡情况等内容。同时，对于项目情况的介绍，除了一些基本信息外，中国在披露内容上更加侧重项目融资平衡情况，因此会对募投项目的预期收益、成本等进行披露。

而美国对于项目情况的披露集中在正式声明中，通过其所披露的内容也可以发现，美国所投资的项目往往是现有项目的进一步发展，例如对水厂污水系统的投资而非新建一家水厂、对机场设施的投资而非新建一处机场，而中国所投资的项目更多的是一个全新的项目。因此美国在披露内容上会对项目现有主体（例如水厂、机场）的情况进行详细介绍，如该主体的基本信息、过往的经营情况、管理情况，但同时对于投资项目的预期情况也会有详细的介绍。

（3）债券存续期披露内容对比

专项债和收入债发行后，由于二者都是专门用于特定项目的投资建设，因此其在披露内容上除了保留了一般债券的特点外，还会对募投项目情况进行额外披露。通过对中美两国在债券存续期信息披露内容的对比可以发现，其所披露内容与发行前基本重合。例如，中国的“新增专项债存续期信息披露模板”内容与专项债发行前所披露的“新增专项债信息披露模板”内容相似，主要是针对募投项目在债券存续期内的融资情况、收益情况等数据进行详细的披露（见图5.8）。

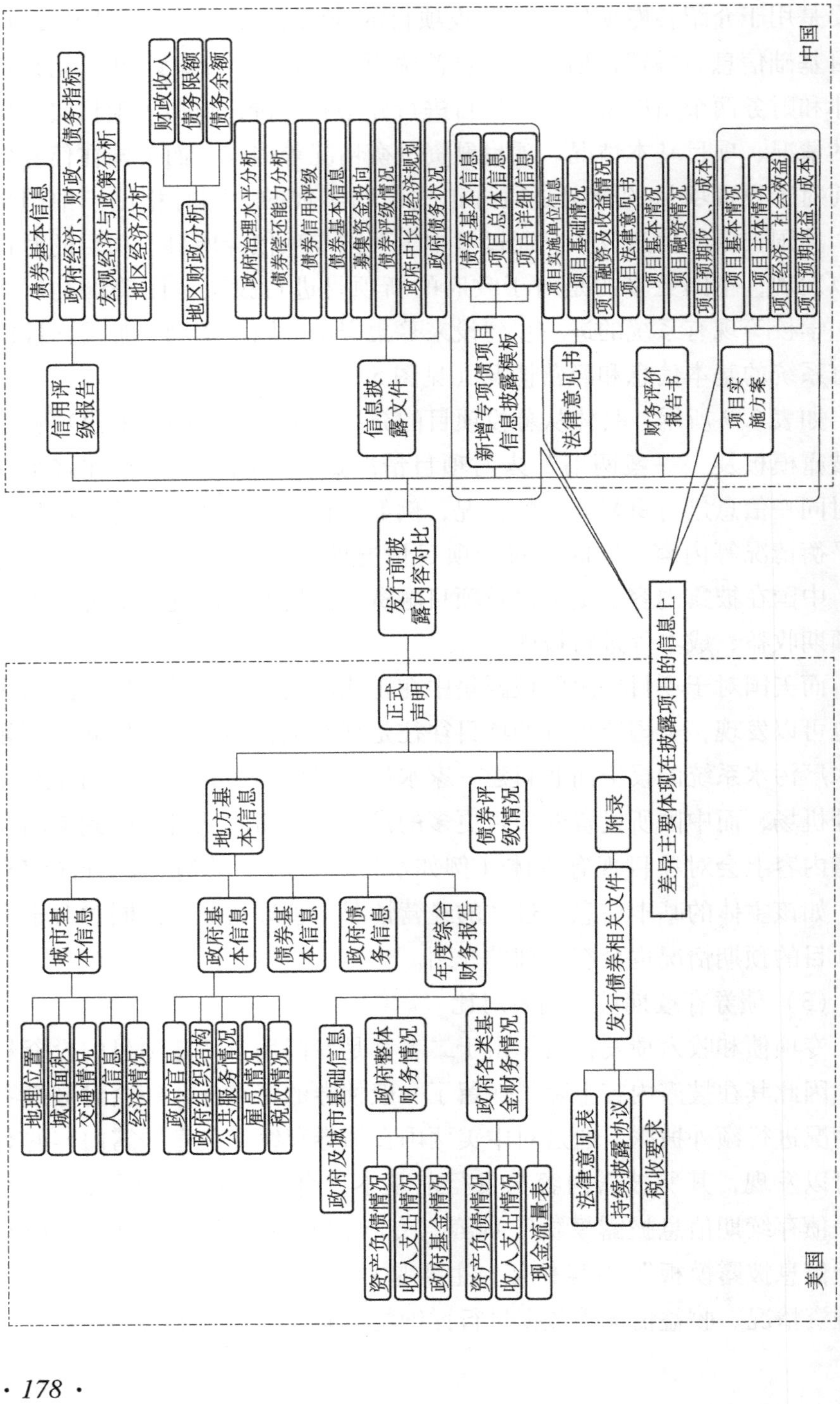

图5.7 中国专项债与美国收入债发行前披露内容对比

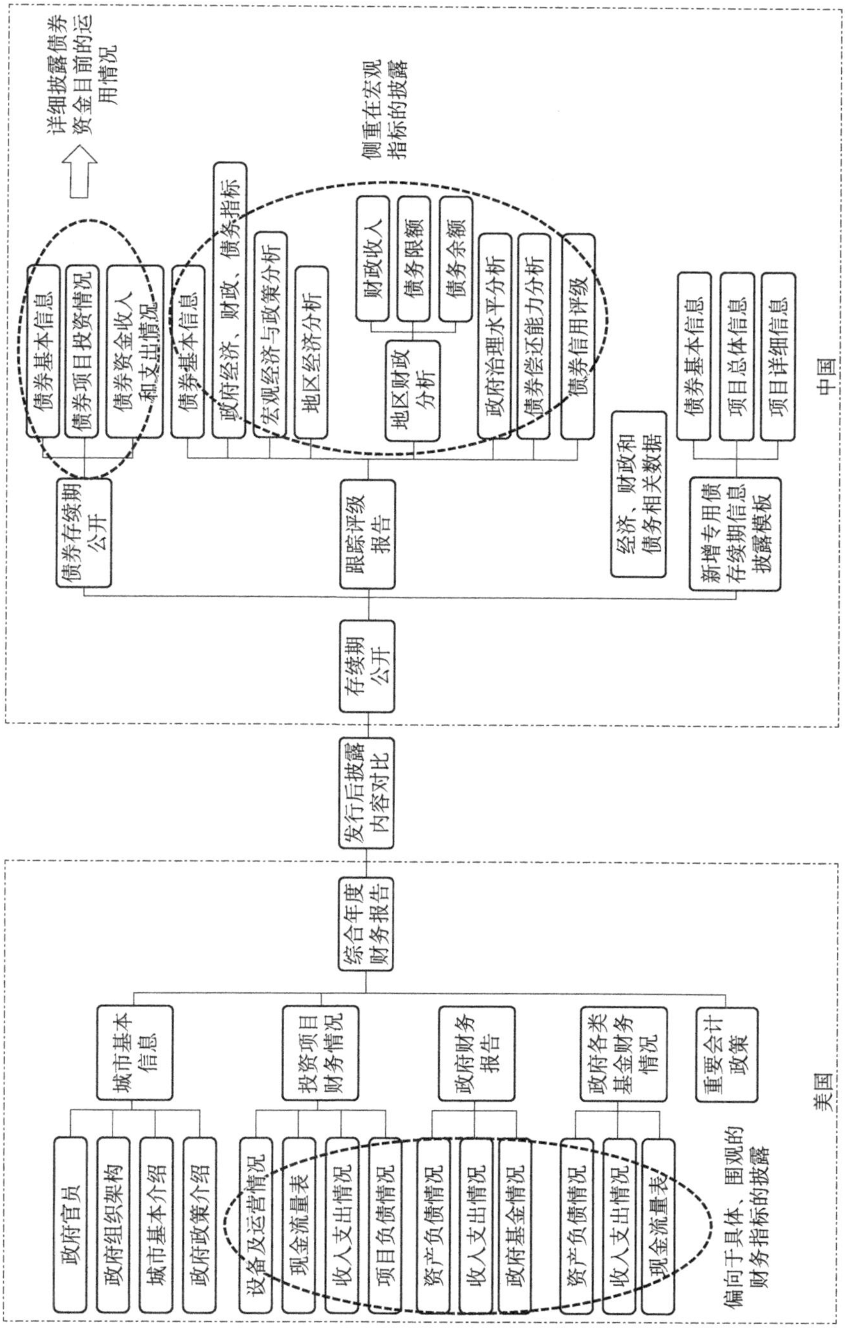

图 5.8　中国专项债和美国收入债存续期披露内容对比

表 5.9　　　　中国与美国专项债信息披露要素对比

<table>
<tr><th colspan="4">专项债发行项目信息披露</th></tr>
<tr><th colspan="2">美国</th><th colspan="2">中国</th></tr>
<tr><td rowspan="4">官方声明</td><td rowspan="4">项目背景（项目所属机构地点、管理情况、基本设施、用户概况、市场占有率、雇员情况）、项目计划（项目具体内容、实际成本、预期成本、项目状态、预期开工时间、实际开工时间、预期完工时间、实际完工时间）项目建设公司、财务计划、资金来源、资金用途、项目安全性、风险管理、债务管理政策、投资政策、债务覆盖面、投资考虑（项目成本、项目进度、财务假设、不可抗力、行业财务情况、破产影响）、历史运营情况、现金流量表（营运收入、非营运收入、总收入、运作及维修、资本改善、债务费用、开支总额、净收入）、盈利方式、其他相关债务、财务报告。</td><td>新增专项债项目信息披露模板</td><td>债券名称、债券类型、计划发行额、债券期限、招标/承销日、信用评级结果、还本方式、对应项目数、债券存续期内项目总投资、专项债券融资、其他债务融资、专项债券融资项目分年融资计划、其他债务融资项目分年融资计划、债券存续期内向项目总收益、债券存续期内项目分年收益、债券存续期内项目总债务融资本息、债券存续期内项目总债务融资本金、债券存续期内项目总地方债券融资本息、债券存续期内项目总地方债券融资本金、债券存续期内所有项目总收益/所有项目总投资、债券存续期内所有项目总收益/所有项目总债务融资本息、债券存续期内所有项目总收益/所有项目总债务融资本金、债券存续期内所有项目总收益/所有项目总地方债券融资本息、债券存续期内所有项目总收益/所有项目总地方债券融资本金、项目名称、项目类型、本只专项债券中用于该项目的金额、项目简要描述、项目建设期、项目运营期、本项目拟发行债券期限。</td></tr>
<tr><td>法律意见书</td><td>投资公司名称、统一社会信用代码、类型、住所、法定代表人、注册资本、成立日期、营业期限、经营范围、项目概况、项目批复文件项目融资情况、项目收益与融资平衡情况、中介服务机构及相关文件、项目风险因素、结论性意见。</td></tr>
<tr><td>项目募投情况书</td><td>相关规划、各项相关费用、项目总投资、项目总成本、地区生产总值、一般预算收入、政府性基金收入、国有土地出让收入、政府性基金支出、国有土地出让支出、项目名称、项目范围、项目面积、项目总投资、计划发行债券规模、计划发行本期专项债券规模、项目主管部门、项目实施主体、投资公司名称、统一社会信用代码、住所、法定代表人、注册资本、成立日期、公司类型、经营范围、项目情况、项目资金到位及使用情况、经济效益分析、社会效益分析、投资估算、资金筹措方案、项目收益预测、融资成本、资金测算平衡情况、总体评价、项目风险控制。</td></tr>
<tr><td>财务评估咨询报告</td><td>评价结论、投资公司名称、统一社会信用代码、公司地址、法定代表人、注册资本、成立日期、公司类型、经营范围、项目信息、项目实施的重要性、项目实施的公益性、项目位置、融资来源、项目名称、融资金额、资金状态、贷款银行、借款额度、到账金额、已偿还本金、剩余本金、已到账金额账面利息、剩余本金预计产</td></tr>
</table>

续表

专项债发行项目信息披露			
美国		中国	
官方声明		财务评估咨询报告	生的利息、计算至到期日的本息、债券融资情况、预计发行总额、募投说明书、利率、年限、应付利息合计、本息合计、现金流入情况（收益来源）、预期成本测算、预期收入测算、本息覆盖倍数（收益/还本付息）、风险分析、评估结论、特别注意事项、剩余本金预计产生的利息。
总结	中国对于项目情况的介绍更加侧重项目融资平衡情况；美国更加侧重于披露项目的运营情况、财务管理和投资情况。		

综上所述，中美在地方债信息披露制度及内容上的差异反映出了各国地方债市场的特色。总体来说，美国市政债信息披露制度更为完善，披露内容统一、披露内容中涵盖的指标丰富，但也造成了发行人披露成本较高的问题。美国在披露内容上更注重于对发行人存续期内的财务及重大事项的披露；中国的信息披露制度更为规范易懂、流程清晰，但是在披露内容上更注重对于发行人宏观经济、债务等指标的披露。此外，中国仍存在一些界定不清晰的披露事项。

第三节　中外地方政府债券信息披露差异分析

（一）差异原因分析

总体来看，中国与国际地方债信息披露差异反映了各自地方政府债券市场的特色，这是市场发展阶段、法律制度、会计制度、等多种因素共同作用的结果。

第一，中国证券市场相较于资本市场发展较早的国家起步较晚，直接影响中国相关信息披露规范的制度框架的成熟程度。中国地方债市场规模迅速发展的同时信息披露规范有所滞后，集中表现为：一是目前中国尚未全面制定有关地方债信息披露的详细政策和规则指导手册；二是缺乏自律组织的指导监督作用。依照“权责划分”和“手段选择”的不同，中国属于行政控制类型的国家。与同为行政控制类型的国家日本相比，1947 年日本在公布《日本国宪法》的同时，颁布了《地方自治法》，后续又颁布《地方财政法》，通过这两部法律对地方债的发行对象、适用范围和审批流程进行规定，中国目前规范地方债的法律只有《预算法》和《证券法》这两部法律，主要是通过部门文件来对地方政府债券信息披露进行约束。与制度约束类的代表国家美国相比，美国地方债券可以追溯到 19 世纪 20 年代，因此目前已经形成了一个成熟的整体框架，即“上位法——披露规则——补充条例”。

第二，各个国家法律制度的差异，直接决定了不同国家信息披露规范、监管主体、披露处罚等的差异。中国以《中华人民共和国证券法》为代表的规范法律体系为指导，主要由财政部负责地方债信息披露监管体系管理，财政部预算司和政府债务研究和评估中心负责地方债的披露管理，财政部与各地区市财政部门合作进行地方债信息披露监管。日本法律规定，地方政府没有破产或免除债务的权利，其债务最终的责任偿还责任依旧归属于中央政府，根据日本发布的《地方财政白皮书 2023》显示，日本地方政府基本不存在实际的赤字情况，而主要是由中央政府承担。而美国的监督体制高度贯穿着“分权制衡”的文化理念，《证券交易法》中的第 15c2 - 12 条是市政债券信息披露的核心规则，通过机构性质的不同和权责分配的“多层次体系”来保证监管机构的独立性，此外还有大量的自律组织参与监督规范。此外，美国的 SEC 在行使监督职能的同时，可根据《证券法》和《证券交易法》的规定，对违反法则的发行人提起诉讼。

第三，中国政府部门采用“收付实现制”作为预算会计核算基础，直接影响债券信息披露内容的详尽程度。首先从会计核算基础来看，中国政府部门采用“收付实现制”作为预算会计核算基础，美国、英国和日本政府部门采用“权责发生制”作为会计核算基础，编制权责发生制能够全面反映了地方政府的资产负债状况。在权责发生制政府会计与政府财务报告编制方面，英国一直走在世界的前列，已实现政府会计与企业会计完全趋同。日本通过《国家债权管理相关法律》《国有财产法》等规定了国家资产、负债的登记范围。中国自2007年启动新一轮政府会计改革，初步确立了权责发生制的改革导向，2017年财政部颁布《政府会计制度——行政事业单位会计科目和报表》并于2019年1月1日起中国所有行政单位和事业单位开始执行，目前中国初步建立了统一的政府会计准则制度框架（崔学刚，2020）。这不仅有助于投资者评估地方政府债券的信用风险，提高其流动性，还有助于地方政府了解自身的资产负债状况，合理规划债券的期限结构。然而，编制综合财务报告也会给地方政府带来一定的经济成本和政治成本。其次从债券信息披露内容差异的会计反映来看，目前中国的地方政府债券市场的信息披露制度流程清晰，更为简单易懂。虽然信息披露的内容相对较少，但更注重对宏观经济指标的披露，帮助投资者了解发行人所处的经济环境，从而对债券的风险有所了解。相比之下，美国地方政府债券市场的信息披露更注重对发行人基础信息及财务状况的披露，发行人需要提供更为详细和全面的财务报告、以及其他与债券发行相关的信息。美国的地方政府债券要满足披露要求，发行人需要花费更多的时间和资源来准备和提交相关的信息，这可能对一些规模较小的地方政府或发行人构成一定的负担。

（二）发达国家信息披露优势分析及经验总结

1. 美国信息披露优势

美国证券市场的监管体制历经长期的发展与完善，已形成以SEC为主的政府监管、以机构投资人与第三方调研机构等组成投资人监管的模式。美国地方政府债券市场管理制度的重点是对投资者的完全信息披露。一方面，更加强调对持续披露的重要性，注重对发行人偿债能力的评估。对可能影响到债券偿债能力的因素都详细地进行了列举，并在财务信息披露以及重大事项披露两个板块进行了详细的披露事件分类，将重要信息及时反馈至投资者和信息平台。另一方面，注重对发行人财务状况的披露。在地方政府债券持续披露的财务报告中，不仅限于其财务状况的指标，与其经济情况间接相关的城市、人口、基础设施、政府组织架构、养老等全方位、多维度的要素也均有涉及。这些内容的披露既展现了当前政府的财政状况，又考虑了未来一定时期政府财政的负担情况，较为全面地展现了发行人的财务状况，为投资者提供了详实、具体的投资判断信息。

除此之外，美国相对完善的信息披露及配套制度的形成也得益于其拥有完备信息披露平台。MSRB 网站通过设立市政市场准入电子平台（EMMA）向公众免费提供市政债券市场的交易信息、发行人持续披露的信息、交易信息以及其他与市场相关的信息和分析工具。因此，虽然美国未对地方债的发行结果披露做出明确规定，但投资者可以通过债券编号、发行人、披露文件类型、债券项目类别等检索有关强制披露信息和资源披露信息，大大改善了公众获取披露信息的渠道，增加了信息的可获得性。

美国作为发展时间较长、体制机制运作成熟稳定的典型代表，在其信息披露制度承载下，庞大的市政债券市场有序运作。参照美国对披露事项进行详细分类的做法，中国可以在统一信息披露指引的基础上，根据行业的不同特点及发展的不同阶段，分门别类制定地方债披露指引，这对改善债券融资项目差异大的问题有重要帮助。除此之外，中国应继续完善地方政府债券信息披露平台，方便投资者与社会公众查询，不断加快国内地方政府债券市场化进程。

2. 日本信息披露优势

日本是中央集权国家，中央政府对地方政府的债券发行有着较强的控制力。日本具有多层次的债券信息披露监管主体，强调债券信息的公开透明性，通过披露财务信息和重建系统，保证地方政府债券的本息偿还安全。在法律规制方面，日本通过出台相关法律，为地方财政健康程度设定了标准，要求地方政府披露其综合财务状况，加强公众对地方政府财务状况的公开监督。日本政府于 1999 年颁布《关于行政机关保有信息公开的相关法律》，规定政府预算等信息必须对公众公开（崔成和明晓东，2015）。2008 年，日本开始引入权责发生制会计制度，力图使得政府的资产负债情况更加公开透明，通过渐进的改革方式推行，目前已经完全实现权责发生制会计制度（史明霞，2018）。此外，日本财政部门通过将地方债信息披露与政府信用评级挂钩实现对地方政府发债行为的监管，不断提高债券信息的公开度和透明度，方便市场参与者获取债券有关信息。在信息披露监管主体方面，地方政府债券信息披露除了受到政府机构的管理外，还要遵循一些自律组织制定的规范。多层次的监管体系一方面保证了监管的多样性，另一方面可使不同机构间的权责得到合理分配，从而有效保证监管体系的高效运行和责任得到落实。

3. 欧洲国家信息披露优势

从信息披露文件要求来看，欧盟就债券的披露方式和披露文件格式具有明确且一致的要求和规范，例如要求招股说明书应当包括证券所附权力、盈利能力、财务现状、负债情况、担保人的资产、证券发行人基本信息以及其他能够有利于投资者正确评估和预期证券价值的信息。这种统一的规范要求，既有利于欧盟内部成员国之间的监督管理，又便利了债券在欧盟境内的发行。从信息披露监管主体来看，欧洲各国具有全过程且多元化的监管主体，各国政府具有相对明晰的事权和财权划分，各级政府具有发债自主权的同时，又会受到司法机构事前、事中及事后监管。英国旨在构建地方政府资本融资的谨慎性监管框架，主要包括谨慎性准则、谨慎性指标及其具体执行措施等内容。谨慎性指标是指在谨慎性制度下，各个地方政府评价其承债能力和提供财政稳健报告的指标体系，包括资本融资计划，涉及融资和借款的渠道、借款占总体融资额的比例等、可获得的收入来源等。德国对政府承担债务同样较为谨慎，所有政府的融资都要经过预算和议会审议程序，借债主体是各级州政府和市政府，所募资金都纳入预算中进行统一管理，通常用来进行基础设施建设和应付突发事件造成的支出增加。

总体来看，欧洲各国地方债信息披露制度具有明显的规范性特征，对标中国的信息披露政策改进，应当进一步明确各地政府债券信息披露的框架，实现地方债信息披露的规范性和统一性，这既有便于监管机构的审查，规范政府融资行为，又方便投资者根据债券信息做出投资判断和决策，对于地方政府债券市场化具有重要意义。

第六章

多维视角下中国地方政府债券信息披露体系构建要求

第一节 投资者视角下中国地方政府债券信息披露体系构建

本节从投资者视角切入，针对地方债信息披露体系构建提出以下要求：一是完善地方政府债券的发行管理制度，帮助投资者更加准确地评估地方政府债券项目的投资价值和风险，提升投资者对地方政府债券市场的信心。二是完善地方政府债券的监督制度，为投资者参与提供法治保障。从投资者视角来构建地方政府债券信息披露体系，不仅能够预防金融市场、政府债务风险的发生，而且能够推动地方政府债券市场的健康发展，促进金融市场的平稳运行和高效发展。

（一）完善地方政府债券的发行管理制度

自 2016 年起，财政部陆续发布了《地方政府一般债务预算管理办法》和《地方政府专项债务预算管理办法》等文件，对地方政府发行一般债券和专项债券提出了新的要求。2020 年，财政部颁布了《关于进一步做好地方政府债券发行工作的意见》，明确了推动地方政府债券发行市场化改革的方向。尽管中国近年来不断加强地方政府债券的发行管理，但是其市场化程度仍有待提高，地方政府债券的发行和交易依然受到政府直接管理和干预。当前，地方政府债券的发行仍存在市场化不足的问题，发行定价受非市场因素影响显著（王震，2024）。在地方债的发行定价中，地方政府通过与商业银行协商利率，利用其在金融市场的影响力，对地方债的价格进行干预，降低其融资成本。在承销商竞标环节，地方政府可能通过指导等手段来强迫承销商参与竞标。这种非市场化行为不仅扭曲了地方债的发行利率，还可能影响债券市场的公正竞争。从地方政府债券的交易市场来看，其交易机制尚不完善、市场流动性较低、信息披露效果不佳，导致债券双方信息存在不对称。此外，商业银行在地方债交易市场中的占比较高，市场参与者较为单一，市场活跃程度不高，流动性较差。为促进地方政府债券市场的健康发展，提高市场透明度，需要从投资者角度出发，重点关注地方政府债券的发行市场和交易市场。地方政府债券发行市场的发展将推动交易市场的繁荣，而发行定价和方式等因素也将直接影响交易市场的流动性。通过提高地方政府债券市场的市场化程度，可以激发市场参与者的积极性，使地方政府债券的发行受到资本市场的更为有效的监督，进而发挥资本市场的资源配置功能。通过投资者视角，完善地方政府债券的发行管理制度需要注重以下两个方面：

1. 提高地方政府债券发行的市场化水平

在发行前阶段，完善的信息披露有助于提升债券的市场化水平，增加投资者信任和参与度。以下是在发行阶段应该完善的一些信息披露内容，以提升市场化水平。一是披露地方政府债券的发行计划，包括发行规模、发行时间、发行方式等。同时，详细披露债券资金的使用计划，明确用途和项目，增加投资者对债券的理解和信任。二是披露债券的发行文件，包括募集说明书、招标文件等。明确债券的基本条款，如票面利率、还款期限、付息方式等，帮助投资者评估债券的风险和回报。三是披露发行主体的财务状况和偿债能力，包括债务余额、债务比率、财政收支等指标，帮助投资者评估债券的偿付能力和风险。四是充分披露与债券相关的风险因素，包括市场风险、信用风险、流动性风险等，帮助投资者尽可能的了解可能面临的风险，做出明智的投资决策。五是披露与债券发行有关的机构信息，包括承销商、律师、评级机构等，有助于投资者了解债券发行的专业知识和背景。六是披露债券的市场定位，明确发行的目标投资者群体（周立和张永霞，2024）。通过以上信息披露内容的完善，可以使投资者更好地了解地方政府债券的情况，做出明智的投资决策。同时，也有助于提高债券的流通性和市场参与度，从而提升地方政府债券发行的市场化水平。

在地方政府债券发行后阶段，完善的信息披露可以帮助投资者更好地了解地方政府债券资金使用情况，增强对所持债券的信心。具体可从以下几个方面着手完善：一是定期披露发行地方政府的财务状况，包括财政收支、债务余额、债务比率等，使投资者可以通过这些信息评估地方政府的偿债能力和财务稳定性。二是披露债券的偿付情况，包括付息和还本的计划和实际执行情况，有助于投资者了解债券的还款情况，评估风险和回报。三是披露债券募集资金的使用情况，详细说明资金用途和实际执行情况，使投资者可以了解资金是否按照原计划使用，从而评估债券的价值。四是持续披露与债券相关的风险因素，包括市场风险、政策风险、流动性风险等，帮助投资者及时了解潜在风险。五是及时披露与地方政府债券相关的重大事件，如政策变化、项目进展等，帮助投资者了解债券的影响因素和市场动态。六是定期披露独立评级机构的评级报告，也可以发布市场分析报告，帮助投资者更好地了解债券的风险和潜力。

2. 提高地方政府债券二级市场的流动性

投资者在二级市场进行债券交易时会特别关注项目进展，因此对于地方政府债券，特别是专项债券而言，应提高项目信息透明度，帮助投资者更好的评估投资风险和回报。一方面，对于项目信息披露，应包括以下三点：一是项目可行性研究，包括项目的市场需求、资金来源、预期收益等。二是资金的具体用途，包括资金流向及使用计划。三是项目进展情况，包括工程进度、预算执行情况等。另一方面，对于发行主体财务信息披露，应包括以下两点：一是地方政府定期公布的财政收支情况，包括财政收入来源、支出用途等。二是地方政府债务偿还能力的评估结果，包括偿债压力测试等。而在风险情况方面，投资者也会关注发行主体（政府）的情况，以及潜在的宏观风险。因此，地方政府可加强财政信息披露，同时完善风险预警机制。一方面，对于发行主体情况的披露，一是公开地方政府的财务状况，包括资产负债情况、预算执行情况等，从而帮助投资者全面了解发行主体的财务健康状况；二是披露地方政府的政策环境和宏观经济情况，如地方政府的政策支持力度、经济增长情况等，帮助投资者评估地方政府债券的风险。另一方面，对于风险预警机制，一是建立健全的风险评估体系，及时发现和评估潜在风险，对可能影响地方政府债券市场流动性的风险因素进行预警和应对；二是建立信息发布机制，及时向投资者发布相关风险信息，如地方政府债务风险、政策变化等，提高投资者对市场风险的认识和应对能力，以提升投资者对市场风险的认知和防范能力。

（二）完善地方政府债券的监管制度

近年来，中国债券市场飞速发展，若监管制度无法与其匹配，不仅会影响投资者的投资热情，也会增加政府债务风险，对地区发展产生负面影响。有效的监管制度应该约束所有参与方，降低违规的可能性。特别是在信息披露方面，监管制度的完善意味着对信息披露速度、内容完整性和地区规范性的更高要求。然而，在中国现有的地方债监管体系中，相关法规尚不够健全，在监督权力、监督手段、监督标准等细节方面缺乏明确规定，影响监管部门的实际监督效果。为更好地满足投资者的关切，需要在监管制度方面做出改进。首先，应该完善相关法规，提高法律效力，明确监管的权责和具体实施方法，以确保监管的全面性和有效性。其次，各监管主体之间需要建立更加紧密的协调机制，避免权责重叠，提高监管的针对性和协同效应。最后，监管体系应该更注重信息披露环节，强调监管的透明度，确保投资者能够获得及时、准确、完整的信息，从而提升整个地方政府债券市场的信任度和稳定性。

从投资者角度来看，完善地方政府债券市场监管协调机制和丰富监管模式对于保障市场的稳定运行和维护投资者权益至关重要。未来可以从以下几个方面入手：一是建立跨部门的合作机制，确保不同部门包括财政部门、金融监管机构和证券交易所之间的信息共享和协调配合。各部门需明确职责，以保证监管工作高效有序进行。二是定期进行联合监管检查，由不同监管机构共同参与，检查地方政府债券市场的合规性和风险情况，以便及时发现问题并采取措施解决，增强市场健康发展的信心。三是监管协调机制需要制定协调政策，包括风险防范政策、信息披露政策、市场发展政策等，确保各方在监管方向上保持一致。这有助于提升市场规范化和可预测性。四是考虑引入独立的第三方机构，如行业协会、研究机构等，参与地方政府债券市场的自律和监管工作，增加监管的多样性和广度。五是丰富监管模式，不仅限于传统的事中监管，还可以引入事前审查、事后执法等方式，更好地应对市场变化和风险。这有助于提高监管的灵活性和有效性。六是完善数字化信息平台建设，方便投资者及时发现市场异常和风险，提高市场透明度。

第二节　纳税人视角下中国地方政府债券信息披露体系构建

作为政府财政收入的核心贡献者，纳税人有权知悉其纳税资金的使用去向，而一般债需要通过公共预算收入来进行还本付息，因此地方政府债券的发行和使用情况直接关系到公共资金的配置和使用效率，透明的信息披露有助于增强纳税人对公共财政管理的信任。同时，透明的信息披露机制可以促进地方政府的财政责任感，防止过度借债和不透明的财政操作，有助于确保税收和借贷资金被用于促进地区发展和福利提升，而不是无效率或不透明的项目上。

（一）提升信息披露透明度和程序标准化

提升地方政府债券信息披露的透明度和程序标准化是一个系统工程，需要从政策制定、技术平台建设、第三方独立审核以及文化和意识形态等多个维度共同努力。这不仅有助于保护纳税人的权益，也是建立现代财政治理体系的重要一步。通过这些措施，可以构建起一个更加公开、透明、可信和高效的地方政府债券信息披露体系，从而促进公共资源的合理利用和财政健康发展。

首先，制定详细的信息披露标准是提高债券信息透明度的基础。政府应当出台具体的规范性条例和法律制度性规范，确定详细完善的信息披露标准。一份明确的信息披露标准至少应当包括明确规定地方政府债券信息披露的内容，如债务规模、使用目的、还款计划及可能的风险等。信息披露的规范化标准应该在符合国内法律规定的基础上，进一步提高信息透明度，以便纳税人和市场参与者能够轻松理解和比较。例如，债务规模的披露不仅要包括总额，还应详述各个项目的分项金额；使用目的要具体到资金的每个用途；还款计划应详细到期限、利率和还款来源；可能的风险则应包括市场变动、政策调整等因素对债券的潜在影响。

其次，提升有关公务人员的透明度意识，对于纳税人而言，除了提升透明度和规范性的硬性标准之外，提升政府债务有关公务人员的透明度意识这一“软保障”也至关重要。塑造政府债务必须透明、规范的意识是健全地方债体系的长远性手段。为此，可以通过培训和教育活动，对于财务管理技能、公共责任、伦理和法律规范等方面进行教育培训和相关考核，从而增强地方政府官员和相关公务人员对于透明度的认识和重视，提升其相关的素质和专业水平。通过宣传培训和系列考核活动，有助于逐步树立正确的价值观和行为规范，从而在地方政府债务管理内部形成推动透明度提升的氛围。

（二）定期更新政府债券信息

为了确保地方政府债券信息的时效性和准确性，更好地保护纳税人的合法权益。发行主体定期更新政府债券信息和财务报告至关重要。这一过程既能帮助纳税人和市场参与者及时了解政府债务的最新动态，也是增强纳税人对政府财政透明度信任的重要途径。

首先，确立地方政府债务信息更新频率和时间表，对于纳税人而言，确定地方政府债务信息的更新频率和时间表有助于保持信息的时效性，增强纳税人对于地方政府债券信息动态的了解和掌控。为此，地方政府应该设立明确的更新频率，并以条例法规的形势对于这一安排进行固定，同时在重大事件发生时进行地方政府债务信息的更新工作，并将具体的更新安排明确向纳税人进行展示和告知。此外，设定固定的发布日期对于纳税人预期何时能接收到最新信息也非常重要，这有助于提高纳税人对信息更新的关注度和参与度，从而确保纳税人获得的地方政府债务信息具有及时性和持续性。

其次，建立可追踪的债券运行情况记录，详细记录债券运行情况对于保持透明度和可追踪性至关重要，有助于纳税人对于地方债务信息建立体系化的认识。可追踪性的记录之中应涵盖债券发行和运行的所有关键信息，并按照公示的时间点进行更新，更新的内容应当至少包括发行量、已用资金、剩余资金、利息支付情况等关键债券信息。此外，应当着重详细记录债券资金的使用情况，如债券涉及的投资项目进度和资金的具体用途，确保每一笔支出都能被追踪和审计。通过建立持续的债券运行情况信息记录，也有助于为资金得到有效和合理使用提供坚实基础，提升纳税人和投资者的信心。

（三）建立有效的纳税人反馈和法律监管机制

为确保地方政府债券信息披露体系的有效性和透明度，建立一个有效的纳税人反馈机制和强有力的法律监管框架至关重要。这不仅有助于提升政府工作的透明度，还能增强纳税人的信任度，从而促进财政责任和效率的提升。

首先，设立纳税人咨询和反馈渠道，打造纳税人及时反馈针对地方政府债务信息披露意见的基础。具体而言，可以通过多种渠道为纳税人提供提出疑问和反馈的平台。这样的渠道不仅让纳税人和其他利益相关者能够直接对地方政府债券的发行和管理提出问题，也可以对于地方政府债务的信息披露提供建议和反馈。纳税人参与的加强能够促使政府更加关注其决策的社会影响，同时也增强了政府债务信息在纳税人心中的透明度。其次，提供教育和培训，从根本上提高纳税人理解和参与的程度。可以通过线上课程、研讨会或公开讲座等形式，向纳税人普及关于政府债务和财政管理的知识，可以帮助他们更好地理解地方政府债券发行的细节。

第三节　居民视角下中国地方政府债券信息披露体系构建

地方债发行后的重要用途是为一定区域内的居民提供公共服务，那么辖区居民对于公共服务项目的感知无疑是地方债工作需要考虑的重要问题，因此需要结合地方债本身，综合考虑公共服务项目及其影响，保障公民的知情权与监督权，从居民视角下针对地方债信息披露体系构建提出一定要求。首先要求明晰地方债信息披露内容，抓住透明度、信息完整性与可理解性三大要点。其次要求加强地方债项目跟踪披露，重点工作方向为该项目是否可以较为符合居民预期地提供相应公共服务及其带来的社会与环境影响，并注重定期更新。最后要求全面优化地方债信息披露监督机制，包括地方债信息披露考核制度与社会参与和监督机制，最大限度发动居民力量共同展开监督。

（一）明晰地方债信息披露内容

从居民角度出发，明晰地方债信息披露内容需要抓住以下三个要点：透明度、完整性和可理解性。在地方债信息披露的透明度方面。居民需要清晰了解地方债的发行规模、用途、利率、期限等基本信息。这有助于居民全面了解债务使用情况和未来偿还计划，评估其对当地经济和社会发展的影响。在地方债披露信息的完整性方面，包括但不限于债券项目概况和财务状况以及还款计划等，提供债券项目的基本信息，包括项目名称、规模、用途、计划实施周期等，以便居民了解债务资金的具体用途。公开地方政府的财务状况，包括债务偿还计划、偿还来源等，使居民能够清晰了解地方政府的还款能力和偿还计划。在地方债信息的可理解性方面。信息披露内容应该简洁易懂，普通居民也能够理解，避免过于专业化或复杂的术语，使更多人能够参与监督和评估地方债的使用情况。可以扩大债务信息的公开范围，全面完整地对地方发行主体信用状况和债券项目信息进行披露，确保公开内容更加详细完整，公开指标更加细化统一，逐步实现地方政府债券信息披露“横向拓展、纵向延伸、全面覆盖”。针对社会关心的热点问题，按照债券种类和信息披露阶段，分层次确定地方债信息披露的侧重点，详细制定强制披露和自愿披露的内容与具体指标。

第一，发行前披露内容要如实反应地区信用状况。例如现行规则中仅对部分财政、经济指标的披露做出了要求，其他披露指标由地方发行主体自行决定，这就造成各地区间指标披露不一致，不利于横向对比各发行主体的信用水平。应对指标要求做出进一步的解释说明，包括统计口径是年末还是全年平均、指标类型是总量指标还是相对指标、指标披露等级是必须披露还是自愿公开披露等，使地方债信息披露指标可以反应地区真实的经济、财政与债务情况。此外，对于以项目收益作为还本付息来源的专项债券，需要对拟发行专项债券对应项目信息的披露内容和指标进行规定，例如专项债所对应项目的收益与运营指标包括哪些，力图清晰展现项目的预期收益、融资平衡方案及潜在风险等。

第二，重大事项公开内容要根据政策法规、行业发展、监管要求、市场需求等变化情况，向投资者披露可能影响履约的重要事件，严把时效性，保障投资者的合法权益。要及时公开投诉和监督检查处理决定、代理机构考核结果以及违法失信行为记录等处理处罚信息，提高信息的透明度，才能吸引更多社会资本投资地方政府债券。地方债信息披露范围的深化和细化是评级机构提升信用评级质量的重要基础，为评级机构正确评估地方发行主体和债券项目的风险提供重要数据，也有助于提高地方政府债务信息的透明度，推动公众参与监督地方政府债务风险，真正实现内容全覆盖、指标高质量。

第三，动态跟踪项目带来的社会与环境影响。项目带来的社会与环境影响着居民的切身利益，因此这一方面的信息披露是至关重要而且必不可少的。一是社会影响评估报告披露。社会影响评估报告应包括项目可能对当地居民、社区、就业、教育、文化和民生等方面的影响。这包括可能引发的社会变革、居民生活方式的改变、社区结构的调整等。这一类信息也应通过政府官方渠道以及项目相关的社会组织进行发布。二是环境影响评估报告披露。项目的环境影响评估报告是披露社会及环境影响的重要途径。这份报告应包括对项目可能产生的各种环境影响的详细分析，包括但不限于土地使用变化、水资源利用、大气污染、噪声、生态系统破坏等方面。报告中需要提供专业的评估数据和模型，以量化和描述潜在的环境风险。这样的信息可以通过项目官方网站、政府公告以及相关社交媒体等多个渠道进行公开。三是对于社会与环境影响的披露应综合采用多种方式，包括公众参与听证会和项目信息公示板等。

（二）加强地方债项目跟踪披露力度

公开责任确保了居民对地方债务使用情况的了解。地方债务往往是用于基础设施建设、公共服务等方面，直接影响着居民的生活。信息公开能够让居民了解资金投入的具体项目和效果，确保资金被用于真正符合居民利益的领域，让居民更清楚地了解地方政府的运作和决策，增加对地方政府的信任感。

第一，全面严格按照“谁使用资金，谁负责公开”的要求。明确债券使用单位的地方政府债券信息公开责任，为加强地方债信息披露与信息管理提供制度依据。一是除依照法律法规和有关要求需要保密的内容和事项外，必须依照规定全面及时公开地方政府债券相关信息，主动接受监督。要从注重信息收集、加强信息审核、制定公开预案、严格保密审查、建立审批制度、密切关注舆情、妥善保存资料 7 个方面对地方债信息公开程序作出具体要求，进一步规范地方债信息公开工作。地方债的信息披露主体为县级及以上各级财政部门，各市县财政部门应当按照相关时限要求，及时上报政府债务信息公开管理情况及公开信息记录。同时，各地方财政部门应当建立健全组织领导机构，成立地方债信息披露领导小组，加强对地方债信息披露工作的领导，进一步明确各自职责。领导小组要定期开展信息公开情况排查，积极督促债券使用单位按期公开一般债券和专项债券资金发行额、利率、期限、地区分布等情况、债券资金使用情况、项目建设进度、运营情况以及其他重大事项，并留存公开网址以备查验，提升地方政府债务管理透明度，加强风险管控。二是应当落实“倒逼工期、责任到人”的工作要求，设立债券支出管理责任公示栏，列明每一债券资金项目的建设内容、资金规模、支出进度、责任单位以及责任领导等信息。并安排专人负责信息列报，定期对地方政府债券资金的使用情况进行更新，明晰各单位债券信息披露管理工作进度，落实各项目单位负责人地方政府债券信息披露管理责任，形成“各负其责、点面结合、协调联动”的工作格局。三是在明确责任义务的同时，要注意对相关人员的培训工作。搭建立体化培训体系，督促人员系统学习地方债信息披露公开有关规定以及文件解读，提高总体信息业务水平，做到披露口径一致、披露要求一致，问题处理方式一致。

第二，存续期公开内容要增加项目信息。启动后的公共服务项目信息披露要及时更新对项目实际收益进行列报，顺应绩效管理、履约管理和公众监督要求。地方政府债务项目的存续期是指项目从启动到完工所经历的时间段，从全程的角度来看，建议增加如项目完工百分比、款项使用情况等信息披露（杜通和李东升，2023）。在项目启动阶段，披露项目的基本信息，包括项目名称、规模、用途、计划实施周期等。此时的信息应涵盖项目的背景、目标和预期效果。在资金募集和使用方面，一旦债券成功发行，需要持续披露债券的资金使用情况。明确资金投入的具体用途，如基础设施建设、公共服务改善等，确保居民了解债务资金的去向。明确项目监测的重点，比如，对项目的建设情况按年度实施财务数据披露，衡量项目资金投入与项目建设进度的匹配程度；待项目正式投入运营后，监测年度运营成本、专项收入等情况，形成覆盖预算管理、风险管理、绩效管理全过程的信息披露体系。根据监测点制定项目存续期信息披露的实施细则，明确跟踪披露的目标、内容、方式与披露载体，对建设期、运营期建立单独的信息披露模板，有针对性的区分一般债与专项债的信息披露内容（时心怡和陈素云，2022）。例如发行的收费公路专项债券，按照规定，债券对应项目形成的广告收入、服务设施收入等专项收入，应全部纳入政府性基金预算管理，除根据省级财政部门规定支付必需的日常运转经费外，专门用于偿还收费公路专项债券本息，这部分收支应在专项债券存续期公开内容中进行列报。收费公路专项债券对应项目形成的基础设施资产和收费公路权益，应当严格披露实际使用情况，确保其按照债券发行时约定的用途使用，没有用于抵押质押。

第三，动态更新风险应对机制。披露项目可能面临的风险，以及地方政府采取的风险应对措施，提高居民对项目进展的了解和信心。一是明晰项目可能的风险，包括财务风险、执行风险、市场风险、环境风险、自然灾害风险等。对于明晰的风险，需要进行全面的风险评估与分类。这可以通过专业机构的评估、专业人员的研究以及历史案例的分析来完成。对于每一类风险，需要评估其可能性、影响程度以及发生的概率，并根据评估结果将风险分类，确定其优先级。二是公开风险应对措施，可以最大限度提振居民的信心，提升居民对于项目的信任度，同时保障居民权益。通过财务规划与监控、项目管理与监督、市场调查与预警、环境与社会管理等方式予以公开。对于风险信息可视化呈现，为增强公众的理解，可以采用可视化手段，将风险及应对措施以图表、地图等形式呈现。这种可视化的方式更容易令公众理解复杂的风险情况，提高公众对政府风险管理的信任。对于项目实施中可能出现的问题，需要建立风险溯源机制。一旦发生风险事件，政府需要追溯其根本原因，并公开整个问题处理过程，包括采取的措施、效果评估等。这有助于公众了解问题的全貌，同时为日后类似问题的应对提供经验。

（三）全面优化监督机制

地方债信息披露的监督机制是居民可以直接参与的环节，应为地方债信息披露的重点环节。这一环节对于确保地方债务的透明度、合规性和有效性至关重要。居民可以通过监督机制参与评估地方政府使用债务资金的方式和效果，提出质疑、建议和意见。这种参与不仅能够促进政府的信息公开和透明度，更重要的是，通过居民的监督，能够防止不当使用资金、减少腐败风险，确保地方债务资金最终用于公共服务和社会福利，设立一定的纠错和惩罚机制，强化责任追究（廖乾，2017）。

第一，逐步建立地方债信息披露公开考核制度，坚持“好不好要评价”的原则，将地方债信息披露工作的落实情况作为相关部门履行义务的重要内容，纳入工作绩效考核范围。一是构建评价考核体系，从公开率、内容完整性、细化程度和公开及时性等多个方面出发，探索制订地方政府债券信息公开工作考核办法，落实责任，加强考核，促进地方债信息披露工作的顺利开展。同时进一步健全各部门内各处室单位组织协调机制，明确信息披露职责分工，规范工作程序。二是不定期组织开展地方债信息披露专项检查，强化纪律约束和监管手段，明确处罚问责规定和方式，综合运用约谈、通报、问责等手段，持续传导监管压力，对发现的问题要依法依规严格追究相关责任，督促地方政府加强地方债信息披露管理。三是明确对信息披露违规、违纪行为的处罚措施，加强地方债发行前披露和全过程资金使用情况披露，完善财政信息公开，提高透明度。四是强化结果应用。建立绩效激励约束机制，将信息披露质量评价结果与债券发行安排挂钩。建立评价结果报告机制，通过强化评价结果应用，推动地方债信息披露管理改革落到实处、取得实效。

第二，加强地方债信息披露跟踪督导。监管部门要加强地方政府债券信息公开工作日常监督，及时纠正地方政府债券信息公开工作中存在的问题。通过发挥信用评级、承销商、财务顾问、债券保险等中介机构的信息传递作用后，还需要依靠政府部门、行业监管机构、行业协会等自律组织以及投资者全方位地监督地方政府的信息披露行为（蓟红丹，2022）。

第三，增进社会参与监督机制。建立居民参与和监督的机制，比如设立热线、举办公开听证会或专家讲座，鼓励居民参与地方债项目的决策和监督，增强其参与感和监督效果。一是举办公开听证会或研讨会。召开听证会或研讨会是加强社会参与和监督的重要途径之一。这些会议可以邀请地方政府官员、专家学者以及居民代表，就地方债务的发行、使用情况进行公开交流和讨论。通过这种方式，居民能够直接了解地方债务项目的细节和用途，提出问题并得到解答，加深对地方债务的理解和监督能力。二是居民代表参与决策。建立居民代表参与地方债务决策的机制是非常关键的。可以设立相关委员会或者专门的居民代表团体，代表居民参与地方债务项目的决策过程。他们可以提出建议、监督决策的公正性和合理性，确保地方债务的使用符合居民利益，同时提升地方政府的透明度和责任感。三是鼓励居民加入社会组织或关注独立监督机构的活动。这些组织和机构通常拥有专业的人才和资源，能够更有效地收集、分析和传递信息，为居民提供更多参与监督的机会。

第七章

中国地方政府债券信息披露优化路径

第一节　信息披露制度改进思路

（一）披露主体

地方债的信息披露主体为县级及以上各级财政部门，中国目前地方债信息披露制度的核心依据之一《地方政府债券发行管理办法》也明确指出地方政府财政部门对披露信息的合规性和完整性负责，但是相比于企业债券和公司债，该办法下的信息披露制度仍存在进一步完善的空间。

首先，信息披露主体与资金使用主体应保持一致。根据《地方政府一般债务预算管理办法》和《地方政府专项债务预算管理办法》第二十一条规定，地方债的信息披露是由省级财政部门进行。实际使用债券资金的市县级政府的债券信息披露工作同样由省级财政部门承担，与本级政府的债务管理职责存在背离，严重削弱了市县一级政府的市场意识和风险意识（韩星佳，2022）。债券资金的真正使用主体和信息披露主体不一致，将导致披露责任的弱化，也不利于地方债资金使用单位切实履行使用管理责任。地方债的信息披露最为合适的主体是实际发行和使用债券的各级地方政府，由省级财政部门汇总披露信息，会导致信息统计传递复杂性的增加，不利于信息披露的时效性。各级地方政府可以统领各部门的行政工作，完成地方债的信息披露工作。因此要对各级使用资金的地方政府在地方债信息披露制度中的定位和职责形成共识，明确与各级地方政府债券信息披露相关的主体原则和内容，同时根据不同主体、不同发行方式再继续进一步完善不同的规则，保持规则与实践的一致性，避免因责任边界不明导致的责任认定困难问题，积极回应解决当前地方债信息披露的需求。此外，要精细化信息披露工作，要求对地方债资金拨付、使用、偿付情况进行披露，对资金拨付不及时、资金长期大量闲置、违规调整资金用途、偿付资金入库监控不及时等问题进行实质性监督（崔竹等，2022）。

其次，应建立奖惩机制，要求地方政府按制度披露，同时也鼓励政府积极披露更多真实信息，形成一种正反馈机制。相关文件虽然规定了地方政府财政部门对债券信息披露的主体责任，但是并没有明确信息披露不真实、不及时、不完整的情况下披露主体应当承担的具体法律责任或者相应的处理方式，而且目前也没有信息披露主体承担法律责任的依据，相关规则制度不能因为地方政府作为主体而忽视责任追求与执法落实。第一，建议设置具有足够威慑力的惩戒措施，提升信息披露制度的执行效果（姚东旻和罗文淇，2023），例如对信息披露超时、披露指标计算错误、披露信息有所隐瞒等情况规定相应的惩罚措施和整改方法。第二，明确地方债信息披露的相关监管主体，赋予其相应的监管、执法权力。地方债信息披露是一个系统性工程，要进行多方协同、综合施策（肖鹏等，2021），例如监督机构应合理把握相关监督程序，避免监督虚化、监督过时等不合理行为，审计机关应加强工作的独立性，保证地方债信息披露内容的真实性。在对全国地方债进行非定期审计的同时，要更加重视定期审计，应本着守法合规、独立公正的原则，对地方债公开信息的真实性、合法性进行年度审计和鉴证。特别是对于专项债项目，政府审计要发挥财政监督的职能对项目存续期予以监督。对审计结果发布独立的审计报告，披露在当地政府信息披露门户上接受外界监督（时心怡和陈素云，2022）。同时开展第三方市场监督，充分利用社会各界的监督职能对地方债信息披露进行监督，合理评价地方政府的公共受托责任履行情况。此外，对于自愿公开披露地方政府债券额外信息的地方政府给予奖励，将信息披露质量和地方债发行审批速度挂钩，形成正向激励机制，从而提高信息披露的积极性。

最后，信用评级制度应能够体现偿债主体的风险差异。为进一步规范地方债信用评级管理，促进形成市场化融资约束机制，财政部印发了《地方政府债券信用评级管理暂行办法》，从监管主体、评级对象、评级工作开展、重大事件报告、加强监管等方面对地方债信用评级进行规范（许京花，2021）。但目前中国存在信用评级结果同质，不能充分提示风险的问题。各地区经济、财政、债务情况不尽相同，专项债项目基本情况、项目收益与融资平衡方案、对应的政府性基金或专项收入等情况也存在差异，评级结果却高度同质，均为最高级 AAA 级，不能体现不同地区间的信用区分。因此，要引导信用评级机构在综合考虑地方经济发展状况、政府债务规模、金融生态环境等因素的基础上，科学设定地方政府债务评价指标，提升信用评级对地区基本面和专项债项目基本面的真实反应能力。同时减小地方政府对发行过程的行政干预，让信用评级机构在评级过程中发挥主导的作用（廖乾，2017）。

（二）披露要求

在整体信息披露要求方面，当前地方债信息披露存在着重发行、轻管理的问题。信息披露要求主要集中在发行阶段，如对发行安排、发行前公告、发行结果等的公开，内容详细、形式规范、披露及时。但对于《地方政府债券发行管理办法》要求的在地方政府债券到期前，地方财政部门应当按有关规定持续披露经济运行、财政收支、政府债务管理情况、跟踪评级报告以及可能影响债券偿还能力的重大事项等规定，还需进一步完善。各地方政府财政部门公开的存续期信息混杂在诸多其他信息中，披露内容简单、披露时间具有很强的不确定性（韩星佳，2022）。要加强地方债存续期信息公开的约束性，对“影响债券偿还能力的重大事项”进行明确界定，除了重大事项发生后的临时披露，还要完善定期的存续期信息披露要求，对后续的详细资金使用情况、项目已经实现的收益情况、项目偿还资金的来源情况作出说明。

在内容要求方面，信息披露模式的标准化有利于规范信息披露内容形式，提高信息披露的质量和效率。目前中国对于地方政府债券信息披露的格式只做出了部分的规范模板标准，全面规范披露格式能够更加便于后期对数据的整理分析，提高信息的获取效率，使信息真正能够反映地方债发行和存续现状（邓建平等，2019）。此外，还需针对信息披露格式制定统一的标准。一是可以根据债券类型进行差异化设定。对于一般债券来说，可以进一步丰富发行人的财务、经济情况披露，让投资人充分了解发行人的财务情况和偿还能力；对于专项债而言，需要更加强调债券发行后存续期情况的披露，令投资者可以实时对债券风险进行评估，增强二级市场的流动性。此外专项债由于其项目之间差异较大，而且更注重偿还能力，在同一信息披露的基础上还可以进一步按照不同行业进行细分，分门别类制定披露指引，进一步细化有关项目的信息披露内容。二是在存续期披露上，对地方政府债券的存续期信息公开做出强制规定。对最新项目运营信息的披露频次、披露地点做出规范安排，同时为地方政府提供具有操作性的信息披露模板，并将存续期信息公开工作的完成质量纳入信息公开绩效考核，如果此项不达标将影响下年度的新增债券限额（孙征和胡志浩，2022）。另外，可以补充重大事项披露表格，增加触发事件的披露，与美国等发达国家相比中国目前在地方债持续披露阶段缺乏重大事项信息披露标准，因此在设定重大事项标准时也应及时制定披露格式并规范内容，统一标准和披露条件。

在信息化要求方面，注重信息化建设在地方债管理中的应用。完善当前的地方债电子信息披露平台，面向公众和市场参与者开展地方政府债券信息披露工作。同时建议通过输入数据库的方式填写数据，在下载时以 EXCEL 表格的形式提供数据，改变当前以 PDF 文档形式下载的模式。同时，建议对传至官网的文件统一规范填写内容、格式和数据的统计口径。还应将在中国地方政府债务信息公开平台上填写信息公开文件和数据作为该省发行此笔地方债务的前置条件。另外，建议在地方财政厅官网上开辟单独板块，专门用于公布统计数据和发行相关文件等地方政府债务相关信息（孙征和胡志浩，2022）。

第二节　信息披露制度改革方向

随着地方债务规模的不断扩大，债券市场的稳健运行对于中国经济的健康发展至关重要。为了加强对地方债务信息的监管和披露，需要深化现有的地方债信息披露制度改革，从推动精细化披露、完善监管体系、推动财务制度改革和持续推进信息披露平台建设四个方面出发，构建更加规范、透明的地方债市场，进而更全面、准确地了解地方政府债务的结构、规模，有效防范潜在风险，为投资者提供更具信心的投资环境。

（一）积极推动地方政府债务的精细化披露

一是明确地方政府债券信息披露的职责和标准，加快央地事权和支出责任改革。《中国地方政府债券蓝皮书（2023）》指出地方债可持续发展需把握四个平衡，需从根本上推进财税体制改革，加快央地事权和支出责任改革，加强中央财政的协调作用。但目前地方政府债券信息披露规范性文件由财政部制定，仅约束各级政府财政部门。如果仅要求披露债务额度，财政部门可胜任；若一旦拨付到具体项目建设，财政部门难以及时掌握资金使用情况及绩效，无法做到实质性披露（杨皖宁和张嘉芮，2022）。目前来说，地方债的信息披露主体是各级政府的财政部门，但资金的使用却是分布在政府的各主管部门，两者的不一致使得信息披露时可能无法及时获得准确的、完整的一手资料，这将影响信息披露的准确度和信息披露应起到的监督效果。因此，国家可出台行政法规或规范性文件，将信息披露职责移交各级地方政府。通过统一信息披露标准、流程和审核程序，确立地方政府编制和披露资产负债表的义务，实现全面、清晰、权威、及时的披露。构建严格监督机制，促进信息公开，满足投资者需求，提升地方政府债券发行的市场化水平。同时，落实“谁制作、谁负责、谁公开”等原则，确保资金使用主体和信息披露主体保持一致，各级单位承担起自己应负的资金使用、监管和信息披露工作，做好地方债的信息公开。

二是推动地方政府存续期披露更加真实、完整的数据，加强地方债项目跟踪披露力度。一方面强化第三方评估机构的角色作用，统一第三方意见标准。在债券发行前，地区之间最显著的差异在于评级报告的披露文件。这些评级报告由第三方机构出具，而不同地区选择的评级机构不同，从而导致了内容上的差异。在缺乏绝对标准的情况下，第三方机构往往会选择突出发行人优势的指标和项目进行评级，导致地方政府债券评级缺乏客观统一的标准。因此建议尽快出台评级报告具体规范内容的要求，同时加大第三方评级机构从业人员的合规培训和定期考核力度。另一方面加强地方债跟踪披露力度，提升信息披露的广度、深度和时效性。美国在其用于展示财务状况的文件中，会对投资项目过去一段时间内的运行情况、现金流、收入支出情况以及目前该项目的负债情况等内容进行披露，而中国目前对于募投项目存续期情况的披露较少。建议在保证跟踪披露内容的广度和深度之外，同时要提升跟踪披露的时效性，因为跟踪披露时效性也会影响债券违约的可能性，滞后信息无法对投资者起到有效的警示作用，甚至会误导投资者做出错误决策。此外，从提高各级政府对地方债跟踪披露的积极性出发，考虑披露情况与下一年度新增债券限额或债券信用评级挂钩，建立明确的奖惩机制，督促地方政府对地方债项目全周期常态化披露。特别地针对于项目收益债券，其后续项目收益情况是还本付息、避免违约的重要保障，因此需要专门明确项目不同时期跟踪的重点（时心怡和陈素云，2022）。例如对项目的建设情况按年度实施财务数据披露，衡量项目资金投入与项目建设进度的匹配程度；待项目正式投入运营后，监测年度运营成本、专项收入等情况，形成覆盖预算管理、风险管理、绩效管理全过程的信息披露体系。

（二）进一步完善信息披露监管体制

一是完善以法律为核心的监管体制，细化披露规则。近年来，中国主要从部门规章层次对地方政府债券信息披露的内容、时间和平台要求进行了全方位、多角度的细化，但目前在地方政府债券信息披露方面还缺少全面、系统的规则。首先，可以进一步完善法律法规，建立起全面、系统、协调的信息披露监管法律框架，明确监管主体的职责和权限。同时，加强对信息披露违法行为的惩罚力度，形成有效的法律威慑，维护市场秩序。此外，也应积极回应市场对地方政府债券信息披露的需求，在保持法律法规相对稳定的前提下，根据市场的反馈进行渐进式调整，逐渐形成以相关法律为核心、以规则和政策为补充的多层次地方政府债券信息披露制度框架体系。其次，建立投诉和举报机制，鼓励公众和投资者对违法违规的信息披露行为进行举报，同时处理和查处违法行为。有效地发挥社会监督作用，增强信息披露监管的有效性。最后，针对不同主体、不同的发行方式进一步细化规则，紧跟市场的发展步伐，使规则与市场实践保持同步。

二是加强信息披露质量管理。加强地方政府债券信息披露质量管理是保障投资者权益，提高市场透明度和稳定性的重要举措。第一，提高信息披露的透明度。地方政府应当主动公开债券融资计划、债券项目的用途和规模、还款计划等关键信息。同时对于发行过程中出现的重要事件或风险，也要及时披露，让投资者能够全面了解债券的情况，做出明智的投资决策。第二，加强信息披露的审核和监督。建立专门的信息披露审核机制，对地方政府债券信息进行审核，确保披露内容的准确性和真实性。同时，加强信息披露的监督，对披露违规行为进行查处和处罚，形成有效的监管机制。第三，提高地方政府披露信息的专业水平。地方政府应当加强披露信息的专业化培训，提高相关工作人员的信息披露水平。只有具备专业知识和技能的人员，才能确保披露的内容准确、规范、及时。例如对于专项债，律师和会计师事务所需对法律意见书和审计报告中的地方政府提供的关键数据进行核实和测算，确保资料的准确、真实、完整、有效。主管部门可在全国层面建立律师和会计师事务所的统一招标入库机制，推行中介机构的全国性招投标管理，建立入库和出库流动机制，并对未履责机构实施相应惩罚措施（张增磊，2019）。

三是形成各级政府机构与自律组织协调合作的信息披露监管体制。第一，明确信息披露责任主体。各级政府部门应当负责其当地的债务信息的核实和审核，自律组织可以发挥行业协会的作用，加强对政府信息披露的指导和监督。第二，持续推动信息披露数据的开放，实现政府与自律组织协同合作。一方面，将信息披露数据充分开放给投资者、研究机构和社会公众，提高信息的透明度和可获取性。另一方面，开发信息披露智能化辅助工具，帮助信息披露主体进行自我评估和合规性检查。第三，加强培训和指导。各级政府和自律组织可以加强信息披露的培训和指导，提高相关人员的信息披露意识和水平。政府可以举办培训班和研讨会，自律组织可以发布指导性文件和准则，帮助企业规范信息披露行为。

四是提高技术手段完善信息披露监管制度。在数字化进程不断加快的今天，需要持续推进地方债信息披露的信息化建设，应用合适的技术手段，提高监管的效率和准确性，降低成本，并加强对地方政府债券信息披露的监督力度。对于政府部门而言，可以积极探索大数据、人工智能等新兴技术在地方债信息披露上的应用，增进信息披露的及时性、可理解性以及获取便利性。一方面，可以应用新技术优化在线平台和移动应用，如数据格式的统一化标准处理等，为投资者提供便捷的信息披露查询服务，方便投资者获取相关信息。另一方面，新的技术手段在信息的快速收集和整理、异常信息检测和预警等方面应用前景广阔，监管部门可以考虑应用相关技术提升监管效率和对信息披露的实时监测能力，确保信息披露的透明性、真实性。同时技术手段的提高使对信息披露中潜在问题和风险的分析成为可能，对存在的问题早发现早解决，提升信息披露的质量。对于投资者而言，可以利用信息披露平台及可视化工具，随时获取地方债信息披露数据，进行比较和分析，增强投资决策的科学性。同时，投资者也可以实时关注信息披露的全过程，对地方债信息进行深入分析，发现异常或不合规的行为，及时上报，充分发挥自身的监督作用。

（三）推动政府财务制度改革作为配套制度

一是深化政府会计制度改革。预算会计制度虽然能够准确核算地方政府的财政收支，但是无法全面反映政府资产、负债、成本费用，单一的现金制核算忽视了对政府债务的确认、核算、报告，不利于地方债信息高质量披露（时心怡和陈素云，2022）。第一，加强财务报表披露。政府会计制度改革可要求地方政府在财务报表附录中充分披露债务状况和债券信息。财务报表中不仅包含详细的债务余额、偿还计划、利率等信息，还需要披露传统的财务指标，确保投资者能够全面了解债券项目的风险和回报。第二，推动财务数字化。地方债的投入、使用、偿还涉及各层级、各单位不同的部门。面对资金的变化，部门间存在一定的滞后性。政府会计制度改革可以推动财务数字化，通过数字化财务系统建立政府信息共享数据池，使各政府部门能够快速获得地方债的具体情况，提高信息准确性和及时性，为信息披露提供更加可靠和实时的数据支持。第三，加强内部控制和审计。政府会计制度改革应加强内部控制和审计，通过规范内部流程、健全会计制度，确保地方政府债券信息披露符合规定和要求，减少错误和误导性信息的产生，从而提高信息披露的准确性和可信度。同时强化内部控制和审计能够及时发现和纠正信息披露中存在的问题，在地方债披露的全过程中实行监管进而规范地方政府的行为，防范风险，提升信息披露的合规性。第四，加强信息披露的独立性。政府会计制度改革应加强信息披露的独立性，确保披露的信息客观、真实、全面。避免政府干预和操纵信息披露，保证投资者能够获取真实可信的信息。

二是推动政府综合财务报告中地方债信息披露框架的构建。推动政府综合财务报告有利于实现地方债全生命周期管理。以实现地方债全生命周期管理为目标，确定报告主体和报告内容，在政府综合财务报告中对募投项目从建设期到运营期进行持续性跟踪，使信息披露始终贯穿于“资金—项目—资产/收益”的全流程，从而实现对债券资金使用效益和债务风险的有效监管，提高地方政府债务透明度（韩星佳，2022）。此外，构建地方债信息披露框架需要建立科学合理的信息披露指标体系。该体系应包括债务规模、债务结构、偿债能力、债务风险等方面的指标，并将其与地方政府综合财务报告中的其他财务指标相结合，形成完整的信息披露体系。

（四）持续推进建立统一的地方政府债券信息披露平台

一是优化平台细节设计。目前地方债信息披露在财政部建设的全国统一的地方政府债务（债券）信息公开平台上进行，平台上定期会公开债务限额、余额以及债券发行、存续期管理、经济财政状况等信息。目前，债券信息的披露方式导致债务信息相对独立，数据的获取和利用有一定程度的限制，信息获取效率较低。一方面，地方政府债券信息公开平台上虽然将月度、季度、年度的债券发行额、债券还本、债券付息等信息列入表格进行统计，但是债券信息分为了债券基本资料和相关披露文件，详细的披露文件需要自行下载“pdf”格式的文件进行查阅。未来可以考虑将文字信息转为数字化信息，数据披露可以采用动态更新的方式，而不是以文件形式进行披露（张慧中，2022）。另一方面，由于是定期披露，每期披露中包含多支债券的信息。如果想要获取一支特定债券的相关信息，通常需要下载整期披露文件，再从中查找对应的内容和数据。为了降低信息获取的难度，债券相关信息可以实行单独披露，同时按期捆绑披露。发行人在进行披露时，若能按照每支债券对应相应的披露文件，将极大地提高债券信息获取的效率。

二是丰富债券市场信息可视化分析，方便投资者分析历史数据。通过丰富的债券市场信息可视化分析，提高投资者对债券市场的理解和分析能力。例如使用多种图表类型，如线图、柱状图、散点图等，以展示不同层次和维度的市场数据。从投资标的历史信息分析，债券收益率曲线和指数等图表能够直观地展示投资标的的历史收益率和表现，让投资者更好地了解投资标的走势和风险，将隐性风险显性化，为投资人更早地发出债券违约预警信号。在投资标的的市场表现分析方面，可以进一步探索借助区块链技术建立跨地区的数据集，实现付息兑付的可视化。此外，可以借鉴绿色债券信息披露优秀案例展示的实践经验拓展可视化披露渠道（商瑾，2023）。在中国地方政府债券信息公开平台中发布地方政府债券统计图表，对地方政府债券流通市场分布、交易情况、项目收益分类情况、地方政府债资金占比情况进行分析，绘制直观、生动的统计图表，提升地方政府债分析的可视化水平。

三是规范债券信息披露表格体系和提交流程。中国出台的多项文件虽然明确了信息披露规则，但信息披露规范以及信息披露表格体系仍待细化。因此下一步为确保债券信息披露的准确性和规范性，需建立规范化的债券信息披露表格体系，约束发行人对披露信息的逆向选择而引发的风险，同时增加投资者对于不同地方政府债券基于统一披露信息下的可比能力。中国可以借鉴其他国家的经验，建立相应的电子报告提交体系，使债券发行人能够按照统一标准进行信息披露，减少信息披露中的混乱和不确定性，从而加强市场监管和风险防范。在具体实施层面上，将持续将信息披露情况作为财政部评价各地地方债券发行工作的重要参考，督促省级财政部门对信息披露文件的合规性、完整性负责。

四是拓宽地方政府债券信息披露渠道以吸引多元机构投资者、设立"投资者教育"板块并加强投资者保护。与美国地方政府债投资主体相比，中国投资主体呈现出投资者结构单一、投资者对于债务人约束不足的特点（赵珺等，2014）。这一定程度上限制了中国地方政府债务流动性、且将风险集中于少数的商业银行。立足中国地方政府债投资主体的特点，为进一步完善中国地方政府债披露并最终服务于地方债"地方债可持续发展"，需要把握两个培育：一是培育并壮大中国地方政府债投资主体。在美国地方政府债投资主体相对分散，个人投资者和共同基金是市政债最大购买者，可以考虑进一步细化地方政府债发行的推广、宣传和知识普及，如鼓励券商等机构从业人员参与地方政府债知识的培训和考核、拓宽地方政府债券信息披露渠道，引导券商、理财、信托、基金等多种机构投资者逐步将地方政府债作为低风险货币工具进行配置。二是为加强投资者保护和提升市场透明度，考虑设立"投资者教育"板块。在该板块内，一方面向投资者介绍债券投资知识和基本概念，提高投资者对市场的理解和认知，增强投资者的风险意识和能力。另一方面向债券发行人提供披露操作手册并规范信息披露流程，指导地方政府按照相关规定及时进行相应环节的信息披露。

第三节　信息披露制度优化设计

当前中国正积极构建并完善地方政府债券管理制度，但目前中国地方政府债券信息披露制度还有待完善。在学习他国经验时，既不能完全照搬，也不能全盘否定，而应该善于借鉴并灵活运用。由此，基于前文国外信息披露制度的梳理和对中国目前信息披露制度的认知，以及中国地方债披露一贯的原则和当前这一领域存在的问题，本节结合中国实际，首先建立"强制披露" + "自愿披露"的框架规范披露内容，其次从综合财务报告制度促进披露内容的形式落实，最后设计奖惩机制和信评体系优化更好实现披露框架规范。

（一）构建“强制披露”+“自愿披露”的信息披露框架

1. 结合各地方政府现有信息披露内容形成“强制披露”模板

2019 年 12 月，《关于启用地方政府新增专项债券项目信息披露模板的通知》发布，地方政府专项债券的信息披露要求更为细化。2021 年，国务院印发《关于进一步深化预算管理制度改革及意见》，将“健全地方政府债务信息公开及债券信息披露机制，发挥全国统一的地方政府债务信息公开平台作用”作为防范化解地方政府债务风险的重要措施。目前，地方政府一般债券和地方政府专项债券发行管理、信息公开等相关政策仍需完善，尚存一些改进空间，其不足之处可能影响投资者对债券投资价值和投资风险的判断，也不利于有效防范专项债券项目风险。

参考近年来财政部所颁布的有关地方政府债券信息披露要求，并通过整理省级财政部门网站、中国债券信息网、中国地方政府债券信息公开平台三大官方渠道的信息披露情况，总结形成“强制披露”模板。所提出的“强制披露”模板，一方面，旨在明确地方宏观经济状况与财政收支情况。另一方面，致力于强化从资金源头到使用末端的全过程、全链条、全方位监管，以期促进信息披露格式的标准化，提高信息披露的质量和效率（见表 7.1—表 7.4）。

表 7.1　　县级以上地方各级财政部门预决算公开表

预决算公开			
地方政府债务限额	余额决算数（或余额预计执行数）	债券资金使用安排	还本付息决算数

表 7.2　××省财政部门新增一般债券/专项债券发行公开表

新增一般债券发行公开																								
经济社会发展指标		地方政府性基金预算情况		一般债务情况						拟发行债券信息			拟发行债券对应项目信息						第三方评估信息			债券编码	利率	地方政府主要官员情况
本地区国内生产总值	居民人均可支配收入	地方政府性基金收支	地方政府性基金预算收支情况	一般/专项债务限额及余额	地区分布	期限结构				规模	期限	偿还方式	项目概况	分年度投资计划	项目资金来源	预期收益和融资平衡方案	潜在风险评估	主管部门责任	财务评估报告	法律意见书	信用评级报告			
						1~3（含）年	3~5（含）年	5~10（含）年	10年以上															

表 7.3　　　　××省财政部门再融资债券发行公开表

再融资债券发行公开			
债券编码	原债券名称	再融资债券发行规模	到期本金规模

表 7.4　　　　××省财政部门债券存续期公开表

债券存续期公开（截至上年末）										
债券编码	债券资金余额	利率	期限结构				地区分布	资金使用情况	项目建设进度	运营情况
			1～3（含）年	3～5（含）年	5～10（含）年	10 年以上				

2. 结合国外信息披露突出特点形成“自愿披露”模板

省级财政部门通过强制披露向中央政府、审计部门、投资者等主体公开相关信息是地方债券信息披露体系的基础。但是，债券发行人进行的强制披露内容存在一定的局限性。因此，应当引导地方政府自愿披露相关法律法规以外的信息，进一步提升信息披露内容的规范性、透明性与时效性，以此降低地方政府融资成本并优化二级市场交易的流动性。结合国内外理论和实践经验，本文形成“自愿披露”模板如表 7.5 所示。

表 7.5　　　　地方债自愿披露模板

序号	信息披露要点	备注
0－1	封面	
	应当标有“××省/市/自治区信息披露文件”字样	
0－2	目录	
	目录应当标明各章、节的标题及相应的页码，内容编排应当逻辑清晰	

续表

序号	信息披露要点	备注
0－3	释义	
	对于有助于投资者理解及有特定含义的术语（包括但不限于名称缩写、专有名词等）做出释义	
1	第一章　债券信息	
	包括本期债券发行金额、应付利息、到期日、信用评级等基本信息	
2	第二章　发行人基本信息	
2－1	××省/市/自治区基本信息	
	包括但不限于：地理位置、占地面积、行政划分、整体经济信息、人口信息等	
2－2	××省/市/自治区政府结构	
	包括但不限于：政府组织架构、主要官员情况、主要公共部门（如学校）运行情况	
2－3	××省/市/自治区公共服务介绍	
	包括但不限于：学校、公园、污水处理等公共服务运行情况	
3	第三章　发行人税收信息	
	主要包括：地方税收政策、上一年税收明细，主要纳税人、纳税豁免情况等	
4	第四章　发行人财务信息	
4－1	政府总体财务情况：政府近一年的资产负债表、利润表及其审计情况，并对重要资产、负债、收入、支出情况做出解释和分析	由于目前中国地方政府暂无公开财务报表，因此该部分作为未来国家推行政府财务报表政策后的设想列入
4－2	政府基金财务情况：各类型基金的资产负债表、利润表、现金流量表及其审计情况，并对其中重要科目做出解释和分析	
4－3	政府现存债务明细：发行人过去发行且未到期债券明细	
5	第五章　信息披露安排	
	包括信息披露的依据、披露时间、披露内容、重大事项信息披露、存续期内定期信息披露等	

续表

序号	信息披露要点	备注
6	第六章　承销商基本信息	
	包括但不限于：承销机构名称、运营情况及其承销份额	
7	第七章　投资项目相关信息	
	包括但不限于：项目名称、所属领域、核心技术、盈利方式	
附录		
备注		

其中，债券信息、发行人基本信息、承销商基本信息披露有利于投资者了解地方政府债券的客观情况；发行人税收信息、发行人财务信息则披露了地方政府财政收支类目与数值，有助于投资者判断该债券规模是否适当、风险是否可控；信息披露安排有助于投资者及时了解相关债券资讯，提高资金流转效率；投资项目相关信息披露有助于投资者了解债券投资项目的盈利模式、风险水平与发展潜质，明确债券资金具体用途。

（二）落实以权责发生制为基础的政府综合财务报告制度

与收付实现制相比，权责发生制能够更加准确地反应地方政府的财政资源使用情况和资金流向。推动政府综合财务报告对地方债的信息披露能够为地方政府信用评级和披露内容的规范、财政风险的全方位全流程监控等提供有力支持。此外，采用权责发生制也有助于更好实现自愿性披露的应用，改善信息透明度。在地方政府债务管理中，采用权责发生制意味着政府应当根据债务的权利和责任发生的时间来记录和报告债务信息，而不是根据现金的收付时间。这种方式更能反映政府真实的财务状况和债务风险，为债权人、投资者和公众提供更准确、全面的信息。在权责发生制下政府需要定期公布其债务余额、债务结构、债务成本等信息，这些信息对于评估政府的财务状况和债务风险至关重要。

1. 基于政府综合财务报告的编制构建地方债信息披露方法

中国政府综合财务报告的编制和披露尚处于探索期。从各方利益相关者对地方债信息需求来看，地方政府需要依据债务结构合理发债，上级政府需要依据地方政府的财政实力和债务管理能力等进行债务限额分配和提供信用背书，投资者需要依据地方政府的偿债能力做出决策。可见不同利益相关者均关注债务资金的使用情况，因此这应是政府综合财务报告的重点披露内容。

地方债在发行、偿还主体和用债主体方面具有典型的分离性特征，导致出现实际用债的市县级政府信息披露简单，披露连续性差的问题。以专项债为例，发债权限在省级政府，但有95%以上的项目是由基层政府部门融资发行（吴艳，2023）。具体流程是：市、区、县由下自上将发债计划报给省级财政，再由省级财政进行审核上报，待财政部批准后，由省财政厅作为总代理执行发行权，并代发后转贷给下辖的市、区、县使用。发债、用债主体分离导致的信息披露问题在于：地方政府债务信息披露以财政部和有发行资格的省（市）级政府部门为主导，公开债券项目的“一案两书”以及后续管理等重要信息，而实际用债的市县级政府仅以符合政策规定为目的进行披露，与本级政府的债务管理职责严重背离，与信息披露的实质目标相脱节（韩星佳，2022）。

因此具体从财务会计角度，针对目前实际用债的市县级政府的相关信息披露简单，披露连续性差的问题，可从报表口径规范、报表一致性和可比性监督两点入手。首先，针对信息披露从报表口径规范入手，要充分落实实际用债的是县级政府“借、用、管、还”的披露。披露的“借”债信息除了反映债券基本情况，应当重点关注发债领域、查清债务主体，保证借债合理；“用”债信息应当关注债务批准限额内的举债使用情况、债务期限结构、资金用途、融资使用进度、项目收益等情况，保证用债高效，尤其对于报表中“在建工程”等科目附注要细致披露具体项目、及时更新建设情况；“管”债信息应当关注债务风险，对债券进行跟踪评级，保证管住风险；“还”债信息需要关注总体偿还能力，包括本期下级单位上交本息以及实际还本付息情况等，对下级单位无法按期上缴代还本息及采取的相应措施进行充分披露，保证到期偿付。其次，针对披露连续性差的问题可以从财务会计报表的可比性监管上入手，历年财务报表要保证基本会计假设和方法的一致性，具体可以理解为连续几个年度政府财务指标的可比性，利益相关者能够据此分析地方政府的债额增长情况以及未来剩余的举债空间。

2. 以政府综合财务报告的编制，推进财务报告体系形成

提高地方债信息披露要求中国政府财务报告的最终信息体系应是多层次和明细化的，不仅要反映出预算收支效果和成本绩效信息，还要对财政与经济社会的相互影响、作用进行分析。从国际经验来看，政府财务报告通常由财务报表、报表附注和文字说明等三部分构成。其中，政府财务报表一般都有资产负债表和收入费用表，一些国家也包含了现金流量表等其他有关报表；报表附注要对报表反映的主体范围、会计政策、报表项目明细以及未在报表中反映的一些重要事项等进行解释说明；文字说明则要阐述政府整体财政财务状况、运营情况等，并结合经济运行和政策要求，分析政府财政财务情况的未来走势。

正如上市公司年度报告需要经注册会计师审计，地方政府编制的综合财务报告必须经过本级审计机关的技术监督与人大常委会的法律监督程序，才能成为合法的真实体现政府财务运营结果的政府性文件。因此，应按照政府决算报告与财务报告的分类，在原有政府决算报告审批制度的基础上，将政府综合财务报告纳入财政审批监督范围。监督机构通过政府综合财务报告对募投项目进行持续性跟踪，能够实现对地方政府债券全生命周期管理，便于对债券资金使用效益和政府的整体债务风险进行有效监督。

（三）制定地方政府债券信息披露奖惩机制

当前中国地方政府债务信息公开多集中于债务发行阶段，大多数地区有关债券存续期信息的披露存在披露内容不够精细化（如对于募投项目存续期情况的披露较少），信息披露追踪时间短等问题。同时，从目前中国各项规章制度来看，未明确对地方政府信息披露出现重大错漏等问题的处理办法。鉴于此，未来需要完善有关地方债信息披露奖惩机制，提高地方政府债券信息的有效性和透明度。

1. 制定信息披露罚则

中国现有的法律法规缺乏对债券信息披露出现重大违规行为的责任

追究。惩戒措施方面的缺陷导致政府部门在地方债的信息披露过程中受到的约束有限，难以保障投资者的合法权益。针对该问题，中国应加快从部门规章或行政法规层面推进建立地方债信息披露奖惩机制，设置有足够威慑力的奖惩措施。

参考公司债做法，可以考虑公开警示发行人的违规行为，并视情节轻重，给予地方政府债券信息披露直接或间接相关的责任主体以处罚。如因地方政府披露的财政信息不实、存在误导与遗漏，致使投资者在债券交易中遭受损失的，地方政府应予赔偿，相关人员应受行政处分，触犯刑法的，还应立案办理。此外，出于晋升机制的考量，政府官员可能会通过过度发债、隐瞒债券重要信息等方式来营造其在岗期间的政绩假象，可引入追责机制，避免此类现象发生。

2. 建立黑名单制度

在地方债市场尚处于发展不完善的阶段，适当针对债券发行主体及相关责任人实行硬约束，有利于倒逼其在债券的发行和存续期履行勤勉、尽责的义务。中国公司债市场在实行资本市场诚信监管“全覆盖”的基础上，还建立了重大违法失信信息公示的黑名单制度。以此为参考，中国的地方债同样可以增设黑名单制度，从地方政府债券发行主体和主要责任人两个层面实现约束效果。

在黑名单覆盖范围方面，不仅包括行政处罚，还应当将拒不执行生效行政处罚及监督管理措施、拒不配合监督检查或调查被有关机关处罚处理、以不正当手段干扰监管执法工作等纳入归集范围，尽可能实现重大信息披露问题的全覆盖。在黑名单针对的主体方面，通过建立地方政府诚信积分管理制度对地方政府相关责任部门实施诚信分类监管。未来地方政府发债或开展其他活动时，诚信档案内容将作为发行批准、监管执法等环节中的重要考量因素。

（四）优化地方政府债券信用评级体系

信用评级机构对债券发行人偿债能力和意愿进行综合判断并以明确简单的评级符号给出评级结果，是缓解债券市场上信息不对称的重要途径。中国自2013年起发布了一系列涉及地方债信用评级的规范性文件，但在评级实践中，仍存在地方债信用评级结果无差异（地方债发行时的外部评级全部为AAA，隐含评级为大多为AAA，仅少数省份为AAA-）等问题。从美国等地方债市场发展较为成熟的国家的经验来看，独立尽责的评级机构在地方债信用评级的风险揭示与价格发现中发挥着重要的作用，未来中国有必要可以从评级方法与程序两个方面就地方债信用评级制度进行优化。

1. 改进地方政府债券信用评级方法

财政部规定地方债仅需进行债项评级，在实际开展评级业务时，选取的指标却大部分属于地方政府评级（主体评级）指标。不论是一般债券还是专项债券，各评级机构都采用在确定地方政府信用风险的基础上再具体分析其发行债券信用风险的方法（苏策和张宇，2021）。这种基于地方政府评级指标的方式，难以反应不同类别地方债的信用差异，对此，可以参考域外经验，实行多元化的评级方法。首先，建立相对统一的地方债信用评级打分标准，便于中介机构将定性评估结果与定量指标对应，提高评估报告的横向与纵向可比性。其次，根据不同的发行用途与偿债来源，一般债券与专项债券应选取不同的信用评级因素，即便是相同的信用评级因素，也应根据地方政府的发债主体因素设定不同的权重。

具体来看，在选择发债主体评级因素时，在普遍选取经济实力、财政状况、债务管理、政府治理等因素基础上，一般债券与专项债券评级指标体系都应包括地方政府综合财务指标。2015年财政部给出了9项政府财政经济的分析指标，评级机构可以根据自身评级需要将这些指标纳入地方债评级的打分卡中。对于一般债，发债主体评级因素在评估打分卡时占据主导地位。考虑到可能形成的地方政府债务负担，还需将融资平台债、以及PPP项目可能带来的隐性负债作为一般债券信用评级的额外考虑因素。对于专项债，专项债券的资金安排、管理使用计划、项目收益与融资平衡方案以及项目相关的政府性基金收入等因素，应在专项债评级打分卡中占据主导地位。

2. 完善地方政府债券信用评级程序

美国拥有相对成熟的信用评级体系，其市政债信用评级过程覆盖债券的整个存续期，对于及时揭示债券风险变化情况具有重要意义。参照其做法，除要求发行前披露债券评级结果外，还应将债券存续期的评级结果纳入披露要求。只有建立全生命周期追踪的评级程序，才能在整个地方债存续期内反映地方债信用的动态变化。地方政府发行前评级机构开展的赋予地方债信用评级之外，跟踪与撤回信用评级也是地方债评级的重要组成部分。只有建立赋予、跟踪与撤回信用评级相互衔接的评级程序，才能在整个地方债存续期内反映地方债信用品质的动态变化（苏策和张宇，2021）。一方面，在债券发行后，政府应组织开展定期跟踪评级，根据债券项目盈利情况等信用评级因素的变动，作出维持或调整地方债信用评级结果的决定。另一方面，也需要开展不定期的跟踪评级，并设定撤回评级的标准，着重分析地方债重大事项变动情况，当地方债发生提前赎回、重组等事项时，评级机构应申请撤回。

参考文献

［1］包顿．台湾地区银行间金融市场发展经验借鉴及启示［J］．福建金融，2019（11）：11－16.

［2］丁新．从投资视角看政策性金融债利差成因［J］．金融市场研究．2021（10）：30－38.

［3］方红星，张志平．内部控制对盈余持续性的影响及其市场反应——来自A股非金融类上市公司的经验证据［J］．管理评论，2013，25（12）：77－86.

［4］冯雅琴．证券市场信息披露法律原则研究［D］．对外经济贸易大学，2006.

［5］郭斐．信息披露制度的综述和起源研究［J］．科技创新与生产力，2014（3）：30－32.

［6］何苏燕．行为金融学中的有限套利分析［J］．中国市场，2015（16）：50－52.

［7］何志刚．信息不对称与我国公司债券融资发展［J］．商业经济与管理，2003（9）：54－57.

［8］靳毅．证券市场信息披露制度比较研究［D］．大连海事大学，2001.

［9］李宝兰．我国地方政府债券会计信息披露问题研究［J］．企业导报，2009（12）：142－143. DOI：10. 19354/j. cnki. 42－1616/f. 2009. 12. 095.

［10］林若勋．中美债券市场有效性比较研究［D］．华东师范大学，2013.

［11］蔺丰奇，刘益．信息过载问题研究述评［J］．情报理论与实践，2007（5）：710－714.

［12］刘慧娟．国际证券市场信息披露监管制度研究［D］．对外经济贸易

大学，2014.

［13］刘自敏，王健宇，游鸿 . ESG 信息披露能够改善资本市场定价效率吗？［J］. 当代金融研究，2023，6（4）：1 – 22.

［14］柳思维，刘凤根 . 有效市场理论及其作用、缺陷和发展趋势［J］. 商业经济与管理，2003（1）：44 – 47.

［15］邵帅 . 地方政府债券信息披露机制研究［J］. 中国物价，2023（1）：90 – 93.

［16］汪斟 . 论欧盟证券信息披露制度及其借鉴意义［D］. 中国政法大学，2010.

［17］王琳，李亚伟 . 强化社会责任信息披露能提升企业价值么？——基于违约风险和同群效应的实证研究［J］. 投资研究，2022，41（5）：105 – 119.

［18］肖鹏，樊蓉 . 债务控制视角下的地方财政透明度研究——基于 2009—2015 年 30 个省级政府的实证分析［J］. 财政研究，2019（7）：60 – 70.

［19］许鹏 . 中国地方政府债券信用评级体系研究［D］. 吉林大学，2021.

［20］杨希 . 基于行为金融理论的投资策略分析［J］. 中国投资，2013（S2）：200 + 230.

［21］张保 . 我国公司信用债券信息披露制度研究［D］. 厦门大学，2017.

［22］张丹 . 我国地方政府债券市场运行机制研究［D］. 东北财经大学，2022.

［23］张慧中 . 地方债信息披露制度镜鉴［D］. 中央财经大学，2022.

［24］张诗逸 . 投资者情绪、信息披露质量与公司债融资成本［D］. 上海外国语大学，2021.

［25］赵倩雨 . REITs 应用于基础设施项目的风险管理研究［D］. 重庆大学，2022.

［26］周袁民，谭广权 . 香港推动绿色债券市场发展的主要做法及启示［J］. 甘肃金融，2023（3）：72 – 74.

［27］白雄，朱一凡，韩锦绵 . ESG 表现、机构投资者偏好与企业价值［J］. 统计与信息论坛，2022，37（10）：117 – 128.

［28］陈森，杜通 . 推动债券市场信息披露标准化［J］. 债券，2023（7）：62 – 65.

［29］杜通，李东升．优化地方政府债券信息披露研究［J］．债券，2023（7）：79－84.

［30］高培勇．中国财税改革40年：基本轨迹、基本经验和基本规律［J］．经济研究，2018，53（3）：4－20.

［31］韩星佳．基于政府综合财务报告的地方债信息披露问题研究［J］．地方财政研究，2022（12）：32－40.

［32］李永友，刘炯，王芳．财政改革与地方政府支出激励［J］．经济研究，2022，57（8）：40－57.

［33］梁若冰，王群群．地方债管理体制改革与企业融资困境缓解［J］．经济研究，2021，56（4）：60－76.

［34］林静，马竞超，孙博等．离岸人民币地方政府债券研究与探讨［J］．债券，2023（3）：20－24.

［35］刘伟东，佘溪水．机构持股改善了企业高管的薪酬治理吗？——基于PSM－DID模型的分析［J］．科学决策，2023（11）：140－155.

［36］楼继伟．40年重大财税改革的回顾［J］．财政研究，2019（2）：3－29.

［37］任涛．澳门债券市场发展历程、现状及未来展望［J］．债券，2022（10）：77－81.

［38］阮立遥，黄超．新发展格局下中资离岸债券市场的发展现状与未来展望［J］．债券，2023（6）：55－59.

［39］时心怡，陈素云．优化地方债信息披露的现实基础与实现路径［J］．财会通讯，2022（20）：14－19.

［40］孙征，胡志浩．地方政府债务信息公开存在的问题与对策［J］．中国财政，2022（3）：63－65.

［41］熊伟，许恋天．地方政府专项债券：制度困境与路径选择［J］．上海经济研究，2022（4）：77－87＋98.

［42］杨得前，汪鼎．财政压力、省以下政府策略选择与财政支出结构［J］．财政研究，2021（8）：47－62.

［43］杨皖宁，张嘉芮．地方政府债券信息披露的检视与优化［J］．吉林金融研究，2022（11）：20－22＋25.

［44］袁金凌，李琪琦．地方政府债务风险管理研究：现状对比、经验借鉴与启示建议［J］．西南金融，2023（11）：3－18.

［45］张欣怡．我国地方政府债券发行市场化水平分析及对策研究［J］．

学习与探索，2022（6）：114－120.

［46］钟红，邓晴元．在双循环新格局中推进离岸人民币债券市场发展［J］．债券，2022（5）：12－17.

［47］高艳，赵婉辰．地方政府债券信息主动公开现状与改进路径——基于省级财政网站信息查询分析［J］．地方财政研究，2018（8）：27－32.

［48］赵飞．我国地方政府债券发行定价的市场化研究［D］．中国财政科学研究院，2022. DOI：10.26975/d.cnki.gccks.2021.000183.

［49］龙小燕，赵全厚，黄亦炫．地方政府专项债券的问题解析与制度完善［J］．经济纵横，2021（4）：120－128.

［50］张增磊．地方政府专项债券面临的主要问题及对策［J］．地方财政研究，2019（8）：51－57＋63.

［51］叶蓓．基于财务信息披露角度探讨中国地方政府债券的发行［J］．会计师，2016（2）：35－36.

［52］刁伟涛，任占尚，朱军．顶层设计、公众参与和地方政府债务信息公开［J］．上海财经大学学报，2020，22（2）：20－34.

［53］谭艳艳，吴琦，汤湘希．我国地方政府债务信息披露质量的评价及影响因素研究［J］．宏观质量研究，2022，10（5）：15－33.

［54］李弘雯，黄新根．地方政府专项债法律治理研究［J］．哈尔滨市委党校学报，2023（4）：43－47.

［55］王朝才，赵全厚．中国财政科学研究院金融研究中心课题组，地方政府举债模式研究［J］．经济研究参考，2017（72）：3－26.

［56］池柳怡，张自力，吴泽华等．英国地方政府债务构成特征及监管研究［J］．财政科学，2021（1）：150－160. DOI：10.19477/j.cnki.10－1368/f.2021.01.018.

［57］刘磊．地方政府债务管理的国际经验及政策建议［J］．清华金融评论，2023（10）：24－27.

［58］刘松华．国外三类典型分税制财政体制及对中国的借鉴［R］．审计署京津冀办，2012.

［59］刘振斌，董鑫．地方政府债务管理的国际经验与启示［J］．西部金融，2021（8）：51－54＋70.

［60］罗洋，何利辉．美国财政联邦制的演变趋势［J］．中国财政，2011（6）：70－71.

[61] 祁志伟，阮峥．美国市政债券相关制度介绍及对我国的启示［J］．债券，2014（2）：64－70.

[62] 孙大海．美国地方政府债务危机处置机制与典型案例［J］．债券，2021（6）：74－78.

[63] 王柏杰．制度与债务危机：一个国际比较分析框架［J］．当代经济科学，2015，37（4）：22－28＋124－125.

[64] 尹旭，朱彬．地方政府债务制度演变的概况、主要趋势及启示——以美、法、日为例［J］．经济师，2019（3）：58－61.

[65] 张帆．美国州和地方政府债务对中国地方债问题的借鉴［J］．国际经济评论，2016（3）：69－84＋6.

[66] 赵全厚，孙家希，李济博．地方政府债券发行机制的国际比较［J］．经济研究参考，2017（70）：35－45.

[67] 赵振慧，彭淼，齐经民．美国联邦及州以下政府事权与财权划分研究［J］．国际会计前沿，2020，9（4）：11.

[68] 孙杨俊．中美证券市场“看门人”机制对比及其启示［J］．江淮论坛，2020（6）：79－85.

[69] 崔成，明晓东．日本财税体制及借鉴［J］．中国经贸导刊，2015（1）：51－55.

[70] 史明霞．日本地方债管理的经验借鉴［J］．中国财政，2018（22）：76－78.

[71] 庞同磊．地方政府债券市场监管机制研究［D］．东北财经大学，2020.

[72] 程晨，肖乐鸣，张继强．地方政府债信用评级及风险分析［J］．中国货币市场，2021（10）：29－33.

[73] 许鹏．中国地方政府债券信用评级体系研究［D］．吉林大学，2021.

[74] 应明．地方政府债券信用评级体系的国际经验及启示［J］．金融与经济，2016（10）：69－71.

[75] 陈进，熊莉．地方政府债务管理模式、风险评估与路径选择［J］．学习与实践，2020（8）：56－63.

[76] 崔学刚．英国政府会计执行国际会计准则的经验与教训——兼论中国政府综合财务报告制度建设［J］．会计之友，2020（14）：2－9.

［77］杜通，李东升．优化地方政府债券信息披露研究［J］．债券，2023（7）：79－84.

［78］蓟红丹．信息不对称视角下我国地方政府专项债券的信息披露问题研究［D］．中央财经大学，2022.

［79］廖乾．完善地方政府债务管理机制：国际经验与启示建议［J］．西南金融，2017（5）：38－42.

［80］周立，张永霞．金融强国重要论述的逻辑框架、时代内涵及价值意蕴［J/OL］．金融经济学研究，1－19［2024－02－19］.

［81］王震．金融市场效率影响零售业发展质量的机理分析［J］．商业经济研究，2024（2）：5－9.

［82］崔竹，李培培，李龙等．地方政府专项债券风险治理机制创新研究［J］．中共中央党校（国家行政学院）学报，2022，26（5）：91－97.

［83］邓建平，陈秋平，陈爱华．美国市政债券的信息披露制度及对我国的启示［J］．中国财政，2019（17）：69－71.

［84］廖乾．完善地方政府债务管理机制：国际经验与启示建议［J］．西南金融，2017（5）：38－42.

［85］商瑾．构建绿色债券环境效益信息披露指标体系［J］．债券，2023（1）：86－89.

［86］时心怡，宋保胜．基于会计视角的地方债成本信息披露供需矛盾研究［J］．财会通讯，2023（11）：163－167.

［87］苏策，张宇．地方债信用评级：体系完善与制度监管［J］．宁夏社会科学，2021（3）：97－108.

［88］吴艳．刍议政府专项债券在国有企业资金运营中的风险管理策略及账务核算［J］．商讯，2023（21）：117－120.

［89］肖鹏，刁伟涛，周振等．如何加强地方人大对政府债务的审查监督？［J］．财政监督，2021（17）：42－49.

［90］许京花．推动地方政府债券市场高质量发展［J］．中国财政，2021（11）：27－29.

［91］姚东旻，罗文淇．地方政府债券信息披露比较研究与优化设计［J］．债券，2023（1）：31－38.

［92］赵珺，桂青，胡俊华．关于加强我国地方政府债管理的政策建议［J］．债券，2014（1）：24－30.

[93] Botosan C, Plumlee M. Assessing the Construct Validity of Alternative Proxies for Expected Cost of Equity Capital [J]. Social Science Electronic Publishing, 2002, 65 (5): 402 - 13.

[94] Brunnermeier M K, Pedersen L H. Market Liquidity and Funding Liquidity [J]. The review of financial studies, 2009, 22 (6): 2201 - 2238.

[95] De Long J B, Shleifer A, Summers L H, et al. Positive Feedback Investment Strategies and Destabilizing Rational Speculation [J]. Journal of Finance, 1990, 45 (2): 379 - 0.

[96] Fairchild L M, Koch T W. The impact of state disclosure requirements on municipal yields [J]. National Tax Journal, 1998, 51 (4): 733 - 753.

[97] Fama E F. Efficient capital markets: A review of theory and empirical work [J]. The journal of Finance, 1970, 25 (2): 383 - 417.

[98] George A. The market for lemons: Quality uncertainty and the market mechanism [J]. 1970.

[99] Merkt H. Creditor protection through mandatory disclosure [J]. European Business Organization Law Review (EBOR), 2006, 7 (1): 95 - 122.

[100] Spence M. Job market signaling [M] //Uncertainty in economics. Academic Press, 1978: 281 - 306.

[101] Gore A K. The effects of GAAP regulation and bond market interaction on local government disclosure [J]. Journal of Accounting and Public Policy, 2004, 23 (1): 23 - 52.

[102] Brixi H. Contingent government liabilities: a hidden risk for fiscal stability [J]. 1998.

[103] Luke T S, Ed G. Taxes and tax - exempt bonds: A literature review [J]. Journal of Economic Surveys, 2021, 36 (4): 767 - 808.

[104] Metcalf G E. Federal taxation and the supply of state debt [J]. North - Holland, 1993 (3).

[105] U. S. Securities and Exchange Commission, "The Laws That Govern the Security Industry", Retrieved January 2015 at http: //www. sec. gov/about/laws. shtml.

